»Vater unser«

Verlag U. Nink, Lützowstr. 245, D-42653 Solingen

E-mail: ursula.nink@t-online.de

Lektorat: Heinrich Wipper, M. A.

Layout: wort- und tat-büro | essen, Hubert Röser

ISBN 978-3-934159-42-6

»Vater unser«

Erlebnisse, Beobachtungen und Gedanken
auf der Vía de la Plata

Von Johannes Werner

Mit Zeichnungen des Verfassers

Verlag U. Nink

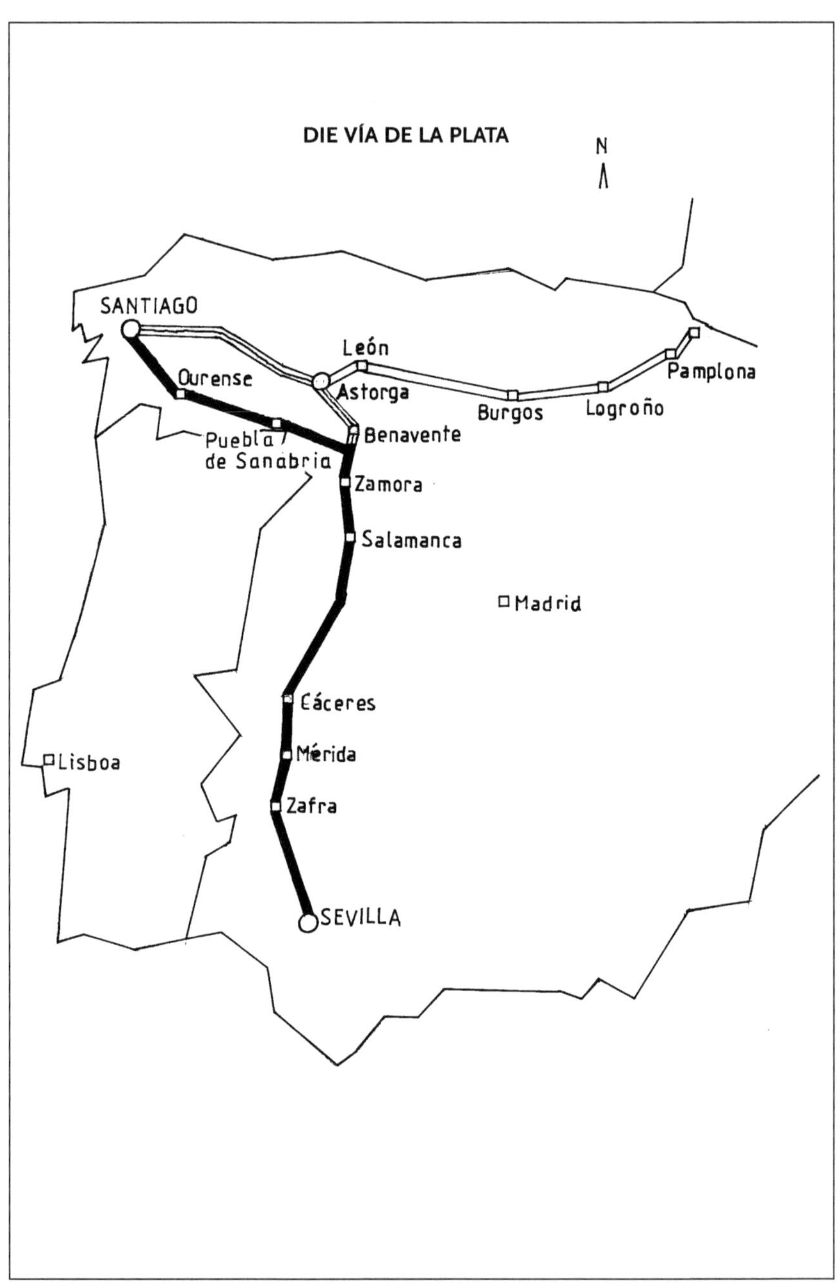
DIE VÍA DE LA PLATA
N
SANTIAGO
León
Ourense
Astorga
Pamplona
Burgos
Logroño
Benavente
Puebla
de Sanabria
Zamora
Salamanca
Madrid
Cáceres
Lisboa
Mérida
Zafra
SEVILLA

Erstes Buch

Vía de la Plata 2015

1300 kg wiegt die zierliche Dame. Aus der Normalperspektive des Fußgängers will man das zunächst nicht glauben. Stumm steht sie da. Ihre Bewegungen sind normalerweise langsam, fast nicht wahrnehmbar. Manchmal überrascht sie den aufmerksamen Beobachter dennoch, wenn sie über Nacht unerwartet ihre Position geändert hat. Sie passt sich eben flexibel, wie sie trotz ihres erstaunlichen Gewichts ist, dem Trend oder – konkret gesagt – dem Wind an. Bei Wind und Wetter steht sie dort, unbeirrbar, bei Tag und Nacht im Dienst. La Giralda (vom span. *girar* = drehen) nennen die Menschen in Sevilla liebevoll die Wetterfahne auf dem Turm der Kathedrale von Sevilla. Ein Blick in den Reiseführer klärt den interessierten Touristen auf, dass die Bronzefigur auf der Turmspitze 4 m hoch ist. Kein Wunder, dass bei dieser Größe 1300 kg Gewicht entstehen. Ein Wunder ist da schon eher, dass die Dame sich als Wetterfahne bei jedem Windhauch dreht und wendet. Unermüdlich, rastlos, beständig. Der Turm der Kathedrale ist etwa 100 m hoch. Die Höhe der Position der Giralda erklärt dann auch schnell die zierliche Gestalt, die man vom Platz vor dem Ostchor der Kathedrale wahrnimmt.

Es ist ein gewaltiger Turm, den man neben dem größten Sakralbau Spaniens errichtet hat. Ein viereckiger Schaft mit wenigen Öffnungen reckt sich bis zu einer Höhe von 70 m in den Himmel Andalusiens. Maurisch anmutende reliefhafte, aus einer Unzahl von Rauten bestehende flächige Gestaltung ziert neben den wenigen Wandöffnungen seine Oberfläche. Ein Blick in den Reiseführer belehrt uns, dass dieser gewaltige Turmschaft tatsächlich aus der Zeit der maurischen Besiedlung des Landes im Mittelalter stammt. Er ist der Rest des gewaltigen Minaretts einer ehemaligen Moschee, von der noch weitere bauliche Reste wie zum Beispiel der nordöstlich angrenzende, mehrgeschossige Gebäudeflügel bis in unsere Tage erhalten sind. Überhaupt ergibt sich die Dimension der größten Kirchenanlage Spaniens aus den Abmessungen des an diesem Ort von den Mauren errichteten Vorgängerbaus. Sie wurde im 15./16. Jh. im Wesentlichen auf den Fundamenten der früheren Moschee oder auf deren in der Reconquista nicht zerstörten Gebäudeteilen errichtet. Der Grundriss der Kathedrale stellt dann auch nicht die tradierte Kreuzform dar, die für alle Kirchenbauten des Hochmittelalters typisch ist, sondern ist eher ein kompaktes Rechteck, aus dem das Querschiff nur in der Höhe, nicht in seiner grundrisslichen Ausdehnung ablesbar ist.

Die Renaissance hat dann dem übriggebliebenen, mächtigen Minarettsockel eine prachtvoll plastisch gestaltete Glockenstube aufgesetzt, die in der Höhe schließlich von einem schlankeren, dreigeschossigen zuerst quadratischen, dann nochmals in zwei Ebenen zurückspringenden runden Aufsatz gekrönt wird. Über dieser Folge unterschiedlicher geometrischer Bauteile befindet sich dann noch eine kleine Kuppel mit unserer gewichtigen Dame Giralda.

Wir stehen staunend vor einem Architekturphänomen, dem wir auf unserem diesjährigen Weg auf der Vía de la Plata noch öfter begegnen werden. Das Bild des Landes ist nämlich so intensiv wie kein anderes von der Überlagerung und Vermischung verschiedener Kulturen geprägt.

Sevilla: Kathedrale mit dem La Giralda genannten Turm

Da waren zunächst die Römer, die die iberische Halbinsel seit dem 2. Jh. vor Christus eroberten und besiedelten. Besonders im Süden, also in Andalusien und in der Extremadura, sind noch beeindruckende Zeugnisse der römischen Herrschaft erhalten, die wir auf unserem Weg in den nächsten Wochen besichtigen werden. Im 8. Jh. drangen dann die Mauren von Süden in das Land ein. Sie schufen in etwa den 400 Jahren ihrer Herrschaft eine friedlich miteinander lebende Gesellschaft, die es zu einer glanzvollen kulturellen Blütezeit brachte. Die Vertreibung der Mauren in der Reconquista des 13. Jh. schließlich brachte die christlich geprägte dritte Kultur. Heute stehen wir staunend vor einer Vermischung verschiedener Kulturen, die das Land deutlich prägt. Großartige Bauwerke in Sevilla, Granada, Córdoba, aber auch stille Spuren und Zeugen dieser Überlagerung unterschiedlicher kultureller Epochen selbst in kleineren Städten warten darauf, von uns auf dem ersten Abschnitt unseres Jakobsweges nach Santiago entdeckt zu werden.

Allein schon die Bezeichnung »Vía de la Plata« ist ein deutlicher Hinweis auf die reiche, wechselvolle Geschichte unseres diesjährigen Weges. Wörtlich übersetzt bedeutet dies soviel wie »Silberstraße«. Tatsächlich geht die Vía de la Plata in ihren Ursprüngen auf die Zeit der Kolonisierung der iberischen Halbinsel durch die Römer zurück. Sie war die erste Süd-Nordverbindung, die von den Römern zunächst aus militärischen Gründen angelegt wurde. Nach der Eroberung der iberischen Halbinsel wurde sie später der wichtigste Verbindungsweg aus dem Land zu den im Süden liegenden Mittelmeerhäfen. Wichtige Rohstoffe und Waren, die in Rom verarbeitet wurden, unter anderem Gold und Silber, wurden auf ihr transportiert. Aufgrund ihrer Bedeutung für den Warentransport war sie gepflastert, kein einfacher Karrenweg, sondern hochwertig und dauerhaft befestigt. Als dann die Mauren das Land im 8. Jh. eroberten, fanden sie diese Straße, die noch heute stellenweise komplett mit Pflaster, Grenz- und Kilometersteinen erhalten ist, zu ihrem Erstaunen fertig vor. Sie waren beeindruckt von der hochentwickelten Straßenbaukunst und nannten deshalb den Weg »Bal'atta«, was soviel wie »gepflasterter Weg« bedeutet. Erst später erhielt die Straße wegen der lautlichen Ähnlichkeit zum span. *plata* (= Silber) den Namen »Vía de la Plata« (= Silberweg).

Wir haben beschlossen, im Jahre 2015 den südlichen Teil der Vía de la Plata auf unserem Pilgerweg nach Santiago de Compostela zu laufen. Konkret bedeutet das: Wir beginnen in Sevilla und wandern nach Norden, wo uns Salamanca, etwa auf der halben Entfernung zu unserem Fernziel Santiago, erwartet.

20. März 2015

Von Köln nach Sevilla

Wir, das sind zunächst meine Frau Ineke und ich, fliegen ohne größere Probleme von Düsseldorf nach Sevilla. Mit Inekes Bruder Henk Wijngaards, der von Amsterdam anreist, sind wir auf dem Flughafen Sevilla verabredet. Als wir dort ankommen, wartet Henk bereits seit zwei Stunden geduldig, bis wir mit unseren Rucksäcken bepackt die Wartezone des Ankunftsbereichs betreten.

Eine kurze Fahrt mit dem Flughafenbus endet im Herzen der Stadt unmittelbar vor dem Bahnhof Santa Justa. Von dort wandern wir unsere erste kurze Strecke, bis wir die historische Altstadt Sevillas erreichen, wo wir bereits von Köln aus eine erste Bleibe in einem kleinen Hostal gebucht haben. Schon der kurze Weg, den wir zurücklegen, beweist uns eindrucksvoll, dass wir uns auf äußerst geschichtsträchtigem Boden befinden, denn mitten in der Fahrbahn der Avenida de Luis Montoto, einer der Hauptstraßen in der Neustadt, stoßen wir auf imposante Reste der einstigen römischen Hauptwasserleitung, die mit bis zu zwei Bogenreihen und etwa 7 m Höhe den Besucherneuling eindrucksvoll in die jahrtausendealte Geschichte der Stadt einführt.

Die Mischung und Überlagerung unterschiedlicher Kulturen hat der Stadt Sevilla nicht nur beeindruckende Reste aus römischer Zeit hinterlassen. Vor allem die Spuren der einstigen maurischen Besiedlung der gesamten iberischen Halbinsel im Mittelalter sind auf vielen Plätzen und an zahlreichen Gebäuden der Stadt mit nachfolgenden Baustilen eine reizvolle und lebendige Symbiose eingegangen. Zeugnisse dieser Durchdringung verschiedener Kulturen finden sich in der Verwendung von Einzelfundstücken von Bauteilen bei der Errichtung späterer Gebäude ebenso wie in den unterschiedlichen Bauteilen der Kathedrale, über die noch später zu berichten ist. Die ganze Stadt ist durchsetzt mit Spuren früherer Bauepochen. So stößt man beim Bummel durch die Altstadt beispielsweise auf eine Gebäudeecke, die von einer römischen Säule mit einem kunstvollen, mit floralem Ornament verzierten Kapitell geschmückt wird. Oder aber man entdeckt, dass Teile der Kirche Santa Catalina nicht nur mit maurisch anmutenden Zierverbänden im Mauerwerk der Außenwände gestaltet sind, sondern im Wandaufbau durch und durch maurischen Ursprungs sind.

Nach der Vertreibung der Mauren in der Reconquista machte Fernando III die Stadt 1248 zur christlichen Residenzstadt. Draus entwickelte sich eine langwährende Blütezeit, die über mehrere Jahrhunderte dauerte.

Noch ein weiteres Detail der glanzvollen Geschichte dieser Stadt: Am 31.3.1593 kehrte der Venezianer Christoph Columbus, der im Dienst der spanischen Könige die neue Welt entdeckt hatte, nach Sevilla zurück. Für die Stadt hatte dieses Ereignis zur Folge, dass ihr von den spanischen Königen das Monopol für den Seehandel eingeräumt wurde. Damit begann für Sevilla eine neue, dauerhafte Blüteperiode, denn die Stadt wurde zum Zentrum des Spanischen Weltreichs. Erst mit dem Verlust der spanischen Überseekolonien ging diese wirtschaftliche und politische Blütezeit zu Ende. Christoph Kolumbus ist heute in der Kathedrale von Sevilla beigesetzt.

21. März 2015

Sevilla

Aus den größeren Städten Andalusiens sind dem gebildeten Reisenden großartige Palast- und Moscheebauten bekannt. Allen voran Granada mit der Alhambra oder Córdoba mit seiner Mezquita. Letztere zeigt auf eine sehr spezifische Weise die Innigkeit der Durchdringung und Überlagerung maurischer Architektur eines gewaltigen Moscheebaus, mit dem Volumen einer christlichen Kirche, die zur Zeit Karls V. in das Gebäude eingefügt wurde.

In Sevilla ist der Real Alcázar der erste bauliche Höhepunkt, den wir, nachdem wir so viele Details der architektonischen Vermischung unterschiedlicher Kulturen im Süden Spaniens kennengelernt haben, am Morgen unseres Aufenthaltstages in dieser vitalen und bezaubernden Stadt besichtigen. In seiner Urform stellt der Alcázar die im 11. Jh. errichtete Residenz der maurischen Herrscher dar. Aufgrund seiner kunstvollen Architektur und seiner prunkvollen inneren Ausgestaltung wurde er später von den spanischen Königen als königlicher Palast übernommen. Pedro el Cruel (Peter I. der Grausame) erweiterte ihn im 14. Jh. wesentlich, wobei er den alten maurischen Palastkern in Grundriss und Detail vollständig übernahm. Spätere Herrscher folgten dieser Tradition der klugen Bauwerkserhaltung und -pflege, so dass heute der Palast in seiner Ursprungsform und in den Räumen des maurischen Palastkerns sogar in seinen Details sowie seinen Gärten erhalten ist.

Alcázar von Sevilla: das Schloss der maurischen, später der christlichen Herrscher

Hinter dem Haupteingang reihen sich diverse Höfe aneinander, die jeweils in rechteckiger Form angelegt und mit mehrgeschossigen Gebäudeflügeln begrenzt sind. Wichtige Funktionsräume sind hier zu finden, wie z. B. die Sala de Justicia. Der Höhepunkt der Palastanlage ist ohne Zweifel, nicht nur für mich als Architekten, der seitlich sich anschließende Patio de las Doncellas, der zweigeschossig im Erdgeschoss mit einem überdeckten Umgang und im Obergeschoss mit einem ebenfalls kunstvoll mit filigranem Maßwerk geschlossenen Emporengang abgeschlossen wird. Angrenzend an diese zweigeschossige Hofarchitektur liegen die Wohngemächer der ehemaligen maurischen Herrscher. Säle mit kunstvoll gestalteten Decken aus Zedernholz, Hallen, die mit Kuppeln, die über die gesamte Oberfläche mit Stalaktitendekor verziert und mit Blattgold belegt sind. Hier ist das eigentliche Herzstück der Palastanlage, um das sich großzügige Erweiterungen aus unterschiedlichen Bauepochen legen, zu finden. Am Ende der großflächigen Palastanlage schließen sich die streng geometrisch gegliederten Palastgärten mit Wasserspielen und exotischen Pflanzungen an. Für den neugierigen Erstbesucher ist dieser Palast, den sich auch die großen Könige des mächtigen und reichen Spanien des ausgehenden Mittelaltes und der Renaissance zur bevorzugten Residenz wählten, ein Programm, das er wandernd und beobachtend einen ganzen Tag genießen kann. Wir verlassen diese exotische Welt nach etwa zweistündigem, staunendem Umherstreifen wieder, um nun endlich die unmittelbar benachbarte Kathedrale zu besuchen.

Auch dort wird die in Andalusien vielfach vorhandene Durchdringung und Überlagerung unterschiedlicher Kulturen sichtbar. Da ist zunächst die bereits anfangs geschilderte Minarettarchitektur der Giralda zu nennen, die bis zu einer Höhe von ca. 70 m noch heute unverfälscht aus der maurischen Besiedlung des Landes stammt. Dieser Turmschaft ist in seinen Abmessungen so gewaltig, dass in seinem Inneren eine

Sevilla: Orangenhof auf der Nordseite der Kathedrale, dahinter die Giralda

Rampe, über die Reiter die obere Plattform erreichen konnten, Platz hat. Die Renaissance hat diesem mächtigen Turmschaft in der Höhe dann noch einen mehrgeschossigen Aufsatz gebracht, der über mehrfach zurückspringende Quadratformen schließlich in einem kuppelgekrönten runden Abschluss endet. Ganz oben dann als Wetterfahne im Wind unsere Giralda, die übrigens heute im allgemeinen Sprachgebrauch dem gesamten Turm seinen Namen gibt.

Mächtig wie der Turm ist die Abmessung der gesamten Kathedrale. Sie wurde fünfschiffig auf den Fundamenten einer früheren Moschee gabaut und ist wohl das größte Bauwerk, das im 15. Jh in Andalusien errichtet wurde. Nach dem Baubeschluss durch das Domkapitel im Jahr 1401 wurde an ihr über 100 Jahre bis zur Weihe 1519 gebaut.

Entsprechend der strengen Grundrissgeometrie des maurischen Vorgängerbaus ist auch sie nicht in Kreuzform wie die Mehrzahl der Bauten des hohen Mittelalters angelegt, sondern als strenges Rechteck. In diesem Rechteck verschwinden der tiefe Chor und das über die zwei Seitenschiffe und die außen angrenzende Kapellenreihe verlaufende Querschiff. Ein Chorumgang mit Kapellenkranz fehlt. Stattdessen fügte man dem relativ strengen rechteckigen Chorabschluss später in der Renaissance die Capilla Real an, die königliche Andachtskapelle. Der frühere Eingangshof der Vorgängermoschee auf der Nordseite der Kathedrale, von dem die östliche Begrenzung, also der Flügel, aus dem die Giralda aufragt noch insgesamt maurischen Ursprungs ist, wurde in der Renaissance mit Neubauten wieder ergänzt. Heute ist er mit einer Vielzahl von Orangenbäumen bepflanzt, die ihm seinen Namen »Orangenhof« geben. Axial gegenüber dem Nordportal der Kathedrale wird der Orangenhof über einen barocken Torbau erschlossen. Über dem Tor, in sinniger Anspielung auf die nichtchristliche Vergangenheit der baulichen Anlage, befindet sich ein Relief, das offenbar symbolhaft zur Vertreibung alles Unheiligen aus diesem geweihten Areal dienen soll: Händler und Geldwechsler werden darin von Jesus, wie in der Bibel dargestellt, aus dem Jerusalemer Tempel getrieben.

Mit 38 m Gewölbehöhe erreicht die Kathedrale von Sevilla eine beachtliche Höhe (Köln 42 m, Beauvais in Frankreich 48 m). Der gewaltige Schub, den diese auf relativ schlanken Pfeilern ruhenden Gewölbe an ihrem Fuß auf die Außenwände abgeben, wird durch ein erstes, in der Höhe bis unmittelbar unter den vergleichsweise niedrigen Obergaden reichendes Seitenschiff abgefangen. Unter dessen Fensterzone endet ein zweites, erneut niedrigeres Seitenschiff, das seinerseits unterhalb einer eigenen Fensterzone durch eine Reihe angrenzender und zum Innenraum offener Kapellen ausgesteift ist. So wird der Grundriss in seiner mächtigen fünfschiffigen Breite harmonisch und in der Höhenentwicklung sorgfältig abgestuft konstruktiv gesichert und in mehreren übereinanderliegenden transparenten Wandzonen belichtet. Die Länge des Hauptschiffs bis zur Vierung beträgt bei fünf Gewölbejochen stolze 50 m, die Länge des Chorraums bei drei Gewölbejochen ca. 30 m, die Gesamtlänge wird in der Regel mit 117 m angegeben.

Übrigens begegnen wir, wenn wir die Daten und Details dieses beeindruckenden Bauwerks nachschlagen, durchaus bekannten Namen, denn für seine Konstruktion waren überwiegend Baumeister aus dem europäischen Norden verantwortlich: Nach dem Spanier Pedro Garcia (1421–1434) folgten der Flame Ysambert (1434), der Franzose Carlin (Charles Galtier de Rouen) und sein Landsmann Juan Normán (Johann aus der Normandie, 1439–1478) sowie schließlich Juan de Hoces. Ein interessanter Name taucht dann mit Maestre Ximon im Jahr 1496 auf. Hinter diesem spanischen Namen darf man den Kölner Simon von Köln vermuten, der mit seinem Vater Hans von Köln bereits in Burgos und Astorga im Norden des Landes großartige Beweise seines genialen Schaffens hinterlassen hat. In Sevilla wird ihm die Errichtung des mächtigen Vierungsturms der Kathedrale nachgesagt. Ganz erfolgreich war er dabei jedoch erst im zweiten Versuch, denn es wird berichtet, dass der Turm nach seiner ersten Vollendung 1506 im Jahr 1511 einstürzte.

Überwölbt wird dieser kolossale Bau mit klassischen Kreuzrippengewölben. Im Bereich der Vierung entdecken wir dann kompliziertere Netzgewölbe. Ganz offensichtlich haben hier neben den Flamboyantmerkmalen der Spätgotik auch wieder Einflüsse maurischer Baukunst ihren Eingang gefunden, denn die mit Krabben besetzten Rippen der Netzgewölbe in der Vierung und um die Vierung herum kennt man in der Baukunst der Gotik ansonsten nicht, ja sie widersprechen sogar, wie ich meine, dem klaren auf Entmaterialisierung der Baumasse ausgerichteten gotischen Geist. Ich finde in meiner Erinnerung ihre nächsten formalen Verwandten in den Stalaktitendekors des maurischen Palastes gleich gegenüber.

Entsprechend dem hohen, baulich konstruktiven Anspruch des Gebäudes ist die Kathedrale mit hochrangigen und ungewöhnlichen Kunstschätzen ausgestattet. Hier ist zunächst der wundervoll gegliederte, gewaltige Hochaltar zu nennen, der mit seinen 20 m Breite und seiner bis in die Gewölbeansätze reichenden Höhe den im Maßstab verschwindend kleinen Besucher geradezu erschlägt. Auf einer Vielzahl von Einzelfeldern sind biblische Szenen als Reliefs dargestellt. In der Mitte blickt uns María als die Königin des Himmels an. Einheitlich ohne weitere Farbakzente vergoldet ist dieser Altar zweifellos das beherrschende Element in diesem großartigen, vielfach gegliederten Kirchenraum. Zwei große Orgeln, die hinter der Vierung über einem weiträumigen Chorgestühl auf der Wand des Hauptschiffs montiert sind, sind besonders geeignet, konzertante Werke der großen Orgelliteratur auf zwei getrennten Instrumenten aufzuführen. Wir kennen diese Anordnung von großen Orgeln bereits aus anderen spanischen Kathedralen, wie z. B. Toledo.

Sevilla: Metropol Parasol

In den nach Süden angrenzenden Sakristeibauten sind eine Fülle von Gemälden großer Maler des Barock und der Renaissance zu bewundern, wie z. B. Goya, Murillo und Zurbarán, dessen Geburtsstadt Fuente de Campos wir in den nächsten Wochen auf unserem Weg noch kennen lernen werden.

Da wir uns auf den Spuren des Pilgerapostels Jakobus befinden, will ich schließlich diesen unter den vielfältigen Portalplastiken des Westportals erwähnen. Dort steht er mit Hut und Muschel, den Pilgerstab in der Hand. Die gotischen Steinmetze haben ihn hier im 16. Jh. in wundervoller spätgotischer Plastizität in einer umfangreichen Gruppe von Heiligendarstellungen aufgestellt. Wir werden ihn von Sevilla aus in Gedanken mit auf unseren Weg nach Norden, in seine derzeitige Heimat Santiago de Compostela tragen.

Den Rest des Tages streifen wir durch die Altstadt von Sevilla. Wir treffen dort auf eine unglaubliche Zahl barocker Kirchen, die eng eingefügt in die Bebauung der alten Häuserzeilen mit ihren aufragenden Fassaden in unseren Blick springen. Wir entdecken Profangebäude aus der Zeit des Jugendstils, die als Architekturgliederung Säulen und hufeisenförmige, maurisch anmutende Zierbögen und

Loggienbegrenzungen aufweisen. Mit seiner reichen multikulturellen Geschichte ist Sevilla ohne Zweifel eine herausragende und vielgestaltige Stadt.

Am Ende des Tages ist der sog. Metropol Parasol unser Ziel, der von dem deutschen Architekten Jürgen Mayer, Berlin, nach einem internationalen Wettbewerb über der Plaza de la Encarnación der Stadt und angrenzenden Plätzen und Straßen errichtet ist. Aus Architekturzeitschriften habe ich erfahren, dass dieses Bauwerk als leichte Holzkonstruktion zur Verschattung eines zentralen Platzes der Neustadt, auf dem einst eine Markthalle aus dem Jahr 1848 stand, errichtet wurde. Nun bin ich überrascht, dass es sich bei diesem Bauwerk um eine Bauidee handelt, die auf geschickte Weise gleich mehrere Funktionen beherbergt. Schon von Weitem sieht man, wenn man von den Flussbrücken des Guadalquivir in die Neustadt geht, eine Brückenkonstruktion, die hoch über der Straße diese mit unbekanntem Ziel überspannt. Keine Pfeiler, keine Treppen, die in die Höhe führen, einfach ein weitgespanntes amorphes Etwas, das sich so gerade unter den Wolken schwebend hoch oben über der Stadt entwickelt. Bei genauerem Hinsehen entdecke ich, dass sich auf dem rätselhaften Gebilde Menschen bewegen. Also doch eine Brücke? Plötzlich weitet sich dann der Straßenraum rechts zu einem baumbestandenen Platz aus. Links wachsen aus einer höherliegenden, künstlichen Ebene, die man über Treppen, Rolltreppen und Lifte erreicht, vier trichterförmige Architekturen hervor, die sich in luftiger Höhe zu einem System von schattenspendenden, rasterförmig organisierten Trägern verbinden, die im Zentrum eine geschlossene Dachebene tragen. Auf der angehobenen Platzebene steht unter der Schatten spendenden Gitter- und Dachstruktur eine Zeltkonstruktion, die eine Dokumentation des rätselhaften Ortes in einer Black Box anbietet. »Plaza Mayor« ist auf einen der Trichter, in denen Aufzüge und Treppen zu finden sind, geschrieben. Hier sind wir offenbar im Zentrum der Stadt. Unter uns befindet sich im Sockel des Bauwerks eine ausgedehnte Markthalle. Darunter im 1. Untergeschoss, über flachgeneigte Rampen vom Straßenniveau erreichbar, sind die Zugänge zu den Aufzügen und Treppen. Schließlich stoßen wir noch im Untergeschoss eine weitere öffentliche Einrichtung: Das »Museo prehistorico« oder auch kurz das Prehistoricum genannt.

Vom Untergeschoss, wo man gegen ein kleines Eintrittsgeld Zugang zur obersten Ebene mittels einer Gruppe von Liften erhält, die aus einem der trichterförmigen Füße des Gebildes nach oben führen, fahren wir in die luftige Höhe der obersten Plattform, d. h. auf das Dach des Parasol. Dieses ist natürlich nicht als ebene Fläche angelegt, sondern als bewegte Landschaft. Mit normalem räumlichen Verständnis ist man überfordert, sich dieses Gebilde, das in seinen extremen Abmessungen etwa 250x100 m misst, vorzustellen. Man hat sich das Ganze in etwa wie die Maschenstruktur eines Nylonstrumpfes vorzustellen, aus der einige Maschen mit Kraft nach unten auf eine tiefere, tragende oder besser verankernde Ebene gezogen werden. Die nach unten gezogenen Maschen verformen das Gesamtgebilde punktuell trichterförmig. Die sich bildenden Trichter nehmen die Treppen, Aufzüge und Versorgungsleitungen nach oben auf. Sie sind oben verschlossen mit einem System aus Wegen und kleinen, mehr oder weniger geneigten Platzflächen. Wir finden sogar in dieser respektablen Höhe noch einen kleinen gastronomischen Betrieb.

Bis auf die Treppen und Aufzugschächte ist das ganze System ausschließlich aus Holz gebaut. Erst bei näherem Hinsehen erkennt man, dass dieses Holzbauwerk aufgrund seiner kühnen Spannweiten aus Trägern mit gewaltigen Dimensionen besteht. Dennoch: die Konstruktion wirkt aufgrund ihrer extrem weiten Spannweiten leicht und luftig. Ein Musterbeispiel digital betriebener Entwurfskunst. Ich bekomme von Henk und Ineke eine knappe Stunde, um das Metropol Parasol zeichnerisch festzuhalten. Wem dieser flüchtige Eindruck nicht reicht, sei auf die spanische Fassung von Wikipedia verwiesen, wo das Gebäude unter »Setas de Sevilla« mit vielen Farbfotos dargestellt ist.

22. März 2015

In der Frühe habe ich das Rauschen kräftigen Regens von unserem Hotelzimmer in Sevilla gehört. Als wir um 8.30 Uhr einen ersten besorgten Blick auf das Wetter vor unserem Fenster wagen, ist der Himmel wieder strahlend blau, mit einigen freundlichen, weißen Wolken garniert. Henk hat uns zuvor als Langzeit-Prognose seines iPhones angekündigt, dass drei symbolische Regentropfen in der Wetterprognose wenig Hoffnung auf einen freundlichen Tag lassen. Aber auch bei drei Regentropfen im Display bleibt Raum für Hoffnung, solange der Himmel nicht dunkel und grau über der Erde hängt.

Heute wandern wir von Sevilla nach Guillena, einem kleinen Städtchen, ca. 25 km entfernt. Da wir den zweifelhaften Charme der Vororte spanischer Städte auf früheren Wegen bereits kennengelernt haben, sind wir die ersten 12 km mit dem Bus aus der Stadt hinausgefahren. Wir wollen uns in Itálica, einem Ortsteil der Gemeinde Santiponce, die berühmten Ausgrabungen der früheren römischen Stadt in Ruhe ansehen, bevor wir uns zu Fuß auf den Weg zu weiteren Fernzielen machen. Nachdem wir in der Großstadt Sevilla bereits beeindruckende Reste römischer Baukunst in den Straßen und Plätzen der Stadt erlebt haben, wollen wir in Itálica natürlich tiefer in die römische Vergangenheit des Landes eindringen. »Anfiteatro Romano« lesen wir bereits vor unserer Ankunft in dem kleinen Städtchen auf einem Verkehrsschild rechts der Hauptstraße. Das verspricht sicherlich aufregende neue Eindrücke! Links von der Straße befindet sich ein riesiges Terrain, das sich über einen grün bewachsenen Hügel erstreckt. In dem endlosen grünen Feld entdecken wir einige Ausgrabungen von Häusern und von deren Fundamenten. Das ganze erstreckt sich hinter einem nicht endenden, langen Maschendrahtzaun. Da ist sicherlich Spektakuläres zu sehen! Wir springen voller Neugier und Unternehmungslust aus dem Bus und laufen die kurze Strecke zu dem soeben gesichteten Verkehrsschild zurück.

Nach einigen Zickzacks durch ein Wohngebiet erreichen wir nach einer kurzen Zeit das Ausgrabungsfeld des Theaters. Leider versperren uns solide Gitter aus Stahl den direkten Zugang. Am Sonntag ist Ruhetag in der Archäologie in Spanien! Selbst das nahe Museo ist bei unserer Ankunft verrammelt. Wir wandern eine neugierige Runde um das eingezäunte Gelände herum. »Vielleicht gibt es noch auf der gegenüberliegenden Seite einen zweiten Eingang«, mutmaße ich laut, um meine Begleiter zu einem kleinen Fußweg um das Objekt unserer Neugier herum zu motivieren. Henk gibt auf! Er bleibt auf einer Bank zurück. »Das Wenige, das hier am Sonntag zu sehen ist, lasse ich Euch gern, das brauchen wir nicht zu teilen«, meint er ironisch.

Ineke und ich wandern eine neugierige Runde um das Gelände herum. Wir stellen fest, dass hier ein respektables, römisches Theater mit halbrunder Sitzstufenanordnung und einer großen rechteckigen Szenenfläche aus der Erde freigelegt wurde. Hinter der Szenenfläche und einer Doppelsäulenreihe sind die Fundamente und Wandansätze weiterer Räume und Gebäudeteile zu sehen. Für mich als Architekten ist der isometrische Einblick aus der Höhe auf den Grundriss des Theaters samt Nebenräumen in der Struktur und im Aufbau klar und eindrucksvoll, für meine Begleiter Henk und Ineke liegen dort nur »kaputte Steine«. Nachdem sich auf der dem Eingang gegenüberliegenden Seite des Ausgrabungsgeländes kein zweiter Zugang angeboten hat, fassen wir schnell den Entschluss, die denkwürdige Stätte zu verlassen. Wir setzen unseren Weg zu Fuß fort. Der Feldweg, den wir nach kurzer Verfolgung der Landstraße erreichen, führt schnurgrade auf unser Tagesziel Guillena zu. Die Römer legten eben ihre Straßen schnurgerade an, ohne Rücksicht auf besondere Merkmale der Topografie, bergauf und bergab. Zwei Furten durch kleinere Flüsse, die glücklicherweise nicht allzu tief sind, sind zu überwinden. Den ersten Übergang meistern wir durch vorsichtiges Durchqueren des sumpfigen Geländes, teilweise von Stein zu Stein springend. Den zweiten ersparen wir uns, denn er liegt tief eingeschnitten in einem Canyon aus lehmigem, glitschigem Erdreich. Wir machen einen kleinen Umweg zur nahen Landstraße und erreichen über eine massive Brücke ohne gewagte Kletter- und Sprungübungen unser heutiges Tagesziel.

Guillena ist ein kleines andalusisches Städtchen, dessen Besiedlung an dem Flüsschen Rivera de Huelva nach der Reconquista auf den Resten einer römischen Straßenstation erfolgte. Das Städtchen liegt in einer Ebene, die von fruchtbaren Schwemmlandböden, durchzogen von einem ausgeklügelten Bewässerungssystem, und intensiver Landwirtschaft geprägt ist. Die Kirche im Zentrum des Ortes weist deutliche Merkmale maurischer Bautradition auf. Den recht massiven Turm krönen Zinnen und Umgänge. Unser Reiseführer belehrt uns, dass wir vor einem Bauwerk des sog. Mudejarstils stehen. Es entstand also in der Zeit der Reconquista, nachdem die maurischen Bewohner des Landes von dort vertrieben worden waren. Die Kirche bleibt für uns leider, obwohl wir Sonntag haben, verschlossen. Eine kleine Zeichnung des Äußeren muss uns entschädigen.

In dem kleinen Hostal, das uns heute beherbergt, erfahren wir abends, was Fußballbegeisterung in Spanien bedeutet! Der Gastraum ist bis auf den letzten Platz gefüllt. Eine große Anzahl von Männern des Ortes, die laut das Spiel von Real Madrid gegen Barcelona kommentieren, hat sich in Stuhlreihen

Guillena an der Vía de la Plata

vor einer Großleinwand versammelt. Von Zeit zu Zeit springt die gesamte Versammlung erregt auf, wenn eine torreife Situation zu sehen ist, oder wenn irgendein Foul vom Schiedsrichter nicht angemessen geahndet wird. Man diskutiert und gestikuliert temperamentvoll und hemmungslos. Ein kleines korpulentes Männchen wirft regelmäßig, wenn das Spiel bei Torraumszenen und ähnlichen spannenden Momenten auf einen Höhepunkt zuläuft, seinen Hut in die Luft. Da er ihn in der Regel nicht selbst wieder auffangen kann, muss dann eine Zahl seiner sportbegeisterten Freunde ihm anschließend dabei behilflich sein, seine Kopfbedeckung unter irgendeinem der Stühle wieder hervorzuholen. Im Hintergrund abseits des Geschehens vor dem Großbildschirm sitzen wir Pilger und versuchen in dem Tohuwabohu ein wenig Unterhaltung und Erfahrungsaustausch.

Paul ist eingetroffen, unbedarft, ohne Erfahrung auf dem Camino. Er hat kurz entschlossen, und dürftig für eine so schwierige Wanderung ausgestattet, in seiner fernen, westfälischen Heimat den Entschluss gefasst, ohne weitere Vorbereitung eine Woche Kurzurlaub auf der Vía de la Plata zu machen. Er lässt sich für die nächsten Tagesetappen von uns allerlei Tipps und Hinweise geben. Hoffentlich sind sie für ihn hilfreich. Carlo aus Turin, der neben Spanisch fließend französisch spricht, leistet uns während des Essens Gesellschaft. Wir gehen zeitig auseinander, denn die Aussichten auf den Folgetag, der uns nach Castilblanco de los Arroyos bringen wird, versprechen in meteorologischer Hinsicht nichts Gutes.

23. März 2015

Ein weit verbreiteter Aberglaube lehrt uns, Andalusien sei eine trockene, sonnendurchglühte Landschaft, in der heißblütige Menschen im Schatten der Bäume ohne Unterlass Fiesta feiern und Flamenco tanzen. Als wir morgens aus unserem Hostal in Guillena treten, werden wir auf drastische Weise eines Besseren belehrt. Während wir die ersten Schritte auf die Straße hinaus tun, beginnt es zu regnen, erst leicht tröpfelnd, dann jedoch sehr bald dicht und dauerhaft. Die Häuser der Straße, durch die wir eilen, sind offenbar von Handwerkern und Architekten gebaut, die ebenfalls dem Irrglauben verfallen sind, es scheine permanent die Sonne. Sie haben nämlich keine Traufrinnen, wie es bei uns im europäischen Norden üblich ist, sondern geben in dichtem Fluss die Niederschlagswässer, die auf ihre Dächer prasseln, in den Straßenraum, das heißt auf den Gehweg ab. Der Höhepunkt dieses Wasserspiels wird erreicht, wenn großformatige Wasserspeier das Wasser von angrenzenden Flachdächern in weitem Bogen auf die Straße befördern. Wir eilen von Schutzdach zu Balkonvorsprung. Jedes aus den Häuserfassaden auskragende Bauteil ist uns willkommener Schutz vor dieser Dauerdusche, die von oben herabprasselt. Vor einer beampelten Kreuzung nutzen wir die Rotphase, um unter unsere Pelerinen zu tauchen. Bevor wir die lange und schmale Brücke über den Fluss Rivera de la Huelva betreten, beobachten wir, wie ein Schwertransport den Gehweg mit einer gewaltigen Bugwelle, die er aus den wassergefüllten Spurrillen des Straßenbelags herausschleudert, geradezu flutet. Wir springen zur Seite und suchen unser Glück auf dem gegenüberliegenden Gehweg, der uns etwas weniger wassergetränkt zu sein scheint. So laufen wir etwa 4 km an der stark befahrenen Landstraße entlang. Manchmal geben wir entgegenkommenden Fahrzeugen Zeichen, die tiefen Spurrillen des Straßenbelags zu meiden. Manche Autos reagieren positiv, aber die wenigen, die dieses Verständnis nicht aufbringen, sorgen dafür, dass wir nach der Regendusche in den Stadtstraßen nun auch von unten bis auf die Haut durchnässt werden.

Wir werden schließlich nach Durchquerung eines kleinen Gewerbegebietes durch einen Wegweiser erlöst, der uns verspricht, wenn wir den abzweigenden Feldweg nähmen, liege unser Tagesziel nur noch 16 km entfernt.

Der Weg führt uns zwischen Olivenhainen und Orangenplantagen durch einen der Naturparks Andalusiens. Man hat ihn konsequenterweise mit seinen tiefen, verschlammten Schlaglöchern natürlich als Feldweg belassen, in dem das eine oder andere Loch mit Bauschutt notdürftig aufgefüllt wurde. Große mit Wasser gefüllte Senken im Weg sind zu umlaufen. Der Boden hier ist wasserundurchlässig und lehmig. Wir gleiten mehr als wir laufen können. Manchmal, wenn das Gefälle des

Weges es will, gleiten wir auf dem lehmigen Untergrund geradewegs in die Wasserlachen hinein. An unseren längst völlig durchnässten Schuhen klebt eine kiloschwere Last von klebrigem Lehm. Es geht kilometerweit leicht bergauf, zeitweise läuft uns das Niederschlagswasser auf dem Weg entgegen. Irgendwann verlassen wir den fast nicht begehbaren Weg und folgen ihm seitlich zwischen den Reihen der Olivenbäume. Hier ist der Boden etwas sicherer, weil er durch herabgefallenes Blattwerk und durch Grasbewuchs etwas trittfester ist. Nach etwa 3 km haben wir eine Anhöhe erreicht. Wir stoßen auf eine scheinbar häufiger befahrene Wegestrecke, die aus festgefahrenem wasserdurchlässigem Schotter besteht. Stellenweise bildet auch blanker Fels die Oberfläche des Weges. Von der Höhe blicken wir auf ein grünes Hügelland, durch das sich unser Weg in weiten Serpentinen hindurchschlängelt, bis er irgendwo im Wolkengrau verschwindet. Rinderherden, die zwischen den Bäumen grasen, beäugen uns Fremde neugierig. Irgendwann sendet uns dann doch die andalusische Sonne einen wärmenden Strahl. Das ist der Augenblick, der uns ermutigt, auf einigen Felsbrocken unser Mittagspicknick am Wegesrand zu machen. Unsere nasse Oberbekleidung trocknen wir derweil auf einigen naheliegenden Büschen.

So erreichen wir am Nachmittag Castelblanco de los Arroyos. Unser heutiges Quartier haben wir nahe der Stadt in einer Gruppe von kleinen Ferienhäusern gebucht. Fernando, der Eigentümer der Anlage, hat uns vor unserer Ankunft in der Stadt telefonisch angewiesen, am Ortseingang auf ihn zu warten. Er erscheint tatsächlich kurz nach unserer Meldung mit einem kleinen Auto und transportiert uns zu unserem Tagesziel. Wir treffen schließlich auf eine Gruppe von sechs Häusern, die um einen kleinen Freiraum oberhalb einer Treppe errichtet sind. Fernandos Frau hat zwischenzeitlich eines der Häuser für uns Gäste perfekt vorbereitet. Die Elektroheizung verbreitet eine angenehme Wärme, im Kamin flackert ein kleines Feuer, auf dem Tisch steht eine Schale mit frischem Obst. Henk macht sich, nachdem wir unsere nassen Schuhe vor dem Kamin aufgestellt haben, daran, das kleine flackernde Feuer mit dem bereitliegenden Brennholz anzufachen. Es gibt Tee mit Stroopwafels aus den Niederlanden. Wir sind angekommen.

Abends kochen Fernando und Natie, seine Frau für uns drei ein großartiges Menu im nahegelegenen Restaurantgebäude. Wir sitzen um einen runden Tisch mit lang herunterhängendem Tischtuch. Unter dem Tisch brennt ein kleines Holzkohleöfchen, das unsere Beine angenehm wärmt und so in dem ansonsten unbeheizten Raum eine angenehme Atmosphäre erzeugt. Wir lernen zum ersten Mal die Qualität des Fleischs der in der Gegend gezüchteten schwarzen Schweine kennen, deren feingeschnittene gegrillte Filetstreifen uns Fernando als »Secreto Iberico« serviert. Die Schokoladentorte, die danach als Dessert folgt, ist eines der Spezialrezepte, die er für seine Gäste entwickelt hat. Bei »Pata negra«-Schinken als Vorspeise und einem hervorragenden Rioja haben wir sehr schnell unseren schrecklichen Regentag vergessen. Nebenbei erzählt uns unser Gastgeber, dass er erst seit kurzem die Gruppe von Ferienhäusern betreibt. Vorher war er etliche Jahre Inhaber eines Hotel-Restaurants im Ort. Von dort hat er auch seine besondere Vorliebe für feine Küche mitgebracht. Trotz erheblicher Fehlstellen in unserem Spanischvokabular gelingt uns schließlich doch noch eine angeregte Unterhaltung mit unserem Gastgeber.

24. März 2015

Eine Besonderheit der Vía de la Plata ist, dass die Entfernungen zwischen den Ortschaften und vor allem zwischen den Übernachtungsmöglichkeiten in Albergues, Casas rurales und Hotels recht groß sind. Vor allem außerhalb der Hauptreisezeit zwischen Ostern und dem Spätsommer sind zudem noch viele Häuser geschlossen. So kann es durchaus vorkommen, dass man den Camino verlassen muss, um irgendwo in einer abgelegenen Siedlung eine Unterkunft zu finden. Dann sind Tagesetappen von deutlich mehr als 30 km keine Seltenheit. Heute haben wir eine dieser Superetappen vor uns. Unser Ziel ist Almadén de la Plata, ein Städtchen, das etwa 32 km vor uns liegt. Wir haben, um dorthin zu wandern, die Sierra Norte, einen großen Naturpark, der von Korkeichen und Kiefernwäldern und natürlich ausgedehntem Weideland geprägt ist, zu durchqueren. Von unserem Ausgangsort Castilblanco de los Arroyos bis zum Eingang zu diesen Schutzgebieten sind es 14 km auf der Landstraße. Nach dem mühsamen gestrigen Regentag haben wir Fernando gebeten, unser Gepäck zu unserem Tagesziel zu transportieren. Sein Angebot, uns zum Preis des ja ohnehin vereinbarten Gepäcktransports doch gleich mit an unser Ziel zu transportieren, lehnen wir natürlich heroisch ab. Wir erklären ihm, dass uns wichtig ist, auf der vor uns liegenden, langen Etappe lediglich unbeschwert vom Gewicht unserer Rucksäcke, mit leichtem Tagesgepäck die Schönheit der Landschaft zu genießen.

Fernando hat wenig Verständnis dafür, dass er zwar unser Gepäck transportieren, uns jedoch zu Fuß in der weiten Landschaft zurücklassen soll. Die Straße, die zum Naturpark der Sierra Norte führt, ist nicht nur 14 km lang, sondern in den frühen Morgenstunden auch unsicher. Es hat in den letzten Monaten sogar Überfälle auf Pilger gegeben. Schließlich willigen wir ein, zu unserem Gepäck in seinen großen und bequemen Mercedes zu steigen. Die Fahrt durch die heute in der Morgensonne liegende hügelige Landschaft ist kurz. Unterwegs sehen wir am Straßenrand Carlo aus Turin, unseren Tischnachbarn aus Guillena und Françoise aus Bordeaux, die auf der Vía de la Plata »l'aventure« sucht. Sie sind schon sehr früh aufgebrochen, um diese lange Etappe, auf der es über mehr als 30 km kein Dorf, keine Bar und keine Herberge gibt, zu bewältigen.

Als wir am Parkeingang ankommen, stellen wir fest, dass die Sonne, die heute morgen aus dicken Wolkenpaketen scheint, noch eine gute Weile arbeiten muss, bis die Tagestemperatur im Freien von uns Frühaufstehern als angenehm empfunden wird. Entsprechend schnell laufen wir auf einem breiten Kiesweg zwischen mächtigen Korkeichen, unter denen Rinder grasen, durch die weite Hügellandschaft. Unterwegs lernen wir Willemijn, eine Niederländerin, kennen, die allein und mit einer erstaunlichen Gelassenheit den Camino läuft. Sie hat in der letzten Zeit einige tiefgreifende Veränderungen in ihrem Leben erfahren. Auf der Vía de la Plata will sie Ruhe und eine neue Ordnung in ihr Leben bringen. Nun sitzt sie auf einem umgestürzten Baumstamm, nachdenklich und offenbar mit viel Zeit für ihren Camino ausgestattet. Sie lässt uns nach einem kurzen Gespräch weiterziehen.

Nach Almadén de la Plata sind es noch etwa 10 km. Die Landschaft hat sich zwischenzeitlich geändert. Wir laufen durch ausgedehnte Kiefernwälder. Manchmal müssen wir auf großen Steinblöcken den großflächig überfluteten Weg in mutigen Sprüngen begehen, um unsere über Nacht getrockneten Schuhe trocken zu halten. Kurz vor unserem Tagesziel haben wir noch auf einer sehr steilen Wegesstrecke einen Gebirgsrücken zu überqueren, bevor sich die Landschaft in eine weite Ebene, in deren Zentrum unser Ziel sichtbar wird, ausweitet.

Die Aussicht auf der Höhe des Gebirgsrückens, den wir aufgrund der Steilheit seiner Topografie »die Wand« nennen, ist überwältigend. Hinter uns liegt eine sich bis zum Horizont ausdehnende, weite Hügellandschaft, die aus unserer Höhe gesehen mit Wäldern aus zahllosen Pinien und in der Ferne mit mächtigen Korkeichen strukturiert ist. Darüber wölbt

Almadén de la Plata mit Kirche Santa María

sich zu dieser inzwischen warmen Mittagszeit ein fast wolkenloser Himmel. Unser Standort ist blanker, roter Fels. Vor uns, weit unter uns liegt von der Sonne beschienen Almadén de la Plata mit seinen weißen Häusern. Mir fällt bei dieser wundervollen Vogelperspektive auf, dass das Stadtbild von zwei beherrschenden Türmen geprägt ist. Einer ist aufgrund seiner äußeren Form eindeutig der im Zentrum liegenden Pfarrkirche zuzuordnen. Der zweite ähnelt eher dem rechteckigen Minarett einer Moschee. Ich bin neugierig! Sind dort unten etwa erhaltene Reste einer früheren maurischen Besiedlung? Henk ermahnt uns zu Disziplin und meint, es sei nun nicht die Zeit

Almadén de la Plata: Rathaus mit Turm im Neo-Mudejar-Stil

für Architekturfantasien, sondern der richtige Zeitpunkt für ein Mittagspicknick.

Der frische Wind zerrt heftig an unseren Anoraks. Hinter einem kleinen Felsgrat finden wir ein geschütztes Plätzchen für unsere ausgedehnte Mittagspause. Henk ist noch gut mit Leckereien, die ihm seine Familie mitgegeben hat ausgestattet und so beginnen wir unser Mittagsmal mit einem Schluck Rotwein und einer Mischung von Nüssen und Rosinen als Aperitif.

Willemijn holt uns während unserer Pause ein. Wir überreden sie, mit uns einen Schluck zu trinken. Danach laufen wir gemeinsam bergab auf unser Ziel zu. Wir haben unser Quartier in dem Hostal »El Romeral« gebucht. Willemijn läuft weiter zur Herberge des Ortes. Für das Abendessen verabreden wir uns in unserem Hostal.

Der Nachmittag dient der Besichtigung des kleinen Ortes. Endlich habe ich Gelegenheit, den bereits von unserem Weg her entdeckten arabisch anmutenden Turm etwas genauer zu besichtigen. Ich stelle fest, dass man durch den quadratischen Turm heute den Sitzungssaal des Stadtrats betritt. Der Turm erwies sich aber als ein Bauwerk aus dem Jahre 1905 im Neo-Mudejar-Stil. Der Rückgriff auf die maurische Kunst hat jedoch seine Berechtigung, denn Almadén de la Plata wurde von den Mauren gegründet. Sie nannten den Ort »Al Medin Balat«, was soviel wie »Bergwerk an der Straße« bedeutet. Hier wurden früher Silber und Kupfer gewonnen.

Als wir dann abends zu viert im Restaurant unseres Hostals sitzen, kommt plötzlich Natie aus Castilblanco de los Arroyos herein. Sie will sich vergewissern, dass ihre Gäste vom Vorabend gut an ihrem heutigen Ziel angekommen sind. Von so viel aufrichtiger Anteilnahme sind wir alle sehr berührt.

Nachmittags haben wir die bestürzende Nachricht erhalten, dass ein Germanwings-Airbus in Südfrankreich abgestürzt ist. Die Gespräche und Eindrücke des Abends und nicht zuletzt das gute Essen haben diese bedrückende Neuigkeit zunächst verdrängt. Doch jetzt in der Nacht finde ich keinen Schlaf. Die Gedanken an das ferne, tragische Geschehen, das eigentlich uns derzeit in Spanien pilgernden und wandernden merkwürdig nahe ist, lassen mich nicht los. Die eigentlich angesichts derartiger Zwischenfälle und Katastrophen üblichen Fragen gehen durch meinen Kopf: »Warum liegen in dieser Welt Glück und Wohlergehen und plötzliche Schicksalsschläge so dicht nebeneinander? Warum tut Gott, an den wir als den allmächtigen Weltenlenker zu glauben gelernt haben, uns das an? Womit haben die 150 Opfer des Unglücks und ihre Angehörigen dieses schreckliche Ereignis verdient? Die seit Jahrzehnten in meinem Kopf rumorenden philosophisch-theologischen Fragen melden sich wieder vehement zu Wort.

Was macht Gott in der und mit der Welt? Wo und wie erfahren wir das, was wir seine Liebe nennen, in unserem Alltag? Wie wirkt Gott in der Welt?

Vor einigen Wochen besuchte ich zu diesem Thema eine Vortragsveranstaltung in der Karl Rahner Akademie in Köln. Der Abend war in zwei Abschnitte gegliedert:

Zunächst erlebte ich das Referat eines Naturwissenschaftlers, der mit klaren und einleuchtenden Worten darstellte, dass seine Arbeit im dreidimensionalen Raum viele interessante Ergebnisse erzielt habe. Ein wichtiges Ergebnis jedoch, die Frage nach der Existenz Gottes und seinem Wirken sei jedoch offenbar aus der Erfahrung, die der dreidimensionale Raum uns Menschen anbietet, nicht zu beantworten.

»Wo ist Gott, von dem Ihr Theologen in Euren Heiligen Schriften und Eurer Schrifterforschung sprecht? Im dreidimensionalen Raum, der mir als Forscher offensteht, kann ich nichts derartiges erkennen. Meine Arbeit ist jedoch ausschließlich dreidimensional. Ich bin gefangen in einem Haus, das ich nur von innen betrachten und erforschen kann. Alles, was über diese Innenarchitektur hinausgeht, ist mir verschlossen. Gott ist nirgendwo zu sehen.«

Natürlich hatte der Vertreter der Naturwissenschaft mit seinen Gedanken zunächst präzise den Glaubenskonflikt umrissen, der uns alle, ob gläubig oder nicht, täglich verfolgt. Auch das Schicksal der 150 Germanwings Absturzopfer, von denen soeben noch die Rede war, ist schließlich ganz eng mit der Frage verbunden, ob ihr Tod nicht eher »Zufall« war, als Gottes Wille. Wo war Gott eigentlich bei diesem tragischen Ereignis?

Aufgabe des Theologen war an diesem Abend, aus der Sicht seiner theologisch-philosophischen Forschung, also sozusagen aus übergeordneter Sicht eine Erklärung zu geben. Er räumte ein, dass naturwissenschaftliche Suche nach Gott nicht erfolgreich sein kann, weil Wissenschaft vom schlüssigen Beweis lebt, aus der zwingenden, eindeutigen Folgerung, die man aus zuvor gesammelten Daten zieht. Kerninhalte der wissenschaftlichen Forschung erreichen nach seiner Darstellung, eben weil sie sich auf den dreidimensionalen Raum beschränken, die Ebene des Göttlichen nicht. Gleichwohl sei anhand von Indizien erkennbar, dass Gott sich immer wieder in Menschen und ihrem Handeln bzw. ihren Visionen von jenseitigen Dingen offenbare. Auch für uns aufgeklärte Menschen sei Gott zwar nicht im direkten Beweis erkennbar, jedoch in seinem Wirken, das sich in der gesamten Schöpfung vollzieht, und als dessen Vollstrecker diesseitig erkennbare Wesen, nämlich wir Menschen, auftreten. Damit bleibe die Suche nach Gott allzu oft auf die Suche nach Spuren seines Wirkens in dieser Welt angewiesen. Diese Spuren seien erkennbar, lesbar und damit im Glauben interpretierbar.

Man werfe der Theologie leider vielfach vor, sie greife, um aktuell anstehende Fragen zu klären, allzu gern auf ein voraufgeklärtes, mythisches Weltbild zurück, statt sich diesen Fragen offen und bereitwillig zu stellen. Vielfach werde die Notwendigkeit von Ereignissen einfach aus ihrem zufälligen Zusammenspiel gefolgert.

Da sei die Arbeit des Jesuiten George Coyne, der als christlicher Wissenschaftler aus einer Kette von gesicherten wissenschaftlichen Erkenntnissen eine deutliche Spur von Gottes Wirken in der Welt aufgezeigt habe, zumindest ein ernsthafter Ansatz zur Lösung der anstehenden Fragen. (Ich werde mich mit George Coyne noch intensiver beschäftigen müssen).

Nicht selten werde das naturwissenschaftlich Unerklärliche auch durch Wunderglauben unter dem Hinweis auf Gottes Wirken verständlich gemacht. Man brauche sich schließlich so nicht mehr um wissenschaftlich nicht erzielbare Erklärungen zu bemühen. Der Glaube erlaube, sich über das nicht Erklärbare einfach zu wundern.

Vor diesem Hintergrund sei es für die Theologie viel fruchtbarer und erfolgversprechender, wenn sie die Frage nach dem »Wie« ersetze durch die Frage nach dem »Warum«. Dort kenne man sich auf der Basis des gesicherten, überlieferten Gottesglaubens schließlich aus.

Die Distanz, die die zwei Referenten des Abends in der Karl Rahner Akademie zu Beginn ihrer Vorträge rhetorisch geschickt aufgebaut hatten, war nach einer zweistündigen Veranstaltung immer noch unverändert. Ja schlimmer noch: Mit dem Eingeständnis der Theologie, sie konzentriere sich lieber auf die Frage, warum Gott in der Welt auf so unterschiedliche Weise, mal im für uns Menschen positiven, mal im negativen Sinn wirke, ließ die Kluft zwischen den Positionen der Referenten endgültig und unüberbrückbar erscheinen.

In meiner Vorstellung entstand das Bild von einem großen Dach, das als gemeinsames Forschungsergebnis von Wissenschaft und Theologie gewissermaßen ein neues harmonisches Weltbild darstellt. Als Träger dieses Daches müssten eigentlich mindestens zwei Säulen entwickelt werden, die in gleicher Weise solide und verlässlich darunter stehen. Leider hatte ich in meiner Vorstellung jedoch spontan das Bild, dass eine dieser Säulen, nämlich die der Wissenschaft, sich in einem ständigen Wachstum immer höher und immer breiter aufgefächert entwickelte, während die zweite Säule, die Theologie, in beständiger Größe hinter dieser dynamischen Entwicklung zurückblieb und sich eher um ihre Konservierung und Erhaltung bemühte, statt mit der beeindruckenden Entwicklung der Wissenschaftssäule Schritt zu halten. Das Ergebnis dieses unterschiedlichen Entwicklungsprozesses war in meiner Vorstellung die totale Asymmetrie des »Zweisäulenhauses« und dessen Einsturz.

Als vor etwa 2000 Jahren unsere sog. Heiligen Schriften entstanden, gab es noch eine völlige Deckungsgleichheit zwischen den theologischen Überlieferungen und dem damals herrschenden, einfachen Weltbild. Die Erde stellte man sich als einfache zweidimensionale Scheibe vor, über der sich der Himmel wölbte. Die Erdscheibe und das, was auf ihr lebte, war die göttliche Schöpfung, die in einem einmaligen Schöpfungsprozess von sechs Tagen entstanden war. Das Himmelsgewölbe war der Sitz des Überirdischen, kurz des Göttlichen. Nach der Vorstellung der frühen menschlichen Kulturen wanderte die lebensspendende Sonne auf diesem Himmelsgewölbe als göttliche Beigabe unermüdlich um die Erde. Manche frühen Kulturen erkannten sogar in der Sonne die beherrschende göttliche Kraft, die die Erde begleitet und bewacht. Man beobachtet seit vielen 1000 Jahren den Zug der Gestirne, der übers Jahr periodisch am Himmel wiederkehrt. Bereits 2700 Jahre vor unserer Zeitrechnung, also zur Zeit des biblischen Abraham, kannten die Menschen auf der Erdscheibe 72 Fixsterne am Himmel, die natürlich aufgrund ihrer periodisch wiederkehrenden Bewegung am Himmel mit Göttergestalten gleichgesetzt wurden. Jeder Sonnenaufgang und Untergang wurde so als das Einwirken und Begleiten des Götterhimmels in Beziehung zur Erdscheibe gedeutet. Vor diesem Hintergrund war jedes besondere Ereignis schnell und überzeugend mit dem Wirken der Götter, oder in späterer Zeit mit dem Wirken des einen Gottes erklärt. Kometen am Himmel, Meteoriteneinschläge auf der Erde, Flutereignisse und Erdbeben waren große Zeichen göttlicher Allmacht und bedurften keiner weiteren wissenschaftlichen Erklärung. Auch die Schicksalsschläge und die sog. biblischen Plagen, wie Heuschreckenschwärme und Hungersnöte, oder auch Folgen von guten Jahren waren göttliche Zeichen, die es zu beachten galt.

So entstanden der Mythos der Sintflut als Strafe Gottes über die sündige Menschheit sowie die Geschichte von Sodom und Gomorrha, der Städte, die von Gott aufgrund ihrer Lasterhaftigkeit und Zügellosigkeit vernichtet wurden. Auch der Mythos vom Turmbau zu Babel, der die damaligen Menschen näher zum Himmel und zu den Göttern bringen sollte, ist ein Bild, das aus dieser Frühzeit der menschlichen Kultur eine beindruckende Deckungsgleichheit der damaligen Wissenschaften mit dem Göttlichen, also der Religion, offenbart.

Das kopernikanische Weltbild, nach dem die Erde ein runder Himmelskörper ist, der sich mit anderen Planeten auf festen Bahnen um ein Zentralgestirn, nämlich unsere Sonne bewegt, hat diese Harmonie des frühen Weltbildes im 15. Jh. plötzlich zerstört. Die Aufklärung des nachfolgenden 16 Jh. hat in dem Gebäude des damaligen Weltbildes tiefe Risse erzeugt. So wird Jahrzehnte nach dem Tod von Nikolaus Kopernikus Galilei von einem kirchlichen Gericht verurteilt, bei Strafe des Kirchenbanns der kopernikanischen Weltsicht abzuschwören.

Neben der mächtigen Säule, die einst von Wissenschaft und Religion gemeinsam gebildet wurde, entstand mit der Aufklärung eine selbstständige Säule, die ausschließlich von der Wissenschaft gestaltet wurde. Diese Säule entwickelte sich schnell zu beachtlicher Stabilität, während die Theologie, um die Konservierung ihrer jahrhundertealten Überlieferung bemüht, immer weiter zurückblieb.

Heute ist das Gebäude des gemeinsam von zwei Säulen getragenen Weltbildes akut vom Einsturz bedroht. Die Wissenschaften dominieren. Es ist abzusehen, dass die Parallelität von Wissenschaft und Theologie keine Zukunft mehr hat.

Im Jahr 2008 forderte der Theologe Hans Küng in einem Vortrag in Köln, man müsse, um den Glauben zu retten, Philosophie und Religion unabhängig zu den sich schnell entwickelnden Wissenschaften pflegen. Es gehe nicht um Feststellung der Deckungsgleichheit biblischer Bilder mit den wissenschaftlichen Erkenntnissen unserer Zeit, sondern allein um deren gläubige Interpretation. Er vertrat damit den im Gottvertrauen abgekapselten, von der Welt sorgfältig getrennten Glauben, der letztlich im Widerspruch zu unserem aufgeklärten Weltbild und damit eher dem Glauben vergangener, voraufklärerischer Zeiten entspricht. Dieser Weg entwickelt sich immer deutlicher zu einer gefährlichen

Gratwanderung, bei der man nach allen Seiten dem Absturz näher ist, als dem überzeugenden Weiterschreiten. Er führt am Ende in die Sackgasse, in die völlige Aufgabe von Religion und Glauben.

Deshalb wird es höchste Zeit, dass wir unter Einarbeitung des Wissensstandes unserer Zeit ein neues, plausibles Gottes- und Weltbild entwickeln. Unser Glaube muss einfach zukunftsfähig werden, das heißt, er muss so gestaltet sein, dass er sich ständig dem Dialog mit der Wissenschaft stellen kann. Das kann bedeuten, dass er stärker auf Erklärung der Welt setzt, als auf Dogmen und unumstößliche, wissenschaftlich und logisch nicht nachvollziehbare Grundsätze. Das bedeutet auch, dass der Glaube angesichts des sich ständig erweiternden Wissens über unsere Welt offen ist und bereit bleibt, die in Schriften überlieferten Bilder mit neuen Akzenten oder gar von Grund auf neu zu interpretieren. Für uns Christen bedeutet das, dass die wunderbaren Bilder des Alten Testaments, die Weissagungen und Visionen der Propheten ebenso, wie die Berichte der Evangelien über das Leben Jesu immer im Abgleich mit dem wissenschaftlich gesicherten Weltbild verkündet und aufgenommen werden müssen.

Ziel dieser neuen Gemeinsamkeit von Theologie und Wissenschaft ist ein stabiles Zweisäulenhaus, in dem ein gemeinsames Dach, das das aktuelle Weltbild verkörpert, von beiden Säulen, Wissenschaft und Theologie, gleichermaßen getragen wird. Zu einem soliden Haus gehört ein solider Anfang. Wo ist der Anfang dieser neuen Gemeinsamkeit, des neuen Zweisäulenhauses, zu suchen? Wie legen wir am geschicktesten die Grundlage unserer neuen Beziehung zwischen Wissenschaft und Theologie an?

Natürlich dort, wo man gemeinhin mit der Konstruktion eines Hauses grundsätzlich anzufangen hat: Im Fundament! Wir müssen uns auf den Weg machen, in den Fundamenten unserer zwei Säulen stabile gemeinsam nutzbare, d. h. gleichwertige Bausteine zu finden, die tragfähig für das geplante künftige Gebäude sind …

25. März 2015

Andalusien ist eine weite, mit Wäldern und mit nicht endendem Weideland, den Dehesas, bedeckte Landschaft. Zu dieser Jahreszeit setzen die mächtigen Kronen der Kork- und Steineichen mit ihrem dunkelgrünen Laub Akzente auf die in hellem Grün glänzenden Weideflächen. Stellenweise wird die frische Farbe der Wiesen abgelöst durch die Rosa-Gelb- und Blautöne aufknospender Wiesenblumen. Die Natur bereitet ein großes farbenfrohes Fest des Frühlings vor. Über teilweise unbefestigte Wege laufen wir heute von Almadén de la Plata nach El Real de la Jara. Auf unserem Weg müssen wir häufig die Gatter der Dehesas, die wir durchlaufen, öffnen und natürlich beim Verlassen wieder schließen. Auf unserem Weg begleitet uns weidendes Vieh. Von Zeit zu Zeit laufen wir auch an einer umzäunten Fläche vorbei, in der zahlreiche schwarze Ibericoschweine ihr schönes, weil faules, aber leider auch kurzes Schweineleben genießen. Einmal sind wir tatsächlich im Zweifel, ob ein anthrazitfarbiger mächtiger Hügel, der aus einer Wiese auftaucht, tatsächlich aus Basaltgestein besteht, oder ob nicht doch an irgendeiner Stelle aus den gerundeten felsförmigen und dicht beieinanderliegenden Formen des Hügels ein Schweinefuß herausschaut. Die Annäherung an das in wundersamer Form aufgeschichtete Gebilde bringt dann plötzlich die Gewissheit: aus der dunklen Masse ragen dutzende Schweinefüße in die Luft. Bei weiterer Annäherung kommt dann plötzlich Leben in die zuvor scheinbar tote Masse, denn unser Hügel löst sich in etwa 30 auseinanderstiebende schwarze Schweine auf, die vor unserem Erscheinen dort faul in der Sonne lagen und ihren Schweinetag genossen.

An einer Furt, durch die der Weg führt, machen wir auf einigen Steinen Rast und genießen die Stille des grünen Tals, durch das ein klarer, flacher Bach über helles Gestein plätschert. Erste zarte Blüten von Wiesenblumen legen einen far-

8 km vor El Real de la Jara: unser Rastplatz

bigen Schleier über die Grasflächen zwischen den Bäumen. Unermüdlich ist in dieser paradiesisch friedlichen Situation das Plätschern und Gurgeln des Baches hören. Kein Mensch weit und breit, nur die Geräusche der Natur und das leichte Säuseln des Windes in den Baumkronen. Über uns kreist ein großer schwarzer Greifvogel, vielleicht ein Adler, der hier in dieser weiten Landschaft nach einschlägigen Reiseführern heimisch sein soll. Noch ist es früh am Tag. Wir müssen aufpassen, dass wir in dieser friedlichen Idylle nicht einnicken und die Mittagszeit verschlafen. Um den Tag weiterhin aktiv zu gestalten, gibt es nur ein Mittel: Wir ziehen weiter! Mit ei-

El Real de la Jara

nem letzten wehmütigen Blick zurück in unser kleines Paradies wandern wir weiter nach El Real de la Jara, unserem heutigen Tagesziel.

Zu unserer ausgedehnten späteren Mittagspause weichen wir einige Meter vom Weg ab und begeben uns in ein kleines Ensemble von ehemaligen Landarbeiterhäusern, die heute verfallen und ungenutzt in der Landschaft stehen. Laetizia, eine Pilgerin aus Belgien, ist schon da und liegt vor einem Gebäude in der Sonne. Ohne von ihr bemerkt zu werden, wählen wir die Sonnenseite des benachbarten Hauses. Wir legen uns in das heute im Sonnenschein getrocknete Gras und verzehren unser mitgebrachtes Picknick. Schließlich nicken Henk und Ineke in der milden Sonne ein. Es ist unendlich ruhig. Wir haben noch 8 km nach Real de la Jara. Wir leben einfach in den Tag hinein und träumen entspannt in der Sonne. Eine kleine Zeichnung hält diesen schönen, friedlichen Ort fest.

Unser Hostal liegt etwas abseits des Ortes. Da wir außerdem dort die einzigen Gäste sind, fühlen wir uns aus dem Pilgerleben hier etwas ausgegrenzt. Wir kehren deshalb nach dem Einchecken wieder in das Städtchen zurück. Glücklicherweise begegnen wir dort wieder Willemijn, der Niederländerin aus Almadén de la Plata. Während ich durch den Ort streife, um das Kastell oberhalb der Stadt zu zeichnen, verbringen Henk und Ineke mit ihr einen geselligen, kurzweiligen Nachmittag in einer der Bars des Ortes. Nach meiner Rückkehr erlebe ich dann noch eine besondere Geste des früheren Betreibers des Lokals, der uns zum Abschied noch zu einer Runde Getränke nach unserer Wahl einlädt.

26. März 2015

Es ist schon fast ein Wunder, dass man in unserem kleinen Europa noch Landstriche findet, die über 20 km hinweg noch völlige Einsamkeit in der Natur bieten. Der Camino führt uns zunächst weiterhin durch eine weite baumbestandene Weidelandschaft. Langsam stabilisiert sich das Wetter. Auf unserem heutigen Weg von El Real de la Jara nach Monesterio treffen wir gegen Mittag auf die ehemalige Ermita San Isidoro, die heute leider verlassen auf einem Rastplatz in der Nähe der Autobahn liegt. Wir nutzen den Ort für eine ausgedehnte Rast im trockenen Gras vor dem Eingang. Weiter geht es durch einen lichten Eukalyptuswald auf einem schattigen Weg, der plötzlich im Unterholz den Rest einer römischen Wasserleitung freigibt. »Vía de la Plata«, davon war schon eine Weile nicht mehr die Rede! Der Silberweg, den die Römer angelegt haben, zeigt uns auch hier weitab von den berühmten Stätten römischer Bau- und Siedlungskunst Spuren der frühen Besiedlungskultur des Landes.

Wir stoßen schließlich auf eine unbefestigte, mit Schotter bedeckte Straße, die in hartnäckiger, kontinuierlicher Steigung auf etwa 50 m Abstand der Autobahn folgt. Sie verläuft mit einer erstaunlichen Sturheit immer geradeaus. Mir fällt auf, dass wir auf relativ kurzer Distanz etwa 300 m Höhenunterschied zu bewältigen haben. Offenbar befinden wir uns mit dieser Straße auf einem weiteren schnurgeraden Stück der römischen Vergangenheit des Landes. Das ermüdet nicht nur die Beine! Auch der Kopf will nicht mehr so recht mitarbeiten. Schließlich lassen wir uns nach etwa 4 km Geradeauslauf lustlos im Bereich einer kleinen grasbewachsenen Grundstückszufahrt unmittelbar neben der Straße auf den Schotter des Weges fallen und schlafen fast im gleichen Augenblick ein.

Erst beim Aufwachen wird uns bewusst, dass wir am Straßenrand zwischen Straßengraben und einer Weide, auf der einige Pferde stehen, ohne weiteres Nachdenken Ruhe und Entspannung gefunden haben. Auf der nahen Autobahn donnern weiterhin schwere LKW an uns vorbei. Im Augenblick ist uns das völlig gleichgültig. Wir sortieren mühsam unsere vom Liegen auf dem harten, splittbedeckten Boden erschlafften rückwärtigen Körperteile und packen lachend den restlichen Weg zu unserem Tagesziel an.

Als wir auf der Höhe des Weges ankommen, breitet sich in etwa 3 km Monesterio, gekrönt von der Pfarrkirche San Pedro, vor uns aus. Die Kirche wurde im 15. Jh. im Mudejarstil erbaut, aber im 17. Jh. umgestaltet. Die Bauweise ist nahezu festungsgleich, von weitgehend geschlossenen Wänden geprägt. Das Baumaterial ist überwiegend Naturstein der Gegend, der in Abständen von etwa 150 cm Wandhöhe von egalisierenden Schichten aus gebrannten Ziegeln geglie-

Monesterio: Kirche San Pedro

dert wird. Auch der Turm und die Fenstergewände weisen Ziegel als gliedernde und gestaltende Elemente auf. Zinnen krönen den Dachrand des Chores und den oberen Abschluss des Turmschafts unterhalb des spitz zulaufenden Turmhelms. Innen präsentiert sich die Kirche in einheitlichem Weiß. Hochliegende relativ kleine Fenster lassen das Tageslicht einfallen. Das Kirchenschiff ist von einer Tonne überwölbt, in die die Spitzbögen der Fenster mit kleinen Quergewölben einschneiden. Ich kann nicht ausmachen, ob dieses Gewölbe aus Stein gemauert ist oder ob ich unter einem Scheingewölbe aus Holz stehe. Aufgrund der auf der Außenseite fehlenden aussteifenden Pfeiler ist wohl die Wahrscheinlichkeit einer Gewölbekonstruktion aus Holz recht groß. Im Chorbereich befinden sich noch die Reste der Wände von Vorgängerbauten, die außen auf der Südseite einen kleinen Glockenstuhl tragen. Im Norden ist an die Choranlage eine kleine weiß verputzte Sakramentskapelle angebaut. Das Ganze ist mit einem langen Satteldach abgedeckt.

Bei unserer Ankunft in unserem Hostal erfahren wir, dass Willemijn, die in El Real de la Jara zunächst morgens in der Herberge mit einer Infektion zurückgeblieben war, sich mit Hilfe des Hospitalero gegen Mittag auf den Weg gemacht hat, und zwischenzeitlich in unserem Hostal ein Zimmer belegt hat.

27. März 2015

Im Gegensatz zu den baumbestandenen Dehesas und den bewaldeten Hügeln Andalusiens erleben wir heute die weite offene Landschaft der Extremadura. Interessant und überraschend für mich auf unserem Weg von Monesterio nach Fuente de Cantos ist der durchaus plötzliche, unvermittelte Übergang der Landschaften von Andalusien und der Extremadura. Wir wandern von Monesterio noch etwa 10 km durch grünes Weideland, steigen einen Hügel hinauf und stellen auf dessen Höhe fest, dass sich auf seiner Nordseite plötzlich die Landschaft als weites Acker- und Wiesenland ausdehnt. Die inzwischen vertrauten, dicht beieinanderstehenden mächtigen Korkeichen gibt es plötzlich nicht mehr. In der Ferne, auf einem Hügel entdecke ich einen gewaltigen Stapel Strohballen, das einzige was in dieser unerwarteten Landschaft Schatten für die Mittagsrast verspricht. Felder und Wiesen sind streckenweise mit Bruchstein-Trockenmauern eingefriedet, deren Baumaterialien wohl von den Landwirten der Gegend bei der Bestellung ihrer Felder beiseite geräumt wurden. Diese Mauern strukturieren die Landschaft, die sich wie ein weiter, graubraun-grüner Flickenteppich ausbreitet, mit entschiedenen dunklen Linien. Parallel zu ihnen verlaufen in hellem, kiesigem Gelb die Wege, von denen einer uns heute nach Fuente de Cantos führen wird. Getreide ist das wesentliche landwirtschaftliche Produkt dieser Gegend, wie wir aus den Lagerstätten von Stroh unschwer schließen können. Unser Unterschlupf aus Stroh, den wir pünktlich zur Mittagsrast erreichen, erlaubt uns in seinem Schatten sogar ein bequemes Plätzchen für ein anschließendes erholsames Schläfchen.

Kurz vor Fuente de Cantos kommt uns ein kleiner Peugeot entgegen. Ein Mann steigt aus, bietet uns ein gekühltes Bier an und fragt uns nach unserem weiteren Weg und ob wir schon eine Unterkunft an unserem Zielort haben. Er selbst vermietet in einem Appartementhaus Zimmer und Wohnungen für Pilger. Ineke versteht seinen Wortschwall besser als wir. Sie bestätigt, dass wir bereits eine Bleibe von Deutschland aus reserviert haben und stellt im weiteren Gespräch fest, dass unser überraschender Gesprächspartner identisch mit unserem Gastgeber im Ort ist. Er heißt Antonio und bewirtschaftet ein stolzes ehemaliges Stadtpalais mit mehreren Etagen. Der großzügige Grundriss der ehemals großbürgerlichen Residenz wurde von ihm zu komfortablen Wohnungen, die alle mit Antiquitäten möbliert sind, umgestaltet. Hinter dem Haus befindet sich eine weitläufige Terrasse und im Garten darunter ein kleiner gepflegter Pool. Die privaten Räume Antonios befinden sich hinter einigen mächtigen Palmen und hinter dem allgemein nutzbaren Garten an einem Durchgang zu rückwärtigen weiteren Gebäuden, in denen er uns seine sehr umfangreiche Sammlung von historischen Landwirtschaftsgeräten- und Maschinen zeigt. Wir bedauern, dass wir Willemijn, die heute mit uns gewandert ist, in der öffentlichen Herberge gelassen haben, denn es hätte in unserem Appartement durchaus noch ein weiteres Zimmer gegeben.

Fuente de Cantos

Unser erster Weg führt uns zur zentralen Plaza de la Constitución, die zwischen Pfarrkirche und Rathaus (*ayuntamiento*) liegt. Der Platz ist südländisch eng angelegt und wird beherrscht von mächtigen Palmen. Die Kirche Nuestra Señora de la Granada (15. Jh. und später) zeigt wieder Anklänge an maurische Architektur (Mudejarstil). Einschiffig, sachlich, festungsartig, blockhaft. Über der respektablen Baumasse der Kirche ragt ein Renaissanceturm aus rötlichem Sandstein weit in den makellos blauen Himmel. Innen ist die Kirche einheitlich weiß. Ein großartiger vergoldeter Hochaltar mit diversen Heiligenfiguren, von denen wir den heiligen Josef aufgrund seiner

Säge identifizieren können, beherrscht den Raum. Maria als Himmelskönigin steht im Zentrum. An einem Langhauspfeiler mache ich dann noch pflichtbewusst als Jakobuspilger Bekanntschaft mit St. Rochus, der hier als Jakobspilger auftritt. Mit muschelbesetzter Kleidung und ausgestattet mit Pilgerstab hebt er den Mantel und zeigt die Pestwunde an seinem Bein.

Fuente de Cantos ist die Heimat des Malers Zurbarán (1598–1664), einer der großen Vertreter der spanischen religiösen Barockmalerei. Sein Geburtshaus, das gleichzeitig ein Museum beherbergt, ist leider geschlossen. So halten wir uns in einem weiten Vorhof des städtischen Tourismusbüros auf, zeichnen den malerischen und erinnerungswürdigen Ort und träumen in der Sonne, die inzwischen zuverlässig mit Mittagstemperaturen von ca. 28° Landschaft und Menschen wärmt.

Die Nachricht vom Absturz des Germanwings-Jets in den französischen Alpen verfolgt uns nun schon den vierten Tag. In jeder Nachrichtensendung des spanischen Fernsehens wird dem entsetzlichen Ereignis ein umfangreicher Sendeblock mit Reportagen, Interviews und sensationellen, reißerischen Mutmaßungen gewidmet. Staatspräsidenten, Ministerpräsidenten, die deutsche Bundeskanzlerin, die Spitzen der europäischen Länder eilen an den Unglücksort, um dort vor den Kameras der internationalen Medien ihr Entsetzen und ihre Betroffenheit zu bekunden. Inzwischen haben die französischen Ermittlungsbehörden festgestellt, dass das tragische Ereignis von dem jungen Co-Piloten absichtlich in einem Augenblick herbeigeführt wurde, als der Kapitän kurz abwesend und er allein im Cockpit Dienst tat. Alle Nachrichten deuten daraufhin, dass hier ein verzweifelter Mensch seinem jungen Leben auf eine spektakuläre Weise ein Ende gesetzt hat und dabei, um weltweit in den Medien die Aufmerksamkeit auf sich zu lenken, 149 unschuldige Menschen mit in den freigewählten Tod genommen hat. Welche Botschaft will er uns mit seinem entsetzlichen Handeln hinterlassen? Wo war Gott, zu dem wir als unserem gütigen Vater aufzuschauen gelernt haben, bei dem schrecklichen Geschehen? Später, in einer Trauerfeier im Kölner Dom wird der Kölner Kardinal stellvertretend für die große Zahl der betroffenen Angehörigen der Absturzopfer fragen: »Wo warst Du, Gott?« Offenbar will er mit seiner rhetorischen Frage zeigen, dass selbst ihm angesichts dieses schrecklichen Geschehens, für einen Augenblick der Glaube an den gütigen Vater im Himmel abhanden gekommen ist. Oder versucht er nur, in dieser kurzen Frage die Not der um ihn versammelten trauernden Menschen laut und unüberhörbar zu formulieren?

Ist Gott wirklich unser gütiger, besorgter Vater, der uns in seiner Allgegenwart auf unserem Lebensweg begleitet? Oder haben unser Leben und unser Glück auf dieser Erde für ihn einfach einen anderen, weniger bedeutsamen Wert, als wir als seine Geschöpfe ihm in unserem angeborenen Selbsterhaltungstrieb einräumen? Welche Rolle ist uns Menschen in der Schöpfung tatsächlich von Gott zugedacht? Angesichts so manchen Unglücks und mancher Katastrophe, die unsere Erde heimsucht, wird eines deutlich: Gott ist sich selbst genug! Er braucht uns nicht als seine geliebten Kinder um sich herum, wie so mancher Mensch auf dieser Erde es sich für sein diesseitiges Leben wünschen mag. Unser seit Jahrtausenden überliefertes Bild des liebenden Gottes ist das Bild eines Übermenschen. Es ist allzu menschlich. Alles, was menschliche Kultur in ihrer langen Geschichte von Gott in der bildenden Kunst, in der Literatur, in der Musik und der Theologie gemalt, gestaltet, geschrieben, komponiert hat, ist rein menschenbezogen, ist das Abbild des Menschen mit seinen Wünschen und Sehnsüchten. Unser Gottesbild ist als Menschenwerk ein Menschenbild. Es rückt den Menschen selbst in den Mittelpunkt der Betrachtung und macht ihn zum Zentrum des Weltgeschehens. Dieses Bild, das eine Polarität zwischen der Erde und ihren Geschöpfen auf der einen Seite und dem Gott in der Höhe auf der anderen zu entwickeln versucht, ist offenkundig falsch. Es rückt in naiver Weise letztlich den Menschen, als einziges reflektiertes Wesen, als »Krone der Schöpfung« in den Mittelpunkt des Denkens.

Nach gängiger Lehre wird der Mensch aus einem jenseitigen »essentiellen Sein« kommend in diese dreidimensionale Welt als »reale Existenz« hineingeboren, um sich auf ein Leben in unmittelbarer Nähe zu Gott nach seiner Rückkehr in das »Essentielle Sein« vorzubereiten. So zumindest beschreibt der evangelische Theologe Paul Tillich in seinem Buch »Systematische Theologie« das Wesen und die Natur der irdischen Existenz, in der sich der Mensch gleichsam für das Leben bei und mit Gott qualifizieren muss. Man fragt sich angesichts dieser recht mutigen Darstellung des Sinns menschlicher Existenz, warum dies alles so unendlich kompliziert verlaufen muss. Wir sind doch alle Geschöpfe Gottes! Gott ist in seiner Allmacht selbstverständlich auch allwissend. Wenn Gott uns als Menschen am sechsten Tag seines Schöpfungswerks als Krone der Schöpfung, als Höhepunkt seines allmächtigen Wirkens nach seinem Bild geschaffen hat, weiß er doch gleichzeitig um die Schwächen jedes Einzelnen von uns. Dennoch findet er sein Werk auch an diesem letzten Schöpfungstag – folgt man den Aufzeichnungen der Genesis – gut. Wozu gibt es eigentlich nach erfolgreichem Abschluss des sechstägigen Schöpfungswerks dann noch für die Krone der Schöpfung eine Bewährungszeit auf der Erde, gleichsam einen Entzug der Gottesnähe für eine Interimszeit der Läuterung. Für welches Vergehen erhalten wir mit dem »Geschenk des Lebens« diese nach irdischen Maßstäben unverdiente »Strafe auf Bewährung«?

Diese besteht dann aus unendlichen Belastungen, aus Krankheiten, Schicksalsschlägen, aus Kriegen, Gewalttaten, denen unschuldige Menschen zum Opfer fallen. Ich glaube, die Mythen der Genesis, ebenso wie zahllose weitere Berichte der biblischen Überlieferung sind dringend korrekturbedürftig. Zumindest bedürfen sie einer neuen, wissenschaftlich gestützten Interpretation.

Unsere biblischen Überlieferungen entstanden in ihrer Schriftform vor etwa 2000 Jahren. Bevor sie von schreibkundigen, gebildeten

Menschen niedergeschrieben wurden, wurden die Weisheiten und Schilderungen des Alten Testamentes über Generationen und Jahrhunderte mündlich weitergegeben. Selbst die Überlieferung des Neuen Testamentes, die Schilderung der Entstehung eines neuen Bundes Gottes mit seiner Schöpfung, der durch den irdischen Vermittler Jesus Christus angeboten und vorgelebt wurde, entstand in allen bekannten Evangelien erst nach mehreren Generationen mündlicher Überlieferung in einer festgeschriebenen schriftlichen Form. Da war immer viel Zeit, um die wichtige Botschaft, die letztlich für kommende Generationen und Zeitalter konserviert werden sollte, in fantasievollen Ausschmückungen attraktiv für alle Zeiten zu gestalten. So entstanden großartige Bilder von fast nicht mehr glaubhaften Ereignissen, von Wundern, Heilungen, Brotvermehrungen und Rettungen von schon Totgeglaubten.

Hier denke ich auch an die Aussendungsvision des Moses. Nach der Darstellung des Alten Testamentes wird Moses, die große mythische Führergestalt der Israeliten von Gott persönlich für diese Rolle bestimmt (Exodus 3). Die Aussendungsvision des Moses vollzieht sich folgendermaßen: Moses erblickt am Berg Horeb einen Dornbusch, der in hellen Flammen steht, der jedoch nicht verbrennt. Das Feuer des Dornbuschs spricht zu ihm und gibt sich als der »Gott Abrahams, Isaaks und Jakobs«, also der Stammväter der Israeliten aus. Moses erhält den Auftrag, das unter der Knechtschaft Ägyptens leidende Volk Israel aus dem Land herauszuführen und in ein Land zu gehen, das von Milch und Honig fließt. Auf die zweifelnde Frage des Moses, wer denn da im Feuer des Dornbuschs zu ihm spreche, antwortet die Stimme im Feuer: Du sollst den Israeliten sagen: »Der ICH BIN DA hat mich zu euch gesandt, Jahwe, der Gott eurer Väter, hat mich zu euch gesandt. Das ist mein Name für immer. So wird man mich nennen in allen Generationen.«

In den Schriften des Neuen Testaments steht die gesamte Aufzeichnung, die in weitgehend deckungsgleichem Inhalt von vier unterschiedlichen Verfassern überliefert ist, unter dem Leitbegriff: »Gottes neuer Bund mit der Menschheit«. Konkret setzen die Schriften die Berichte über die Beziehung Gottes zu seinem erwählten Volk fort mit der Schilderung des Lebens und Wirkens von Jesus von Nazareth. Dieser wird etwa um die Zeitenwende des Jahres 0 als Sohn eines Zimmermanns in durchaus ärmlichen Verhältnissen geboren. Im Alter von 30 Jahren sieht er sich berufen, die Beziehung seines Volkes, der Juden, zu ihrem Gott neu zu gestalten. Die damals bekannte Welt deckte sich annähernd mit der Ausdehnung des römischen Weltreichs, das sich im südlichen und südöstlichen Mittelmeerraum über Teile Nordafrikas und den vorderen Orient erstreckte. Palästina, seine Heimat war politisch und religiös aus den Fugen geraten. Die politische Macht lag in den Händen von römischen Statthaltern und loyalen örtlichen Führern und Fürsten. Römisches Recht galt auch für Juden. Diese lebten in ihren Traditionen und in ihrem Glauben, das auserwählte Volk Gottes zu sein. Sie waren überzeugt, dass das Land, das sie bevölkerten, ihnen von Gott persönlich geschenkt worden war. Das Land war jedoch von einer fremden Macht beherrscht. Sie lebten in ihrem gelobten Land, der Macht des fernen römischen Kaisers unterworfen. Natürlich träumten die Juden in dieser Situation von Erlösung und Freiheit, von der Erfüllung ihres Traums, in dem ihnen versprochenen und nach langen Irrwegen durch die Wüste besiedelten Land ohne politische Repression und ohne fremde Machteinflüsse nach ihren Traditionen leben zu können.

Die Stärke dieser Sehnsüchte spiegelt sich in den biblischen Schilderungen dann auch mit großer Intensität wieder. Das, was im Wirken dieses jungen Mannes aus Nazareth dem jüdischen Volk angeboten wird, ist jedoch keine politische Lösung, nicht der Weg zur politischen Befreiung von einer fremden Herrschaft, sondern ein neuer Weg in der Beziehung der Juden zu ihrem Gott.

Die Geschichte, die uns Christen als »Neues Testament« bekannt und vertraut ist, wird wie ein Heldenepos in der Überlieferung der damaligen menschlichen Kultur des vorderen Orients aufgebaut und schließlich von mehreren gebildeten Zeitzeugen für die Nachwelt niedergeschrieben. Jesus wird als der Verkünder eines neuen Bundes Gottes mit den Menschen beschrieben. Sein Wirken wird begleitet von vielerlei Wundertaten. Er vermehrt Brot in einer Notsituation, er macht aus Wasser Wein, er heilt Kranke, er erlöst sogar bereits Verstorbene vom erlittenen Tod. Kurz: Er ist Herr über die gesamte Schöpfung, selbst über Krankheit und Tod. Das größte Wunder dieses Epos »Jesus von Nazareth« ist jedoch zweifellos sein qualvolles irdisches Ende, in dem er den Tod zur Rettung seiner Idee einer neuen Beziehung der Menschen zu Gott bewusst und entschlossen erleidet. Er lebt nachfolgenden Generationen vor, wie weit die Bereitschaft gehen muss, das Reich Gottes auf dieser Erde zu leben. Er opfert bewusst und vorsätzlich seine irdische Existenz, um seiner Zeit und, wie wir rückblickend heute wissen, den Zeiten danach den Weg zu Gott aufzuzeigen.

Wer ist dieser Gott, von dem die biblischen Schriften so eindrucksvoll als dem zentralen Bezug allen menschlichen Denkens und Strebens berichten? Wie können wir Menschen in unserer bescheidenen dreidimensionalen Vorstellungskraft uns dieses Phänomen »Gott« vergegenwärtigen, wenn nicht in bildnerisch gefasster, künstlerisch gestalteter Form, die sich letztlich an die Erfahrungswerte unseres täglichen dreidimensionalen Erlebens anlehnt?

Ist Gott für uns überhaupt vorstellbar und darstellbar? Wie können wir, ohne auf ein auf menschlichen Erfahrungswerten aufbauendes allzu menschliches Bild zurückzugreifen, dieses Phänomen »Gott« so definieren, dass eine erkennbare Deckungsgleichheit mit den Ergebnissen menschlicher Forschung und unserer Wissenschaften wieder möglich wird?

Wir müssen am Anfang unserer erforschten Welt, am Anfang aller Zeit beginnen: »Wer oder was ist Gott?«

28. März 2015

Fuente de Cantos haben wir wie üblich in der Frühe verlassen. Wir treten in einen herrlichen Sonnentag. Noch geht an diesem Morgen ein kühler Wind, der uns von vorn in die Kleidung fährt, während wir auf dem Rücken und auf der rechten Seite (wir wandern schließlich nach Norden!) bereits die wärmende Sonne auf unserer dunklen Oberbekleidung fühlen. Gefrühstückt haben wir noch in der Luxusbleibe, die uns Antonio vermietet hat. Wegen der Kühle des Morgens haben wir das Frühstück in der großen Küche des Appartements und nicht auf der davorliegenden Terrasse im Schatten der großen Dattelpalme eingenommen. Die Stimmung ist gut. In wechselnder Formation und mit wechselnden Gesprächs- und Schweigepartnern wandern wir in den jungen Morgen.

Das letztlich Schöne an den Landschaften Südspaniens – dies gilt für Andalusien wie gleichermaßen für die Extremadura – ist die Weite der Landschaft und der große Abstand zwischen den einzelnen Siedlungsschwerpunkten. Wir haben heute von Fuente de Cantos bis Zafra 26 km zurückzulegen. Auf diesem Weg stoßen wir auf zwei Dörfer. Dazwischen nichts als weite menschenleere Landschaft. In Calzadilla de los Barros, dem ersten Dorf auf unserem Weg, reizt es mich, die Kirche, die mit Turm und Zinnen gekrönt über den kleinen Häusern des Dorfes sichtbar ist, aus der Nähe zu besichtigen. Während Henk auf die Damen wartet, die heute in intensivem Gespräch die Nachhut unserer Gruppe bilden, starte ich in das Dorf und suche in den engen winkeligen Gassen den Weg zu meinem Ziel, das aus der Distanz so überdeutlich als Silhouette über dem Dorf zu sehen war und das offenkundig einen sehr klaren Eindruck von dem vermittelt, was wir inzwischen als Mudejarstil kennengelernt haben.

Das Gebäude ist einfach im Grundriss, mit dicken geschlossenen Mauern umgeben. Das Wandmaterial ist brauner

Bruchstein der Gegend, ergänzt durch ausgleichende Schichten in Ziegelmauerwerk. Starke Strebepfeiler sichern die Außenwand. Der Chorbau ist wie eine Festung auf annähernd quadratischem Grundriss ausgeführt und oben mit massiven Bruchsteinzinnen abgeschlossen. Fenster, die Tageslicht in den Raum einlassen, sind klein und unbedeutend in den hochliegenden Wandpartien angeordnet. Im Westen begrenzt ein mächtiger Turmbau den massigen Baukörper, oben gekrönt durch einen offenen Glockenstuhl.

Das Innere der Kirche können wir leider nicht besichtigen. Wir erfahren aus einer Hinweistafel, dass es dort einen ungewöhnlich wertvollen Hochaltar aus der Renaissance gibt. Er soll einer der schönsten der ganzen Extremadura sein. Auf unserem späteren gemeinsamen Weg durch Calzadilla de los Barros suchen wir ein Café für ein zweites Frühstück. Wir begegnen dort dem Alcalde des Dorfes, der engagierte Werbung für seinen Ort und für die am Abend geplante große Corrida betreibt. Natürlich können wir nicht bleiben, denn wir haben noch etwa 20 km bis zu unseren Tagesziel zurückzulegen, wo wir unser nächstes Quartier gebucht haben. Wir trinken noch ein gemeinsames Glas und verabschieden uns von diesem freundlichen Vertreter des Ortes mit den besten Wünschen für das Dorf, die Menschen, die dort wohnen, für die Extremadura und für das Land.

Das Land ist weit! Wir laufen durch eine hügelige Landschaft, die von intensivem Ackerbau gekennzeichnet ist. Noch sind die Felder braun. In den flachen Tälern stoßen wir regelmäßig auf Bäche und kleine Flüsse, die wir von Stein zu Stein springend überwinden müssen. Abwechselnd kommen wir alle aus diesen kleinen Abenteuern mit nassen Füssen heraus, wenn die vemoosten Steine in den Bächen mit ihrer glatten Oberfläche sich weigern, unsere plötzliche Last sicher aufzunehmen.

Der Nachmittag ist für die Jahreszeit mit 28° bereits recht warm. Unsere Mittagsrast haben wir in einer Olivenplantage unter einem Baum verbracht. 6 km vor unserem Tagesziel Zafra besorgt Ineke für Willemijn, die sich von ihrem Infekt noch nicht erholt hat, auf einer nahegelegenen Finca einen Autotransport. Der Wagen verschwindet schnell in einer Staubwolke auf der kiesigen Piste und wir kämpfen uns mit unserer Rucksacklast weiter durch den für uns Nordlichter sommerlich anmutenden Nachmittag. Wir erreichen die Vororte von Zafra recht bald. Die große Landstraße, die sich auf etwa 3 km anbietet, vermeiden wir und wählen eine kleine Nebenstraße, von der wir uns mehr Ruhe versprechen. Allerdings haben wir in unserem Streben nach einem ruhigen Weg in die Stadt hinein nicht bedacht, dass dieser recht bald auf ausgedehnte Neubaugebiete stößt. Vier Geschosse und das Erdgeschoss, das in der Regel Gewerbeeinrichtungen vorbehalten ist! Wie in Spanien allgemein üblich, sind die Erdgeschosse jedoch ungenutzt und mit grobem Ziegelmauerwerk rundherum abgekapselt. Das macht die Straßen, durch die wir uns in der Nachmittagshitze von Schatten zu Schatten schleppen, nicht unbedingt erlebenswert. So sind wir erleichtert, als wir unser Hostal im Zentrum erreichen. Wir lassen uns auf der Straßenterrasse des Hauses in einige der dort vorhandenen komfortablen Sessel fallen und bestellen uns zunächst eine Caña (Bier im hohen Glas, vom span. *caña* = Rohr).

Bereits im Römischen Reich war Zafra als Julia Restituta bekannt. Die arabischen Herrscher gaben der Stadt den Namen Safar oder Cafra. Im 11. Jh. wurde Zafra Grenzstadt zwischen den arabischen Teilreichen Sevilla und Badajoz. Mitte des 13. Jh. schloss Fernando III die Stadt an das Königreich León an. Ab 1394 zählte Zafra zum Besitz der Herren von Feria. So hat die Stadt eine bewegte Geschichte, die sich in einer reizvollen, gewachsenen Altstadt und zahlreichen herausragenden Gebäuden dokumentiert.

Bemerkens- und erwähnenswert in Zafra ist das typisch spanische Leben bis in den späten Abend hinein. Wir suchen nach

Zafra: Palacio de los Duques de Feria

unserem Abendessen die Plaza grande auf und sind erstaunt über das Meer von Tischen und Stühlen der angrenzenden Restaurants und Bars. Die Pfarrkirche aus dem 16. Jh., die Collegiata de la Candelaria, ist gleich nebenan, ein massiges, spätgotisches Gebäude, mit einem wuchtigen Turm aus Ziegelsteinen. Sie ist berühmt aufgrund ihres spätbarocken Altares, der im 18. Jh. entstand und der der Bildhauerfamilie Churriguera zugeschrieben wird, die gegen Ende des 17. Jh. den churrigueresken Stil entwickelte, eine besonders mit Ornamenten überladene Gestaltungsvariante des Spätbarock. Im Seitenaltar, dem Retablo de los Remedios, treffen wir einen alten Bekannten der spanischen Malerei wieder: Der Maler Zurbarán hat hier gleich mehrere Gemälde geschaffen.

Morgen ist Palmsonntag! Wir werden in der Kirche nachhaltig daran erinnert, denn der hintere Teil des Raums ist gefüllt mit einer Zahl von großformatigen Tragesänften, auf denen Bilder aus der Leidensgeschichte Christi für die Prozessionen der kommenden Semana Santa aufgestellt sind. Wir flanieren durch die hellerleuchteten Geschäftsstraßen der Altstadt, in denen auch um 23 Uhr noch reges Leben herrscht. Selbst viele Geschäfte sind noch geöffnet.

Der Palacio de los Duques de Feria ist das beherrschende Gebäude der Stadt. Er steht als trutzige Festung zwischen den engen Gassen der Altstadt und den breiten, begrünten Promenaden der angrenzenden Neustadt. Rechteckig in der Grundform um einen Innenhof errichtet, weist er auf seinen Außenseiten eine Zahl von runden Wehrtürmen auf. Das ganze Ensemble mit seinen umlaufenden oberen Wehrgängen ist von Zinnen gekrönt. Der Palast entstand unter Lorenzo Suarez de Figueroa, dem Herrn von Zafra im 15. Jh. Heute wird das großartige Gebäude als Parador genutzt.

Obwohl der Abend schon fortgeschritten ist, laufen wir noch durch die angrenzenden Grünanlagen der Neustadt zu unserem Hostal. Spät erst erfahren wir, dass in der Nacht in Europa die Sommerzeit beginnt und dass die verbleibende Nachtruhe entsprechend kurz sein wird.

29. März 2015

Der Aufbruch aus der lebhaften, kleinen Stadt Zafra am frühen Morgen des Palmsonntags entwickelt sich zu unserer Überraschung ganz anders als der mühsame Marsch durch die Vorstädte am Vortag. Wir laufen in der Morgensonne einen steilen Weg in die Sierra de los Olivos bergauf.

Wohl aufgrund der bewegten Topografie hat die Stadt hier eine klare Kante! Zu unserer Rechten steht die Torre de San Francesco, ein quadratischer Turm in behauenem Naturstein, der der Rest einer ehemaligen großen Klosteranlage ist, die sich an dieser Stelle vom 15. bis 19. Jh. befand. Der steil ansteigende Weg aus der Stadt heraus, der gleich in der Morgensonne schöne Rückblicke auf das in der Ebene vor unseren Füßen liegende Häusermeer mit seinen Türmen und Zinnen bietet, erreicht bald ländliches Gebiet mit kleinen Feldern und Buschgruppen. Bei Erreichen einer kleinen, mit einem Kiefernwäldchen bestandenen Passhöhe haben wir einen ersten Blick auf das vor uns liegende Los Santos de Maimona, einem kleinen Städtchen, das für seine völlig in Weiß gestalteten Häuser bekannt ist. Die einheitlich weiße Harmonie wird lediglich gesprengt und überlagert durch die große Pfarrkirche Nuestra Señora de los Ángeles, die in braunem Naturstein errichtet ist. Die Wände des Kirchenschiffs sind weitgehend bis auf die uns bereits vertrauten kleinen hochliegenden Fenster geschlossen. Zinnen bilden den oberen Abschluss des Gebäudes. Wir erkennen sofort die typischen Merkmale des Mudejarstils, der nach der Reconquista den Kirchenbau in Südspanien geprägt hat. Die Südseite der Kirche weist ein schönes mit Halbsäulen bildhauerisch gestaltetes Renaissanceportal auf.

Willemijn, unsere Begleiterin seit einigen Tagen, ist in Zafra geblieben, um ihren Infekt, der sie offenbar immer noch schwächt, auszukurieren. So wandern wir heute zu dritt durch die in der Sonne liegende Landschaft.

Villafranca de los Barros ist ein größeres Städtchen, das nach längeren von Zeit zu Zeit abknickenden, breit ausgebauten Wegen am Nachmittag dann plötzlich in der Sonne vor uns liegt. Die Landschaft hat sich zwischenzeitlich geändert. Weinfelder in gewaltiger Ausdehnung und Olivenplantagen beherrschen das Bild. Die Erde der bewirtschafteten Flächen ist schwer und lehmig. »Tierra de Barros« bedeutet soviel wie

Gegend des lehmigen, schweren Bodens. Viele Orte der Gegend und auch unser Tagesziel führen deshalb die zusätzliche Kennzeichnung »de los Barros« in ihrem Namen. In dem Gassengewirr der Stadt irren wir eine kleine Weile umher, bis wir unser heutiges Quartier gefunden haben, die Casa Perin, ein charmantes, altmodisch-originell möbliertes Haus, in dem wir uns spontan wohlfühlen.

Wie viele Städte an der Vía de la Plata kann auch Villafranca de los Barros auf eine recht wechselhafte Geschichte zurückblicken. Nach Ende der arabischen Herrschaft wurde die Stadt in der Zeit der Reconquista Sitz des Ordens der Santiago-Ritter. Im 16. Jh. entstand dann die spätgotische Iglesia de Nuestra Señora del Valle, die unter ihrem Turm ein sehr schönes Westportal im Flamboyantstil aufweist. Die oberen Partien des Turms stammen offensichtlich aus der Renaissance.

Überhaupt machen mich die unterschiedlichen Baustile dieser Kirche ausgesprochen neugierig, denn der Grundriss des Gebäudes zeigt nach außen bei aller Straffheit der Anlage eine Auflösung in mehrere Einzelkapellenvolumen, die auf jeweils rechteckigem oder quadratischem Grundriss ein Zeltdach mit einem abschließenden Laternenaufbau tragen. Diese Bauform erinnert mich eher an byzantinische Bautradition als an die strenge konstruktive Disziplin der Gotik. Neuzeitliche Baumeister haben dann im Südwesten eine weitere Kapelleneinheit, hier jedoch in Sichtbeton, angefügt. Leider gelingt es uns auch bei diesem interessanten Kirchenbau nicht, das Geheimnis des inneren, räumlichen Aufbaus zu lüften, denn wie in Spanien leider allzu oft, ist auch diese Kirche außerhalb der Gottesdienste verschlossen.

Auf dem Platz im Westen der Kirche genießen zahlreiche Menschen den sonnigen Nachmittag. Etwas abseits von der Menschenmenge gelingt mir dann doch eine kleine Zeichnung, die die Besonderheiten dieses Bauwerks festhält.

Villafranca de los Barros: Kirche Nuestra Señora del Valle

Villafranca de los Barros: Ermita de la Coronada

Eine weitere architektonische Sehenswürdigkeit der Stadt ist die in unmittelbarer Nähe zu unserer Casa Perin gelegene Ermita de la Coronada, die im 15. Jh. errichtet und im 18. Jh., also in der Zeit des Spätbarock, umgestaltet wurde. Ganz in Weiß liegt sie an einem kleinen länglichen Platz. Selbst der zwiebelförmige Helm des Turms ist strahlend weiß. Äußere Strebepfeiler in den Längswänden deuten an, dass der Raum mit gemauerten Gewölben überdeckt ist. Ein Vordringen in den Innenraum ist nur bis zum Gnadenbild der Señora Coronada möglich. Wir genießen die lebhafte Atmosphäre in der kleinen Stadt auf einer Straßenterrasse bei einigen kühlen Cañas.

30. März 2015

Mérida, einer der Höhepunkte unseres diesjährigen Weges liegt noch 48 km, das bedeutet zwei Tagesetappen, vor uns. Heute machen wir uns in der Frühe des noch kühlen Tages auf, um von Villafranca de los Barros nach Almendralejo, einem Städtchen etwas abseits der Vía de la Plata, zu laufen. Unser Weg führt mitten durch Weinfelder. Wir sind im Weinbaugebiet der Ribera del Guadiana, das erst seit 1999 das in Spanien begehrte Qualitätssiegel »D. O.« (Qualitätsweine bestimmter Angebiete) führen darf. Mittlerweile genießen die Rotweine aus Garnacha-, Tempranillo- und anderen Trauben einen guten Ruf.

Die endlosen Weinfelder und der breite, gelegentlich von Autos befahrene Kiesweg sowie der ungehinderte Blick bis zum Horizont lassen Ungeduld und Langeweile aufkommen. Ich zähle die Schritte zwischen den Strommasten, die neben dem Weg stehen und errechne ihren Abstand. Sie sind zahllos und stehen unbeirrt in einer Reihe bis zum Horizont.

Nach mehrmaligem, letztlich ergebnislosem Bemühen, ihre Zahl mit einiger Sicherheit festzustellen, beschließe ich, dass wohl 22 das noch wahrscheinlichste Ergebnis sein dürfte. Bei 300 m Mastabstand errechne ich 6,6 km. Das reicht fürs erste! In der Ferne entdecke ich einen Olivenbaum, unsere einzige Chance, für die Mittagsrast ein geschütztes Plätzchen zu finden. Noch etwa 3 km!

Der Olivenbaum macht uns die Freude, inmitten einer schönen, vor kurzem gemähten Wiese in der Nähe eines kleinen Gehöfts zu stehen. Für die nächsten zwei Stunden lassen wir uns hier nieder. Während meine Begleiter nach dem Picknick im Schatten des Baums schlafen, entspanne ich mich und ordne meine Gedanken neu, die sich in der letzten Stunde wohl ausschließlich mit den Grundrechenarten zur Ermittlung von Wegedistanzen beschäftigt haben.

In den biblischen Aufzeichnungen des Evangelisten Johannes wird die Erschaffung und Entwicklung der Welt relativ abstrakt aus dem Wort heraus beschrieben:

»Im Anfang war das Wort und das Wort war bei Gott und Gott WAR das Wort. Im Anfang war es bei Gott.« Soweit der Evangelist, klar, abstrakt, weit vom Bildhaften und von der üblichen biblischen Verkündigung entfernt.

Aus dem WORT entsteht somit die Welt. Das Wort bleibt in der Welt als solides Versprechen der dauerhaften Begleitung. Das bedeutet, das Wort, also Gott, bleibt in der Schöpfung als treuer Begleiter und Garant der beschützten Fortentwicklung der Schöpfung. Das bedeutet auch: Gott hat sein Wort, und nach der Definition des Evangelisten, sich selbst in die Welt gegeben. Er ist in ihr und bleibt in ihr in allen Höhen und Tiefen der Entwicklung.

Unser Ziel ist, auf unserem Weg nach Santiago de Compostela eine Antwort auf die Frage »Wie wirkt Gott in der Welt« zu suchen und dabei theologische Aspekte mit wissenschaftlicher Erkenntnis zu vergleichen. Wir wollen so die Übereinstimmung von Theologie und Wissenschaft, die in unserer säkularen, aufgeklärten Zeit immer weiter auseinanderdriften, wiederherstellen, damit unser in Schieflage geratenes Weltbild wieder zu Harmonie und Gleichgewicht zurückfindet. Was sagt nun die Wissenschaft mit ihren im dreidimensionalen Bereich gewonnenen Erkenntnissen und Entdeckungen dazu?

In unserer heutigen, nüchternen Sprache setzen wir gegen die visionär-mystische Darstellung des Johannes wissenschaftliche Erkenntnis in klaren, gesicherten Fakten:

Der Anfang der wahrnehmbaren Welt, der Beginn von Raum und Zeit war der sog. Urknall. Unter Urknall verstehen wir ein Ereignis, das sich explosionsartig vollzogen haben muss. Bei diesem Ereignis materialisiert sich eine für uns unvorstellbare, d. h. unendliche Energie aus einem für uns unerklärlichen Anfangsimpuls. Ausgelöst durch eine in ihrem Ursprung nicht erklärbare Anfangsenergie entsteht eine Massekonzentration, die zu Beginn des Entstehungsvorgangs eine gegen Null strebende Ausdehnung hat und die sich in unvorstellbarer, explosionsartiger Geschwindigkeit vergrößert und damit wahrnehmbar wird.

Energie wird zu Masse – Masse wird dreidimensional, wird zu Raum.

Mit der Bildung des Raums aus der entstandenen Materie wird eine weitere Dimension sichtbar: die Zeit. Die Zeit ist bis heute als vierte Dimension der ständige Begleiter des sich wandelnden Universums. Sie ist der Gradmesser für Veränderung in allem, was aus dem Urknall entstand, in allem, was existiert.

Zugegeben, bei der Urknalltheorie handelt es sich um eine theoretische Annahme, die über die unserer Wissenschaft zur Erforschung offenstehende dreidimensionale Welt hinausgeht. Sie beschäftigt sich nämlich mit einem Zustand der Welt, der außerhalb der erforschbaren drei Dimensionen unserer Wahrnehmung angesiedelt ist. Als Theorie bedarf sie der Verifizierung, um wissenschaftlicher Fakt zu werden.

Im Falle der Urknalltheorie hat man im Jahre 2014 bei einem wissenschaftlichen Versuch im CERN in Genf einen zur Verifizierung der Urknalltheorie sensationellen Schritt getan. In einem ringförmigen Teilchenbeschleuniger, den man als Tunnelröhre durch das Gestein der Schweizer Berge gebohrt hatte, hat man kleinste elektromagnetische Teilchen annähernd auf Lichtgeschwindigkeit beschleunigt und zur Kollision gebracht. Das Ergebnis dieses Experiments waren keine Teilchentrümmer, wie wir mit unserem schlichten dreidimensionalen Verstand spontan annehmen möchten, denn kleinste elektromagnetische Teilchen haben keine Masse, die man zertrümmern kann. Man entdeckte jedoch als Folge dieses Experiments, dass aus der erzeugten gewaltigen Energie der Kollision ein neues Teilchen entstanden war, das eine messbare Masse hatte und das man zuvor nicht kannte. War es vielleicht das von unserer Wissenschaft seit Mitte des 20. Jh. gesuchte Urteilchen, aus dem sich die gesamte Materie unseres Universums zusammensetzt? Wir wissen es nicht! Was wir jedoch aus diesem Experiment erfahren haben ist, dass es erstmalig gelungen ist, in einer winzigen, selbst mikroskopisch nicht erkennbaren Dimension eine gewaltige Energie in ein kleinstes Materieteilchen zu transformieren. Unsere Wissenschaft hat damit ein Modell des Urknalls erzeugt. Ähnlich dem Versuch im CERN muss sich also vor aller Zeit ebenfalls dieser rätselhafte Vorgang abgespielt haben, bei dem sich eine unvorstellbar große Energiemenge in Materie transformierte.

»Im Anfang war das Wort.« (Johannes 1.1)

»Im Anfang war unendliche Energie.«

Beide Aussagen beschreiben einen Zustand vor der Entstehung von Zeit und Raum, über den unsere Wissenschaft keinerlei Kenntnis hat, da er für sie nicht erforschbar ist. Wir wissen nur, dass der Zustand vor der Bildung des Universums, vor der Entstehung von Zeit und Raum die unbekannte und unerforschbare Grundlage für deren Bildung gewesen sein muss.

Jahrtausende und zahllose Kulturen in der Geschichte der Menschheit haben das Unbekannte und Unerklärliche jenseits bzw. außerhalb ihrer erkennbaren und erforschtbaren Welt mit Göttern, die Kulturen mit monotheistischer Tradition mit Gott gleichgesetzt. So ist verständlich, dass auch der Evangelist Johannes in seinem Prolog fortfährt:

»und das Wort war bei Gott und das Wort WAR Gott ... Alles ist durch das Wort geworden und ohne das Wort wurde nichts, was geworden ist.«

Hier wird eine subjektive Vision des rätselhaften Zustandes, der vor der Entstehung des Universums geherrscht haben muss, geschildert, die als Teil der biblischen Überlieferung zumindest für Gläubige oder nach Glauben suchende Menschen eine wichtige Hilfe ist, sich Gott mit menschlich begrenztem Verstand vorzustellen:

Gott ist das zeitlose Versprechen der dauerhaften Präsenz, der ständigen Begleitung. Soweit die Theologie.

Unsere Wissenschaft sieht vor Beginn von Zeit und Raum eine unendliche Energie, die die unabdingbare Voraussetzung für das Entstehen des Universums gewesen sein muss. Wenn man in dem vorzitierten Johannestext den Begriff »Wort« austauscht gegen den wissenschaftlichen Begriff »Energie« kommt man zu folgender Aussage:

»und die Energie war bei Gott und Gott war die Energie ... Alles ist durch die Energie geworden, ohne die Energie wurde nichts, was geworden ist.«

Die totale Gleichheit beider Aussagen in Bezug auf den Anfang von Zeit und Raum führt über die Gleichung »Wort = Energie« zu einer Deckungsgleichheit von wissenschaftlicher und theologischer Aussage. Damit wäre eine der Grundeigenschaften, die wir dem Phänomen »Gott« zuschreiben dürfen, umrissen.

Gott ist unendliche Energie. Gott ist gleichzeitig das Versprechen, das Wort der dauerhaften, untrennbaren, ewigen, Verbundenheit mit dieser aus ihm entstandenen Welt. Er hat diese Welt geschaffen indem er sich persönlich in sie hineingegeben hat. Er ist in ihr und er begleitet und steuert sie.

»Schaffen«, »begleiten«, »steuern«. Im letzten Satz der Beschreibung der Grundeigenschaften Gottes stehen wir plötzlich in unserer menschlichen Hilflosigkeit vor drei Verben, die Aktivität, die Vorsatz, die einen Plan suggerieren. Ein Plan setzt normalerweise eine kreative Persönlichkeit voraus. Bisher wissen wir nur gesichert, dass Gott = Energie = Wort ist. Ein neues Rätsel ist zu lösen: Wie können wir nachweisen, dass Gott nicht nur abstrakte Grundlage einer Welt, sondern gleichzeitig Person ist?

Die Wissenschaft muss hier wohl als Weg der weiteren Erklärung ausscheiden, da sie ausschließlich im dreidimensionalen, von uns Menschen wahrnehmbaren Raum arbeitet und forscht. Hier kann zunächst nur die Theologie weiterhelfen. Nur sie ist in der Lage, den engen Raum menschlicher, d. h. dreidimensionaler Wahrnehmung zu verlassen und die Grenze zum Transzendenten, zum materiell nicht Nachweisbaren und dennoch ohne Zweifel Existenten zu überschreiten.

Dennoch: wir kommen dem unsichtbaren Prinzip »Gott« nur näher, wenn wir Erkenntnisse zusammentragen, die wir dem erforschbaren dreidimensionalen Raum abgerungen haben. Und wenn keine wissenschaftlichen Beweise zur Verfügung stehen, müssen wir nach Indizien suchen.

Almendralejo ist eine Stadt von etwa 34000 Einwohnern, etwa 3 km abseits der Vía de la Plata. Wir haben den Ort als Tagesziel gewählt, weil der Weg nach Torremejía noch etwa 10 weitere Kilometer auf breiter Kiespiste und an unzähligen Strommasten vorbeigeführt hätte. Morgen werden wir, um wieder den Originalweg fortzusetzen, diese 10 km mit dem Taxi zurücklegen. Aufgrund einer gezielt geförderten, örtlichen Wirtschaft, die vom intensiven Weinbau und Olivenanbau lebt, ist die Stadt heute in der Region zu einem beachtenswerten Wohlstand gekommen. Wir laufen durch endlose Gewerbegebiete, in denen hoch aufragende, gigantische Tanks auf recht uncharmante Weise daran erinnern, dass Weinbau und Herstellung von Olivenöl die wirtschaftliche Grundlage der Gegend sind. Nachdem wir die Landschaft der Tankriesen hinter uns gelassen und die um die gewachsene Stadt herumführende Ringstraße überquert haben, führt uns dann endlich eine breite Avenida mit begrüntem Mittelstreifen in das Herz des Ortes.

Unser Hotel ist ein moderner Bau, der sich komplett gegen die grelle Sonne mit Markisen und heruntergelassenen Rollläden schützt. Das Innere wird beherrscht von einer großzügig angelegten offenen Treppenhalle, die vielfältige interessante Durchblicke bietet. Die Auskleidung von Wänden, Stützen und Fußböden mit kunstvoller Keramik macht das Haus für mich, den Architekten in unserer kleinen Gruppe, bei aller Verschlossenheit des Äußeren hier zu einem spannenden Raumerlebnis. In seiner räumlichen Konzeption und in der Ausstattung des zentralen Innenraums erinnert mich dieses moderne Gebäude durchaus an Bauten im arabischen Raum, die ähnlich nach außen abgeschirmt sind und innen kunstvoll gestaltete, im kühlen Schatten liegende Aufenthaltszonen bieten. Ein modernes Zitat der bei uns längst vergessenen maurischen Bautradition.

Bei unserem nachmittäglichen Bummel durch die Stadt begegnen wir einigen Kirchen aus dem 19. Jh. Im Zentrum entdecken wir schließlich die Pfarrkirche Nuestra Señora de la

Almendralejo: Pfarrkirche Nuestra Señora de la Purificación

Purificación, einen spätgotischen, festungsartigen Bau, der in der Renaissance, wie viele Kirchen im Süden Spaniens, einen prächtigen, gänzlich unerwarteten Glockenturm in klassischer Gliederung erhalten hat. Der Turm hat fünf Geschosse:

1. das Portalgeschoss
2. das Zwischengeschoss als Abschluss des Turmsockels
3. die erste Etage des Glockenaufsatzes, dreiseitig
4. der eigentliche Glockenaufsatz mit den rund überwölbten Schallöffnungen
5. eine oberste oktogonale Zierform, mit einer byzantinisch anmutenden Laterne gekrönt.

Alle Kirchen auf unserem Weg prahlen mit hochwertigen Kunstschätzen in ihrem Inneren, die in der Renaissance und danach entstanden sind. Zurbarán, Ribera, Velázques sind auch hier vertreten. Leider werden ihre Werke sorgfältig unter Verschluss gehalten. Wir haben keinen Zutritt.

31. März 2015

Heute abend erwartet uns Mérida! Wir freuen uns auf die Bilder, die wir bei unserer Annäherung an die Stadt aus der Höhe der umliegenden Hügel erleben werden. Wie wir am Vortag beschlossen haben, legen wir die ersten 10 km nach Torremejía mit dem Taxi zurück. Danach bleiben uns noch 17 km, von denen der größere Teil über unbefestigte Wege durch die weite hügelige Landschaft führt. Der Boden, auf dem wir laufen, ändert sich, je weiter wir auf ständig leicht abschüssigem Weg vorwärtskommen. Runde, große Kiesel und Geröll bedecken in großen Mengen die Erde oder sind in den lehmigen Untergrund getreten. Wir bewegen uns ganz offensichtlich bereits im eiszeitlichen Urstromtal des Río Guadiana, der Mérida durchfließt. Olivenplantagen und Viehzucht bestimmen das Bild der Landschaft bis kurz vor die Stadt. Im Schatten eines Eukalyptuswäldchens machen wir auf unserer heute recht kurzen Etappe unsere Mittagsrast. Seit einigen Tagen verführt uns die Wärme der mittäglichen Sonne dazu, diese Wanderpause nicht nur zur Nahrungsaufnahme zu nutzen, sondern auch zu einer ausgedehnten Siesta auszuweiten. Und so liegen wir auch heute auf einer kleinen Anhöhe im Schatten der Bäume und blicken auf die Stadt, die sich vor uns in der weiten Ebene des Flusstals ausbreitet. Inzwischen haben wir auf manchem Jakobsweg die Annäherung an große Städte erlebt. Endlose Gewerbe- und Industriegebiete waren zu durchwandern, bis wir manchmal dann plötzlich müde und abgekämpft die historischen Stadtkerne erreicht hatten. In Mérida ist alles anders! Zwar wird der Weg, auf dem wir immer weiter bergab laufen, irgendwann vor der Stadt mit Asphalt befestigt, aber das ist nebensächlich! Die Perspektive auf die Stadtsilhouette, der wir uns langsam nähern, ändert sich ständig. Viele Einzelbilder von Gebäudegruppen werden zwischen den Bäumen, die neben dem Weg stehen, sichtbar. Schließlich stehen wir in einer großen Wiese, vor uns der Fluss! Wir sind sozusagen angekommen.

Durch die Flussauen, die sich langsam zu einer ausgedehnten Freizeitanlage verdichten, laufen wir nun am Ufer des Río Guadiana entlang. Um die Sicht auf die Stadt auf der anderen Flussseite noch eine kleine Weile auf uns wirken zu lassen, machen wir noch eine kleine Pause unter einer Gruppe von Pinien. Unmittelbar gegenüber unserem Rastplatz auf der anderen Seite des Flusses liegt die älteste arabische Festung der iberischen Halbinsel, die Alcazaba von Mérida.

Danach gehen wir über die lange, vielbogige Römerbrücke direkt in das historische Stadtzentrum hinein. Morgen werden wir hier einen Ruhe- und Besichtigungstag einlegen. Die Plaza de España wird dabei unser zentraler Stützpunkt sein. Die ausgedehnten Außengastronomien, teilweise im Schatten von Arkaden auf der westlichen Platzseite liegend, locken schon heute zu einer kühlen Caña.

Mérida, die Hauptstadt der Extremadura, ist eine Stadt mit großer Geschichte. Bereits 25 vor Chr. wurde sie von den Römern gegründet. Emerita Augusta nannte man damals den Ort, an dem sich verdiente römische Soldaten im fortgeschrittenen Alter niederließen. Die Stadt entwickelte sich sehr schnell zur Hauptstadt der Provinz Lusitanien. Auf der Höhe ihrer Blüte hatte sie 50000 Einwohner, eine für damalige Verhältnisse beachtliche, auf der iberischen Halbinsel einzigartige Größe. Die römische Herrschaft wurde zuerst durch die Westgoten abgelöst. Der Einzug der Araber im 8. Jh. beendete

Mérida: Römerbrücke

dann zunächst die weitere erfolgreiche Entwicklung der Stadt. Auch die Rückeroberung in der Reconquista durch Alfonso IX konnte diesen Niedergang nicht aufhalten. So verfiel die einst blühende Stadt zunehmend. Große steinerne Zeugnisse einer großartigen Zeit blieben zurück. Bauwerke, die heute die Stadt zu einem der kunst- und baugeschichtlichen Höhepunkte auf der Vía de la Plata machen. Die historischen Bauten bzw. der damit verbundene Tourismus bilden somit die Grundlage einer neuen wirtschaftlichen Blüte.

1. April 2015

Unseren Besichtigungstag in Mérida haben wir am Vorabend anhand des Stadtplans gründlich vorbereitet. Es ist noch kühl und die Schatten auf dem Dianatempel im Zentrum sind noch lang. Wir sind tief beeindruckt von diesem in seiner Substanz einzigartig erhaltenen Bauwerk. Er wurde bereits als eines der sehr frühen Gebäude der Stadt im 1. Jh. v. Chr. errichtet, ist also der Gründungszeit der Stadt zuzurechnen. Wohl aufgrund einer intensiven Restaurierung in neuerer Zeit steht er heute da, mit seinen schlanken Säulen auf hohem Sockel. In der Renaissance hat man die Tempelstruktur genutzt, um in der Tiefe anstelle der *cella* einen kleinen Stadtpalast einzufügen, der heute dem Ensemble mit seinen klassischen schlichten Formen hinter der geschlossenen Reihe der Tempelsäulen einen besonderen Akzent verleiht. Ein kleines Ausgrabungsfeld vor dem Tempel verrät dann, dass hier in jüngerer Zeit intensive Bodendenkmalpflege und Forschung stattgefunden haben müssen.

Die Stadt ist durchsetzt mit den Resten großer römischer Bauten. Plötzlich grüßen uns zur Linken Jupiter und Bacchus von einem hoch aus einem Ruinenfeld herausragenden Pfeiler. Mosaiken und römische Skulpturen werden in den frei zugänglichen Erd- und Untergeschossen von ansonsten kommerziell genutzten Gebäuden dem Besucher zur kostenlosen Besichtigung angeboten. Noch ist das Museo Nacional del Arte Romano geschlossen. Unsere Neugier treibt uns weiter zu der aufregendsten Gebäudegruppe, die die Stadt in einem geschlossenen archäologischen Park zu bieten hat: dem Anfiteatro und Teatro Romano. Hier verbringen wir etliche Stunden mit Zeichnen, Begehen der kunstvoll angelegten Zuschauerränge, dem Studium von Säulen und Kapitellen, Träumen in der Sonne, die nun angenehm wärmt. Für die Mittagszeit haben wir ein Picknick mitgebracht, das wir auf den Zuschauer-

Mérida: Römisches Theater

rängen des Teatro genießen. Nachmittags gesellt sich Willemijn wieder zu uns. Sie hat sich inzwischen von ihrem Infekt erholt und hat teilweise mit dem Taxi, teilweise wandernd in zwei großen Etappen zu uns aufgeschlossen.

Ineke, Henk und Willemijn ziehen zu dritt weiter durch die Stadt, während ich noch mit Zeichnen und Lesen in unserem Reiseführer die Details der großartigen Anlage aufzunehmen versuche. Hinter der spektakulären, zweigeschossigen Architektur, die die Szenenfläche des Theaters abschließt, erklären dann dem interessierten Besucher Schaubilder und erläuternde Texte eindrucksvoll, dass sich hier in der Zeit des Augustus ein ausgedehntes mit Wandelhallen umgebenes Heiligtum anschloss. Statuen von Göttern und Größen der römischen Geschichte des 1. Jh. n. Chr. veranschaulichen den besonderen Charakter des Ortes. In einer Nische der Anlage schließlich eine Statue des großen Kaisers.

Nachmittags suche ich dann noch die Basilica Santa Eulalia auf, die mit den Ausgrabungen in ihrer Krypta und zwischen den Fundamenten der im 16 Jh. errichteten Kirche ein weiteres großartiges Zeugnis der Durchmischung und Überlagerung der unterschiedlichen Kulturen auf der Iberischen Halbinsel bietet. Römisch-früh-

Mérida: Römischer Tempel

christlich-arabisch-mittelalterlich. Besonders beeindruckt mich der Rest einer quadratischen kleinen frühchristlichen Kapelle, in der sogar wesentliche Teile der Wandfresken noch zu sehen sind. Über dieser kleinen Kapelle haben zunächst die Mauren einen massiven Festungsbau errichtet, der später im 15 Jh. durch eine gotische Basilika abgelöst wurde. Über der faszinierenden archäologischen Zone im Untergrund hat man im 20. Jh. anstelle des Kirchenbodens einen Zwischenboden aus Stahl und Holz eingezogen. Durch dessen Lücken im Bereich der in komplizierter Geometrie errichteten Fundamente der darüber liegenden Basilika fällt ein wenig Licht in die Unterwelt der Ausgrabungen. Ich kann sogar von unten einen Blick in die Kreuzrippengewölbe des darüber liegenden Kirchenraums werfen.

Abends, als wir auf der Plaza de España sitzen, erleben wir noch eine lange Prozession, wie sie in der Semana Santa in Spanien üblich sind. Wir erleben wieder einmal, mit welcher Dichte und Intensität der christliche Glaube in diesem Land öffentlich gelebt wird. Nach aufregenden Eindrücken eines touristischen Tages wird der späte Abend wieder still und nachdenklich.

Gott, ein einfaches Synonym für das Entstehen und Funktionieren der Welt? Eine Kraft, unsichtbar, der Wahrnehmung durch unsere Sinne entzogen, eine Art Urenergie, abstrakt, nicht weiter fixierbar und erklärbar? Ein bloßer Anstoß für einen gigantischen Prozess, darüberhinaus jedoch ohne Bedeutung?

Die Kirche lehrt uns, dass Gott eine Person, ja eine Einheit von Drei Personen sei. Wir sind in unserer Jugend mit Bildern konfrontiert worden, in denen es den Vater als den Schöpfer, den Sohn als Vollstrecker des Vaterwillens und schließlich den »Heiligen Geist« als Einiger der göttlichen Personen gibt. Bilder, die wie bereits bei der Suche nach dem Wesen und der Gestalt des einen Gottes, der als Schöpfer des Universums definiert werden sollte, zutreffend und irreführend zugleich sind, weil sie der allgemeinen menschlichen Wahrnehmung der Welt entlehnt sind. Alles, was man uns über Gott und seine Beziehung zu seiner Schöpfung und seinen Geschöpfen berichtet, versucht unser begrenztes dreidimensionales Vorstellungsvermögen mit erklärenden Bildern zu bedienen. Diese Bilder, die aus unserer engen menschlichen Begriffswelt stammen, sind eben begrenzt, unvollkommen und damit zu einem gewissen Teil auch unzutreffend. Nehmen wir den Begriff »Person«! Sofort entsteht vor unserem inneren Auge eine menschliche Erscheinung, möglichst mit einem menschlichen Körper, mit Sprache und Sinnen begabt. Eine Person kann nach unserer Erfahrung Ereignisse, Gegenstände und andere Personen wahrnehmen, verstandesmäßig oder auch emotional erleben. Eine Person kann aufgrund ihrer persönlichen Wahrnehmung auf Eindrücke und Erlebnisse aus ihrem Umfeld in Gedanken, Worten und Taten reagieren. Eine Person kann zornig sein, wenn sie enttäuscht ist, kann loben und gütig reagieren, wenn ihre Erwartungen erfüllt werden. Eine Person hat in unserer dreidimensionalen, bildhaften Welt einen Körper, mit dem sie Gedanken und Pläne realisiert, mit dem sie auch Unangenehmes und Ungerechtes erleidet. In der Bibel werden viele der hier geschilderten Eigenschaften und Fähigkeiten einfach auf Gott als Person projiziert. Der von seinen Geschöpfen enttäuschte Gott straft nach Belieben, gerade so, wie es im sündigen Babel geschehen sein soll. Er vernichtet seine Schöpfung und rettet nur den Noah und einige Arten der Tierwelt in der Arche. Dort, wo der gütige Gott in das Weltgeschehen eingreifen will, sucht oder entsendet er einen Vollstrecker, der seinen Willen an die Menschen seiner Schöpfung weitergibt, wie es zum Beispiel im Falle der Entsendung des Moses im Alten Testament geschieht. Im Neuen Testament entsendet er sogar seinen Sohn als Vollstrecker seines Willens und opfert ihn schließlich, wie wir es im Religionsunterricht gelernt haben, um die Menschen aus Sünde und Elend zu befreien. Bei allen Eingriffen in das Weltgeschehen bleibt er jedoch unsichtbar, für unsere Sinne nicht wahrnehmbar. Er handelt immer in der Gestalt von Menschen, er braucht für sein Handeln immer Vollstrecker, die aus unserer Mitte stammen.

Ist Gott, wenn ihm so wichtige Eigenschaften fehlen wie die, mit den Sinnen seiner Geschöpfe wahrgenommen zu werden, überhaupt Person? Ist es nicht konsequenter und besser, es bei der abstrakten Vorstellung eines alles bewegenden, alles beherrschenden Prinzips, einer abstrakten Kraft zu belassen? Welche Eigenschaften prägen überhaupt eine Person, über die Möglichkeit hinaus, mit den Sinnen anderer Personen wahrgenommen zu werden? Gibt es über- oder außersinnliche Eigenschaften, die eine Person zwingend definieren, auch wenn sie sinnlich nicht wahrnehmbar ist? Wenn wir die Schöpfung, die wir mit unseren Sinnen erleben können, aus nüchterner Distanz betrachten, erkennen wir unschwer zwei Grundprinzipien, die zweifellos von einem schöpferischen Geist, von einem Weltenplaner ausgehen:

1. Das Entstehen und die permanente Wiederkehr des Lebens in der Schöpfung ist ein unumstößliches Grundprinzip ihres Funktionierens. Überall, wo wir in unserem Betrachtungs- und Erfahrungsbereich Zerstörung und Untergang feststellen, ergibt sich, nachdem der Niedergang vollendet ist, immer wieder neues Leben. Die Entwicklung beginnt von vorn. Es ist ein beständiges zyklisches Kommen und Vergehen. Dabei ist organisches Leben als allgemeines Prinzip der Entwicklung deutlich erkennbar. Es entwickelt sich zu immer höheren Formen. Der Mensch ist zur Zeit die am weitesten entwickelte Lebensform. Man darf aufgrund eines Rückblicks auf inzwischen 13 Milliarden Jahre Entwicklungsgeschichte unseres Universums schließen, dass auch der derzeit die Höchststufe der Entwicklung darstellende Mensch von zukünftigen Entwicklungsstufen abgelöst werden wird. Im 19. Jh. hat der Brite Charles Darwin diese zu beobachtende ständige Weiterentwicklung des Universums erkannt und der Menschheit als Ergebnis seiner Forschung den Begriff der »Evolution der Welt« geschenkt. Die Evolution ist als vorrangiges Naturgesetz nicht aufzuhalten, nicht durch menschliche Bemühung jeglicher Art, noch durch plumpe Zerstörung.
2. Die Quantität der im Universum vorhandenen Energie ist konstant. Dieses Phänomen ist durch unsere Wissenschaft hinreichend bewiesen. Die Energie des Urknalls, die gegen Unendlich strebt, ist in materialisierter Form unverändert vorhanden. Sie steuert evolutive Prozesse, sie materialisiert sich in unterschiedlichsten Aggregatzuständen der Materie, aber sie bleibt in der Verwandlung in gleichem Maß vorhanden und verfügbar. Sie war die Voraussetzung für das Entstehen von Zeit und Raum, sie ist die Voraussetzung für die Entwicklung von Zeit und Raum, und sie wird, solange Zeit und Raum bestehen, sich immer weiter erneuern und fortbestehen. Albert Einstein hat diesem Grundsatz unseres wahrnehmbaren Universums mit der allgemeingültigen Formel der Relativität E = M x C2 für uns mathematisch definiert.

Beide Grundprinzipien der Schöpfung lassen den Schluss zu, dass hinter dem Gesamtwerk unseres Kosmos, ausgehend von einem als Urknall definiertem Ausgangsimpuls, ein kreativer Wille steckt, ohne den die Schöpfung längst gescheitert wäre. Dieser Wille ist jedoch unverkennbar Merkmal einer kreativen Persönlichkeit. Das, was wir mit »Gott« bezeichnen, der »Ich bin da«, der dem Moses im brennenden Dornbusch erschien, ist zwar visuell nicht wahrnehmbar, jedoch dennoch Person.Diese Person hat sich als Urknallenergie in die Schöpfung hineingegeben. Sie ist in ihr allgegenwärtig, das haben die Gedanken zur Entstehung und Entwicklung der Schöpfung bereits dargelegt. Keineswegs ist der Lenker dieses Universums als steuernder und lenkender Gott in der Höhe des sog. Himmels zu suchen! Dieses Bild stammt aus einer längst vergangenen Zeit, als die Erde noch als Scheibe betrachtet wurde, über der sich die Unendlichkeit des Himmels wölbte. Dort oben war die Herrlichkeit Gottes oder der Götter zu sehen, ein bildhafter Zustand der auch uns Menschen nach unserem irdischen Ende, das wir nach einem wohlgefälligen und redlichen Leben erreichen, versprochen ist. Das, was wir in einer gewissen Übereinstimmung mit wissenschaftlicher Erkenntnis als »Gott« bezeichnen, ist mit uns und in uns. Er ist in jedem Teil der Schöpfung, er ist allgegenwärtig. Wenn er jedoch in der Schöpfung allgegenwärtig ist, ist er in jedem Teil dieser sichtbaren und erlebbaren dreidimensionalen Welt. Er ist in jedem Tropfen Wasser, das unsere Ozeane füllt, in jedem Sandkorn in der Wüste, in Pflanzen und Tieren, schließlich auch in uns Menschen präsent, sichtbar und erlebbar. Als Person bleibt er jedoch unsichtbar. Wir erkennen ihn in seiner Schöpfung, in seinem unermüdlichen und zeitlosen Wirken in der Welt, an seinen Werken und den Teilen der Schöpfung, von denen sie ausgehen.

Wir glauben nicht nur im Christentum an den göttlichen Geist, der dem Adam als lebensspendender Atem Gottes bildhaft eingehaucht wurde und den wir »Seele« nennen. Allein unser Glaube an den in der Schöpfung allgegenwärtigen »Ich bin da« entscheidet, ob wir ihn in der Schöpfung, in uns, in unserem Nächsten auch wahrnehmen, ihn erkennen und schließlich als Lenker der Welt respektieren.

2. April 2015

Am Morgen des Gründonnerstag stellen wir überrascht fest, dass dieser Tag in Spanien eine *dia feria*, ein Feiertag, ist. Cafés und Restaurants sind bei unserem Aufbruch noch geschlossen. Nur ein paar Kräfte der Straßenreinigung räumen mit einem dicken Wasserstrahl Straßen und Plätze der Stadt von Abfällen und Überbleibseln der gestrigen Prozessionen auf.

Wir starten durch! Heute geht es von Mérida nach Aljucén. Als wir am berühmten Aquädukt »Los Milagros« von Mérida vorbeikommen, liegt dieser noch im Zwielicht des heraufdämmernden Tages. Zwar sind wir hungrig und unsere erste Sorge ist beschränkt auf die Suche nach einem geöffneten Café, aber die Besonderheit dieses Ortes fordert uns zu einer vorzeitigen kleinen Foto- und Zeichenpause heraus. Im Gegenlicht der aufgehenden Sonne kommen mir, obwohl ich von der schulischen Ausbildung Neusprachler bin, Verse aus Homers Odyssee in den Sinn: »als die Morgenröte mit Rosenfingern erwachte ...« In der Tat: Die aufgehende Sonne hinter dem dreigeschossigen und vielbogigen Bauwerk hüllt mit sanftem Griff die Steine, die vor uns geordnet zu einem riesigen Bauwerk aufgeschichtet sind, zu einem rosa schimmernden, mit seinen ausgebrochenen Kanten im Gegenlicht verschwimmenden Kunstwerk ein. Durch die Bögen der Anlage strahlt das Gegenlicht und zeichnet mit dem Kontrast der geschlossenen Wandteile ein fast scherenschnittartiges Bild. Das Ganze spiegelt sich dann noch im Wasser des darunter fließenden kleinen Flusses wieder. Ein durch und durch romantisches Bild, das uns bescheidene Wanderer aus Europas Norden tief beeindruckt.

Henk ist hungrig! Während wir uns noch romantischen Träumereien hingeben, träumt er von einem Frühstück mit Spiegeleiern und Speck. Er drängt zum Aufbruch! Seine Ungeduld treibt ihn GPS-unterstützt auf der Hauptstraße berg-

Mérida: Römischer Aquädukt

auf. In einer leichten Linkskurve auf der Höhe übersieht er in seiner Eile einen kleinen Abzweig, an dessen Ende das Licht eines geöffneten Cafés zu sehen ist. Menschen stehen vor dem Eingang. Auch drinnen herrscht dichtes Gedränge. Der Wirt hat aufgrund der vielen tostados, die er zu fertigen hat, Schweißperlen auf der Stirn. Franzosen, Niederländer, schließlich vier deutsche Damen. Da ist irgendwann die Leistungsgrenze des armen Mannes erreicht. Frühstück müssen wir uns hier durch Warten erst noch »verdienen«.

Nach einem kleinen Anstieg blicken wir später von einer Anhöhe auf eine weite Ebene, in der eine große Wasserfläche in der Sonne strahlt. Der Embalse de Proserpina, ein weiterer großartiger Rest römischer Zivilisation auf der iberischen Halbinsel, ist erreicht. Der Weg führt über seine Staumauer und zunächst am Ufer entlang. Unter uns erblicken wir am Fuß der Staumauer die Reste eines römischen Wasserwerks, durch das die Wassermassen des Sees fließen. Schautafeln erklären uns, dass durch die Staumauer Kanäle laufen, in denen das Wasser den Höhenunterschied überwindet. Von hier wurde einst die Stadt Mérida, die bereits 10 km hinter uns liegt, mit Wasser versorgt. Ich erläutere Henk, dass in der Römerzeit die Stadt Köln von einem Wassersammlersystem über 40 km aus der Eifel über Hügel und Täler des Eifelvorlandes mit Wasser versorgt wurde. Zwei Beispiele überragender Ingenieurskunst, die vor 2000 Jahren Anwendung fand.

Nach einiger Zeit löst sich der Weg vom Ufer des Embalse de Proserpina. Eine kleine Landstraße, auf der weit und breit kein motorisierter Verkehr zu sehen ist, führt uns stetig leicht bergauf. Wir laufen auf der Sohle eines muldenförmigen flachen Tals. Rechts und links der Straße liegen ausgedehnte, sanft geneigte Weideflächen, die im Bereich der Talsohle mit hohen Sumpfgräsern und Binsen signalisieren, dass der Untergrund hier sehr wasserreich ist. Vielfach sind in den Wiesen parallel zu den Höhenlinien der Hänge niedrige Bruchsteinmauern zu sehen. Sie dienen natürlich einerseits dazu, die Erde der Hänge, die durch starkes Schichtenwasser ausgespült zu werden droht, zu stabilisieren. Andererseits darf man auch davon ausgehen, dass sie als Leit- und Sammelelemente der reich fließenden Schichtenwässer gebaut wurden. Sie stellen sicher, dass das Wasser der Umgebung möglichst schnell und effizient über die Jahreszeiten hinweg den nahen Stausee füllt. Es darf bezweifelt werden, ob diese geniale, die Landschaft prägende Wassergewinnungsanlage bereits zu römischer Zeit bestand. Aber die Weiträumigkeit des ingenieurtechnischen Umbaus der Landschaft zum Nutzen der darin

Aljucén: Kirche Nuestra Señora de la Consolación

lebenden Menschen nötigt mir dennoch einigen Respekt ab. Gelber Ginster und weiße Zistrosen (Flor de la Jara) sowie blaublühende bodendeckende Pflanzen, die zwischen einzelnen Felsansammlungen neben der Straße wachsen, lassen vergessen, dass wir noch im Frühjahr sind. Die Landschaft der Extremadura hat ihr Festkleid angezogen. Über einen mit Kiefern und Korkeichen bewaldeten Hügelrücken kommen wir schließlich nach Aljucén, unserem heutigen Ziel.

Die kleine Kirche des Ortes, Nuestra Señora de la Consolación, die ausnahmsweise geöffnet ist, gibt mir Gelegenheit, das, was man gemeinhin als den Mudejarstil bezeichnet, etwas näher zu betrachten. Der wesentliche Baustoff der Wände ist ein brauner unbehauener Naturstein, der in Schichten von etwa 150 cm aufgeschichtet ist. Die letzten Schichten der Mauerabschnitte, die mit einer absoluten Horizontale, teilweise aus Ziegeln gebildet, abschließen und die möglicherweise den Abschluss eines Tagewerkes darstellen, stellen eine strenge horizontale Ordnung her. Die Eckverbände sind aus großformatigen behauenen Naturwerksteinen hergestellt. Die Längswände sind weitgehend geschlossen. Kleine Fenster in der Höhe lassen wenig Tageslicht in den Innenraum. Die Choranlage ist völlig fensterlos. Mächtige Strebepfeiler lassen schon von außen erahnen, dass das Kirchlein mit einem gemauerten Gewölbe überdeckt ist. Der Turm duckt sich und überragt den First des Kirchenschiffs nur um wenige Meter.

Innen über dem Kirchenschiff finden wir über quadratischen Jochen ein sechsteiliges Kreuzrippengewölbe, also eine recht frühe Form des Gewölbebaus im Mittelalter vor. Die Choranlage ist jünger. Sie ist überdeckt mit einem reichen, dekorativen Netzgewölbe. Hier hat das 16 Jh. seinen Fingerabdruck in der Architektur hinterlassen. Eine Besonderheit betrachten wir noch, als wir die Kirche verlassen: Das Hauptportal in der Westfassade wurde in der Renaissance angefügt. Es ist aus einem grauen Naturwerkstein im plateresken Stil gestaltet und mit floralen Ornament dekoriert. In zwei kreisrunden Bildfeldern sind die Portraits der Stifter der Kirche dargestellt. Diese kleine Kirche ist ein eindrucksvoller Ort, den möglichst jeder Pilger auf der Vía de la Plata besuchen sollte.

Abends erleben wir, als wir auf der Terrasse der zentralen Bar des Ortes unser Pilgermenu zu uns nehmen, dass auch in diesem entlegenen Dorf in einer kleinen Gemeinde die Tradition der Semana Santa gelebt und gepflegt wird. Mit Fahnen geschmückt zieht eine kleine Prozession von Gläubigen begleitet vom Pfarrer und einigen Messdienern schweigend durch den Ort. Es ist eine kleine Veranstaltung, bei der Musik und große Gesten und Bilder fehlen. Für mich ist dennoch gerade hier besonders beeindruckend, wie ernsthaft in Spanien noch heute christlicher Glaube praktiziert wird.

3. April 2015

Viele Tagesetappen auf der Vía de la Plata geht man ohne Berührung einer asphaltierten Straße auf naturbelassenen Wegen und Pfaden. Begegnungen mit anderen Pilgern, die auf dem Weg nach Santiago de Compostela sind, erlebt man manchmal während eines ganzen Tages nicht. Sand, Geröll, Lehm und manchmal auch ein Pfad durch eine Wiese, weit und breit nichts als Weideflächen. Heute ist der Baumbestand lichter, ohne die mächtigen Kork- und Steineichen. Stattdessen laufen wir durch ein Meer von dunkelviolett blühendem, wildem Lavendel. Manchmal steht darin eine kleine Busch- und Baumgruppe, die mit weißen Blüten dazu einen malerischen Kontrast abgibt. Ineke fällt auf, dass viele Pflanzen, die wir auch aus unserer Heimat kennen, hier mit deutlich dunklerer Färbung anzutreffen sind. So ist der Lavendel, wie schon erwähnt, dunkelviolett, die Mohnblüte, die bei uns in der Regel zinnoberrot strahlt, ist hier bordeauxrot. Der gelbe Ginster erblüht hier in Orange. Mineralien des Bodens? Das intensivere UV-Licht? Wir wissen keine Antwort und freuen uns wortlos über diese Märchenwelt.

Wir laufen von Aljucén nach Alcuéscar und kommen zügig voran, nachdem wir auf der Terrasse des zentralen Cafés in Aljucén ein reichliches Frühstück zu uns genommen haben. Unser Hostal in Alcuéscar liegt einige Kilometer abseits des Ortes. Als wir dort am frühen Nachmittag eintreffen, sind Ineke und ich zunächst die einzigen Gäste. Henk und Willemijn haben den Abzweig zum Hostal verfehlt und sind zunächst in den Ort gelaufen.

Das gibt uns Gelegenheit, auf der Terrasse des Hauses den Nachmittag bei einigen kühlen Cañas mit Tagebuchnotizen und E-Mails an unsere Kinder zu verbringen. Langsam treffen die wenigen Pilger ein, die den Weg zu dieser Jahreszeit gehen: Silvester, ein niederländischer Unternehmer, teilt mit mir die Leidenschaft des Freihandzeichnens und des Tagebuchschreibens. Und so kommen wir schnell ins Gespräch. Er läuft die Vía de la Plata mit seiner Frau Hennie, nachdem er seine Firma verkauft hat. Jeden Tag sucht er die abenteuerliche Seite des Weges zu erleben, nachdem er ein langes Berufsleben mit vielen stressgefüllten Tagen und mit immer dem gleichen Ablauf hinter sich hat. Er ist ohne jede Vorbereitung auf den Weg gegangen. Für jeden Tag entwickelt er ein neues improvisiertes Programm. Heute hat er ein besonderes Problem, denn bis Cáceres sind es morgen 42 km, die er mit seinem schweren Rucksack zu laufen hat. Eine Möglichkeit, abzukürzen oder eine Bleibe auf halbem Weg zu finden, gibt es nicht. Ein Quartier in Cáceres hat er ebenfalls nicht. Da muss er durch! Zunächst jedoch genießt er gelassen den Nachmittag in der Sonne der Terrasse seiner heutigen Bleibe.

Später stoßen noch drei Franzosen zu uns: Christian, Herve und Christine, eine Dreiergruppe, die nach Ende ihrer beruflichen Karriere sich eine große Freizeit genommen haben und ebenfalls auf Abenteuersuche auf der Vía de la Plata sind. Sie haben das gleiche Problem wie Silvester und telefonieren ohne Unterbrechung mit diversen Hotels in Cáceres. Immerhin: Allein ihre Anwesenheit an diesem Ort ist für uns eine angenehme Abwechslung, denn während des Tages in der weiten Landschaft sind Begegnungen dieser Art äußerst selten.

Abends, während des Essens sind sie dann etwas aufgeschlossener. Wir sprechen mit ihnen über den in dieser Landschaft häufig zu beobachtenden Wiedehopf, den Henk während des Tages auf einem alten Baumstamm hockend fotografiert hat. Eine relativ dichte Population dieses prachtvollen Vogels nistet in dieser Gegend in den Asthöhlen von alten abgestorbenen Bäumen. Henk war auf ihn aufmerksam geworden, nachdem er durch seinen charakteristischen Ruf, der überall in der Gegend von morgens bis abends zu hören ist, und seine Ursache neugierig geworden war.

4. April 2015

Das etwa 3 km entfernte Alcuéscar haben wir gestern nicht mehr aufgesucht, denn der Tag mit seiner Nachmittagstemperatur von 30° hat uns nachhaltig daran gehindert, uns nochmals mehr als 1 km aus dem Schatten der Hotelterrasse zu entfernen. Wir sehen somit die Iglesia de la Asunción, die Pfarrkirche (16.–18. Jh.), nur aus der Ferne, wie sie unspektakulär das Städtchen, das in einer Ebene vor einer Hügelkette liegt, überragt. Wenn auch von den Arabern um 830 gegründet, ist heute nur noch wenig von der wechselhaften Geschichte des Ortes zu sehen.

Eine Oase ist unser abseits gelegenes Hostal de Oliveros nun wirklich nicht! Das Haus liegt zwischen zwei in spitzem Winkel aufeinander zulaufenden Landstraßen. Außer der Terrasse auf der Ostseite ist das Gebäude auf drei Seiten von einer endlosen Wüste von Parkplätzen umgeben. Die einzige Abwechslung in dieser asphaltierten Einöde ist eine lange Reihe von Plätzen, die überdacht sind. Ein kleines Schattenplätzchen für den ruhenden Verkehr! Gegenüber rundet eine große Repsol-Tankstelle mit ihrem Orange das Olivgrün des Hostals effektvoll kontrastierend ab. Hinzu kommt, dass der gastliche Ort etwa 2 km von unserer ausgeschilderten Route entfernt ist.

Nachdem der Wirt des Hostals uns morgens mit vielen Worten erklärt hat, wie wir unseren Weg wieder aufnehmen können, starten wir unsere Suche nach dem ersten Camino-

Wegweiser in der weiten Landschaft. In der Extremadura besteht dieser in der Regel aus einem grauen Würfel aus Granit oder Metall, auf dessen Oberseite der Bogen von Cáparra, Wahrzeichen einer römischen Stadt, die noch einige Meilen auf der Vía de la Plata vor uns liegt, abgebildet ist. Die Richtung, die der hier stilisiert dargestellte Weg durch den Torbogen angibt, ist für den vorbeikommenden Wanderer die Richtungsangabe für seinen weiteren Weg. Statt direkt die große Etappe nach Cáceres zu laufen, haben wir beschlossen, heute nur bis Aldea del Cano zu gehen und in aller Ruhe die noch teilweise aus römischer Zeit stammende Straße mit ihren Original-Meilensteinen, Brücken und Pflasterresten auf uns wirken zu lassen. In Aldea del Cano werden wir dann versuchen, mit einer noch ungeklärten Fahrmöglichkeit Torreorgaz, ein Städtchen etwa 20 km abseits des Weges, zu erreichen. Bis zu unserer Mittagszeit laufen wir erneut durch den Naturpark Cornalvo, der als Vogelschutzgebiet bekannt ist. In dieser weiten Landschaft, die mehr als 10000 ha, also 100 Quadratkilometer groß ist, soll sogar der legendäre Schwarzstorch mit einigen brütenden Exemplaren eine Heimat gefunden haben. Über eine aus römischer Zeit stammende Brücke kommen wir dann schließlich um die Mittagszeit nach Casas de San Antonio, einem Ort, der malerisch auf einem Hügel liegt. Über dem weißen Dorfensemble unübersehbar die aus dem 15./16. Jh. stammende Pfarrkirche Nuestra Señora de la Asunción im Mudejarstil, hier wieder in braunem Naturstein festungsartig geschlossen gebaut.

Wir umrunden am Fuß des besiedelten Hügels das Städtchen. Auf halbem Weg gelingen uns einige schöne Fotos von einer Gruppe von drei Storchenpaaren, die auf einem Kirchturm nisten. Dann beginnt das in Reisebüchern vielfach beschriebene Teilstück der Calzada Romana, der Römerstraße. Schurgerade verläuft sie hier durch weites Weideland. Der Belag der Straße ist zwar nicht mehr vorhanden, aber die un-

Aldea del Cano: Kirche San Martín an der Calzada Romana

verwechselbaren römischen Meilensteine (span. miliarios) bestätigen uns in recht regelmäßigem Abstand, dass hier schon vor 2000 Jahren eine große Zivilisation das Land geprägt hat. Die Krönung ist dabei der Miliario Correo, ein Meilenstein, der über Jahrhunderte dem abseits in den Wiesen liegenden Hofgut »Santiago de Benacaliz« als Briefkasten gedient hat.

Aldea del Cano erreichen wir gegen 15 Uhr. Ein Kiosk vor der Kirche des Ortes gibt uns Gelegenheit, bei einigen erfrischenden Getränken ein Taxi für die Weiterfahrt nach Torreorgaz zu organisieren. Während Ineke mit ihrem doch erstaunlichen Spanischkenntnissen die Telefonate mit dem Taxista führt, habe ich Gelegenheit ein weiteres mittelalterliches Zeugnis der Überlagerung unterschiedlicher Kulturen in diesem Land zu zeichnen: Vor mir, im Asphaltbelag der Straße, hat man in einer kreisrunden Aussparung einen erhaltenen Rest des groben Steinbelags der ehemaligen Calzada Romana sichtbar gelassen. Dahinter erhebt sich, massiv und festungsartig geschlossen, die im üblichen Bruchstein des Mudejarstils errichtete Pfarrkirche San Martín aus dem 15./16. Jh. Sie wird von einem massigen Turm beherrscht, der das Kirchenschiff um die Höhe seiner Mauern nochmals überragt. Der Turm hat keinen besonderen oberen Abschluss. Wuchtig und abweisend steht er neben dem Westportal der Kirche.

In Torreorgaz angekommen verbringen wir den frühen Abend in der milden Abendsonne auf der Loggia, die vor unseren Zimmern liegt. Ineke erzählt von zwei Amerikanern, die wir 2013 auf dem Camino francés kennengelernt haben und deren Neugier, die europäischen Verhältnisse durch eigenes Erleben kennenzulernen, fast unersättlich schien. Willemijn berichtet von einem Anwalt, den sie in den USA kennengelernt hat, und der aus dem gleichen Grund ein starkes Interesse entwickelte, den Jakobsweg in Europa zu laufen. Durch die eine und andere kleine Geschichte kommen wir schließlich zum Generalthema »Menschenbild und Menschenrechte«, wie es sich in Europa und in anderen Kontinenten entwickelt hat. Schließlich erzählt Willemijn eine Geschichte, die uns alle sehr berührt:

Sie hat eine kleine Weile in den USA gelebt und dort gearbeitet. Während ihres Aufenthaltes hat sie eine junge Frau kennengelernt, die noch heute, in der sechsten Generation unter einer für sie dunklen und unverständlichen Phase in der Entwicklung ihrer Familie litt.

Diese junge Frau war ein später Nachkomme der einst reichen und mächtigen Familie DeWolf in der Frühzeit der Vereinigten Staaten von Amerika. Ihre Vorfahren lebten in den

Südstaaten, die lange vor der industriellen Entwicklung des Nordens im 19. Jh. aufgrund der leistungsfähigen Agrarwirtschaft, die im Süden erfolgreich auf Großplantagen betrieben wurde, zu einem allgemeinen Wohlstand gekommen waren. Die entscheidende Ursache für diesen allgemeinen Wohlstand war jedoch nicht nur das besondere Geschick bei der Bewirtschaftung des Bodens. Man betrieb Handel mit billigen Arbeitskräften, die man aus Afrika entwurzelte, um sie in der aufstrebenden »Neuen Welt« Amerika auszubeuten. Mit dem industriellen Aufschwung des Nordens hat diese Familie dann durch den Import von Sklaven aus Südafrika in die Vereinigten Staaten ein Vermögen zusammengetragen, das sie zeitweise zu einer der reichsten Familien des Landes machte. Über mehrere Generationen wurde nach dem Verbot des Sklavenhandels in dieser Familie strenges Schweigen über den Ursprung des ungeheuren Reichtums gewahrt. Man wollte vermeiden, dass die Schuld, die diese Familie auf sich geladen hatte, öffentlich wurde. Die junge Frau recherchierte und deckte die dunkle Vergangenheit auf. Um ihrer Scham über die schändlichen Geschäfte ihrer Vorfahren Herr zu werden, beschloss sie diese öffentlich zu machen. Sie entschloss sich, einen Film zu produzieren, der das Thema der Rassendiskriminierung und des Menschenhandels in das allgemeine Bewusstsein und die öffentliche Diskussion rücken sollte (Katrina Browne »Traces of the trade« A Story of the deep North). Das Interesse an dieser Geschichte ist enorm! Vielleicht kann sie dazu dienen, Gottes Wirken in dieser Welt auch in der Entwicklung menschlicher Bezüge nachzuzeichnen. Die Geschichte dieser Familie beginnt schließlich mit einem vergangenen, düsteren und perspektivlosen Menschenbild, das vom rüder Machtausübung, dem Recht des Stärkeren geprägt ist. Über Generationen der weiteren gesellschaftlichen Entwicklung wird dann im Rückblick durch einen späten Nachkommen der schuldigen Akteure die Dimension der Schuld erkannt und in eine medial gestützte öffentliche Diskussion gebracht. Ein wunderbares Beispiel für die evolutive Entwicklung gesellschaftlicher und menschlicher Bezüge!

Vielleicht kommen wir, wenn wir uns mit der Entwicklung des Menschenbildes und unserer modernen Gesellschaft beschäftigen, noch später auf diese kleine Geschichte zurück.

5. April 2015

Es ist Ostersonntag! Zur Zeit unseres Aufbruchs liegt das Dorf noch in tiefer Ruhe. Zuerst führt unser Weg in ein nahegelegenes Café, das zu dieser ungewöhnlichen Zeit schon geöffnet ist. Wir decken uns dort mit dem notwendigen Proviant ein, denn bis zu unserem heutigen Ziel Cáceres wird es keinen weiteren Stützpunkt zur Aufnahme von Wasser und Nahrung geben. Wie am gestrigen Tag irren wir GPS-unterstützt auf breiter Kiespiste immer mehr oder weniger an der nahen Landstraße entlang durch die hier weite Ebene, um wieder Anschluss an den Pilgerweg der Vía de la Plata zu finden. Nach 10 km steigt der Weg langsam an. Wir laufen auf eine Hügelkette zu, auf deren Grat sich gegen den makellos blauen Himmel ein Kreuz abzeichnet. »Hoffentlich müssen wir da nicht rauf«, seufzt Ineke. Henk weiß mehr, nachdem er einen längeren Blick auf sein GPS geworfen hat. Er schweigt aber vielsagend. Nach mehreren Kilometern, die uns zunächst durch ein Dorf und dann schließlich durch locker besiedeltes Gebiet immer weiter bergauf führen, knickt der Weg zu unserem Gipfelkreuz dann doch plötzlich links ab. Wir werden mit großflächiger Beschilderung darauf hingewiesen, dass dort irgendwo auf den Hügeln ein Aussichtspunkt zu erreichen ist. Aber das ist für uns heute nicht so wichtig. Wir stolpern auf dem nun unbefestigten Weg über Geröll und umgestürzte Baumstämme weiter. Henk übernimmt GPS-unterstützt die Führung.

Eine Wegekennzeichnung gibt es weit und breit nicht mehr. Nach etlichen Kilometern, die wir in dieser Wildnis bergauf und bergab stolpern, erreichen wir schließlich die Ruine eines alten, verlassenen Gehöfts. Endlich öffnet sich an dieser Stelle der Blick auf die kleine Welt am Fuße der Hügelkette, auf der wir seit längerem stolpern, klettern und manchmal auch mit langen Schritten wandern. Die Landstraße nach Cáceres liegt weit unter uns im Dunst der Ebene. Die Stadt ist noch nicht in Sicht. Nichts als Felder und Weideland. In unserer Nähe hören wir das Geräusch von Schüssen. Wir sehen schwarze Gestalten, die durch das Gehölz, das aus Korkeichen und Olivenbäumen besteht, geduckt laufen. Wir fühlen uns nicht so recht wohl in dieser Nachbarschaft, denn wir wissen nicht, ob es irgendwann zu einer direkten Begegnung mit den Akteuren eines Paintball-Geländespiels kommen kann. Wir versuchen so schnell wie möglich diesen Ort zu verlassen und verschieben unser Mittagspicknick bis wir einen Punkt erreicht haben, der uns das Gefühl größerer Sicherheit bietet.

Der Weg, der in Cáceres durch die Gassen der Altstadt stetig bergauf zur Plaza Mayor führt, hat durchaus eine gewisse Feierlichkeit, die man von den großen Prozessionsachsen der Antike kennt. Dies empfinden wir zumindest so, als wir uns am Nachmittag bei etwa 30° im Schatten der den Straßenraum begrenzenden alten, überwiegend in der Renaissance erbauten Häuser die Straße zum historischen Zentrum hochschleppen. Die ernste Würde der alten Fassaden beeindruckt uns trotz unserer Müdigkeit am Ende eines strapazenreichen Wandertages. Am Ende der Straße auf einem kleinen Plätzchen atmen wir nochmal tief durch und nehmen im Sturm die nun folgende Treppenanlage, die uns schließlich auf die Plaza Mayor führen wird, die unmittelbar neben der Altstadt (Barrio monumental) liegt.

Hier herrscht Feiertagsstimmung! Es ist schließlich Ostersonntag! Die Terrassen der Cafés und Restaurants sind trotz

Cáceres: Plaza Mayor mit dem Bujaco-Turm

der fortgeschrittenen Nachmittagsstunde fast bis auf den letzten Platz mit sonntäglich gekleideten Menschen besetzt. Man sitzt teilweise noch beim Ostermenü. In der Menge gelingt es uns noch vier Plätze für eine Caña zu erobern, dann haben wir es zunächst für heute geschafft.

Der verbleibende Nachmittag ist kurz. Meine Begleiter wollen nach der Ankunft möglichst schnell zur Ruhe kommen und so laufe ich, nachdem ich meinen Rucksack in unserem Hostal abgestellt habe, mit »leichtem Gepäck« bestehend aus Zeichenutensilien und Reiseführer zurück zur Plaza Mayor und zum mittelalterlichen Kern der Stadt.

Cáceres ist berühmt für seine komplett erhaltene mittelalterliche Mitte, den Barrio monumental. Nachdem die Römer die ehemalige Hauptstadt Norba Caesarina der Provinz Lusitanien aufgegeben hatten, verlor diese unter den Westgoten zunächst über mehrere Jahrhunderte an Bedeutung, bis sie von den Arabern im 8. Jh. unter dem Namen Hizn Quazris wiederbelebt wurde und zu neuer Blüte kam. Diese Blütezeit ist heute im Barrio monumental deutlich und beeindruckend sichtbar. Sie wurde im 13. Jh. nach Eroberung durch Alfonso IX in der Zeit der Reconquista mit großartigen Stadtpalästen und Kirchen, alle ausnahmslos in braunem Naturwerkstein einheitlich errichtet, zu einem beeindruckendem Ensemble der Spätgotik und der Renaissance verdichtet. Auch hier hat der Wechsel unterschiedlicher Kulturen, wie anderenorts bereits erwähnt, eine große Zahl beeindruckender Baudenkmäler hinterlassen. Die Stadtpaläste, die in der im Spätmittelalter wieder aufstrebenden Stadt von reichen Adelsfamilien auf einem engen Stadtgrundriss aus kleinen rechteckigen »Bauinseln« an engen Gassen errichtet wurden, tragen in ihren Fassaden die Wappen ihrer Erbauer als großformatige in Stein gehauene Reliefs. Bis zum 15. Jh. waren diese Paläste mit Türmen verziert, vergleichbar den turmbekrönten Städten in der Toskana z. B. San Giminiano. Königin Isabella ließ diese jedoch nach ihrer Thronbesteigung schleifen, weil die Stadt sie im Streit um die rechtmäßige Thronfolge nicht unterstützt hatte. Ein einziger herausragender Turm ist von all dieser repräsentativen Pracht übriggeblieben: Der schlanke Turm der Casa de las Cigüeñas (Haus der Störche) blieb in der Turmvernichtungsaktion Isabellas verschont.

Auf den Fundamenten des arabischen Alcázar wurde im 15. Jh. die Casa de las Veletas (Haus der Wetterfahnen) errichtet, die heute das Museo Provincial beherbergt. Bedeutendster kirchlicher Bau in der Altstadt von Cáceres ist die dreiseitig von bescheiden dimensionierten Vorplätzen umgebe-

Cáceres: spätgotische Kathedrale

ne Kathedrale Santa María. Sie wurde im 16. Jh. begonnen und ist deutlich durch die Bauweise der Spätgotik in Spanien gekennzeichnet. Die Außenwände sind bis auf kleine Fenster in der Höhe der Gewölbe vollkommen geschlossen. Der Turm, der seitlich neben dem Westportal steht, ist massiv und ohne Helm oder sonstigen Abschluss. Er endet abrupt mit seinem Volumen etwa zwei Geschosse über dem Kirchenschiff. Lediglich vier Ecktürmchen verzieren seinen ansonsten schnörkellosen oberen Abschluss. Die äußere Architektur ist ferner gekennzeichnet durch mächtige Wandvorlagen, die auf ein steinernes Gewölbe im Inneren schließen lassen. Innen bestätigt sich dann diese Vermutung: Hohe schlanke Säulen tragen ein kunstvolles Netzgewölbe, das die dreischiffige Hallenkirche überdeckt. Der Raum ist schlicht, heute fast ohne Farbe. Selbst der mächtige, mit Holzschnitzereien reich verzierte Hochaltar aus der Zeit der Renaissance ist in der natürlichen Farbe des dunklen Zedernholzes belassen. Die Himmelfahrt Mariens ist sein zentrales Thema, umgeben von zahlreichen Zeugen aus der Welt der Heiligen. St. Jakobus, der Schutzpatron des christlichen Spanien, ist in einer Nische neben dem Südportal der Kirche vertreten. Die Nähe des Gebäudes zur aufkommenden Renaissance verraten uns einige bildhauerische Details, wie z. B. die Steinmetzarbeit über der Tür zur Sakristei.

Diese kleine geschlossene Architekturwelt ist umgeben von der aus maurischer Zeit stammenden Stadtmauer. Mit Recht ist Cáceres unter den Städten Spaniens für dieses komplett und einheitlich erhaltene historische Altstadtensemble berühmt.

Abends begegnen wir noch drei alten französischen Bekannten aus der Casa de los Olivos in Alcuéscar. Im Gespräch in einem Staßencafé lernen wir sie nun etwas näher kennen. Hervé ist ein pensionierter Pilot aus Biarritz, Christian, ein ehemaliger Funktionär in der Leitung des Ölkonzerns Total, Christine ist eine Einzelwanderin, die irgendwo im Süden Frankreichs in einer Verwaltung arbeitet und eine längere Auszeit von ihrem Job genommen hat.

Sie haben die etwa 42 km von Alcuéscar hierher an einem Tag zurückgelegt und anschließend hier einen Ruhetag eingelegt, um die Stadt intensiver kennenzulernen. Sie werden noch bis Salamanca weiter gemeinsam laufen. Danach wird nur noch Christian seinen Weg nach Santiago fortsetzen. Seine Begleiter werden die Heimreise antreten. Silvester und Hennie haben sie nicht mehr gesehen. Sie haben es offenbar vorgezogen, auf kürzeren Tagesetappen ihren Weg fortzusetzen und sind inzwischen irgendwo hinter uns in der weiten Landschaft zurückgeblieben.

Ein Abendessen in Begleitung von drei Franzosen kann eine abendfüllende Angelegenheit sein. Wir haben dabei viel Spaß, denn die drei sind sehr unterhaltsame und kommunikationsbereite Menschen. Schließlich verabreden wir uns, in Salamanca nochmals zusammenzutreffen. Wer weiß, was der Weg uns noch bringen wird. Unser heutiges, eher zufälliges Wiedersehen hat gezeigt, dass in der kleinen Welt des Camino nach Santiago vieles möglich ist.

6. April 2015

In der Nacht hat es ein Gewitter gegeben. Wir hörten am Fenster unseres Zimmers das Klatschen und Prasseln heftiger Regengüsse. Das heiße Wetter des Vortages ist umgeschlagen. In der Morgendämmerung stehen wir auf der Plaza Mayor und warten auf ein Taxi. Wir haben 38 km vor uns, von denen wir ein kleines Teilstück von ca. 10 km nach Casar de Cáceres, das nur an einer stark befahrenen Landstraße entlangführt, motorisiert zurücklegen wollen. Aus dem Schutz des Arkadenganges, der gestern noch den Menschen Schatten und Schutz bei ihrem Ostermenu geboten hat, starren wir wortlos in den immer stärker fallenden Regen. Selbst die städtischen Reinigungskräfte ziehen die trockene Geborgenheit der überwölbten Erdgeschosse der Gebäude der Arbeit im Regen auf der großen Platzfläche vor und kehren mit ihren Reisigbesen in großen Bögen den gekachelten Bodenbelag um uns herum.

Casar de Cáceres ist schnell im Taxi erreicht. Die Schleusen des Himmels sind noch immer weit geöffnet. Vor einer Bar warten im Schutz einer weit auskragenden Markise Dutzende von Berufspendlern auf ihren Bus zur Arbeit. Nach einer viertägigen, staatlich garantierten Arbeitsunterbrechung nimmt das öffentliche Leben am Ostermontag wieder seinen Lauf.

Wir lassen uns angesichts der trostlosen Witterung draußen vor der Tür des Cafés heute viel Zeit, bis wir uns in den nun etwas weniger dicht fallenden Dauerregen wagen. Immerhin: Wir haben heute – Regen oder nicht – noch 28 km zu laufen, dieses Tagesprogramm eignet sich nicht zum Aussitzen schlechten Wetters in Cafés.

Trotz des Regens ist die Landschaft durchaus farbig. Wiesenblumen bereiten sich mit zahllosen Knospen auf den Frühling vor. Wir laufen heute durch weites hügeliges Weideland. In Abständen sind größere landwirtschaftliche Betriebe in die Mulden neben dem Weg eingestreut. Gewaltige rund geschliffene Gesteinsbrocken, Hinterlassenschaft von längst geschmolzenen eiszeitlichen Gletscherströmen ragen aus der Landschaft hervor. Der inzwischen auf ihnen schüchtern in Rot und Gelb erblühende Mauerpfeffer bildet herrliche Farbtupfer auf dem grauen Gestein im endlosen Grün des Landes. Zeitweise durchlaufen wir auch Gebiete mit einer lebhaften Frühjahrsvegetation: Schopflavendel, gelber und weißer Ginster setzen selbstbewusste Farbakzente in die nasse, grüne Landschaft. In einem Tümpel, der sich seitlich des Weges gebildet hat, quakt unermüdlich eine Froschkolonie. Der Weg ist breit, bekiest, gelb und ohne größere Pfützen eigentlich bequem zu laufen. Das ist eine gute Gelegenheit, den Blick nach innen zu richten und Bestandsaufnahme in meinem weltanschaulichen Zweisäulenhaus zu machen, von dem bisher erst so etwas wie ein Fundament geschaffen ist.

Wie geht es weiter, nachdem die Begriffe »Wort« und »Energie« in ihrer absolut deckungsgleichen Bedeutung für die Welt vor der Schöpfung, vor dem Urknall ein einigermaßen solides Fundament anbieten? Das Beste ist, ich verfolge das weiter, was sich aus Energie und aus ihrem Äquivalent, dem Wort, ergibt. Da die Energie als Ursprung der Materialisierung unseres gesamten Universums in unserer auf den dreidimensionalen Raum begrenzte Wahrnehmung deutliche Spuren hinterlassen hat, folge ich einfach dieser Spur. Welche mit wissenschaftlicher Erkenntnis belegte Konsequenz hatte das Ereignis, das sich vor etwa 13 Milliarden Jahren zutrug und das wir als aufgeklärte Menschen im 21. Jh. den Urknall nennen?

Zunächst müssen wir, um den Begriff des Urknalls richtig einzuschätzen, uns einige Gedanken über dessen wahre Natur machen:

Wenn wir dreidimensional begabte Menschen gedanklich von einem Knall, von einer Explosion ausgehen, haben wir sofort vor uns das Bild eines Raums, in dem sich Schall und Druckwellen der Explosion, wie beim Bild eines explodierenden Böllers oder einer Granate, ausweiten. Nun ist Charakteristikum des Urknalls, dass er sich ereignete, bevor sich ein Raum für seine Ausbreitung anbot. Der Urknall, als Anfangsereignis unserer Welt, hat den Raum erst geschaffen. Der Urknall ereignete sich vor aller Zeit, also bevor die von unserer Wissenschaft messbare Zeit begann. Er ist der Anfang von Raum und Zeit. Im Urknall sind noch alle Grundkräfte, die unsere Welt zusammenhalten und bestimmen, vereint, ebenso wie die Masse des heute wahrnehmbaren Universums, dessen Ausdehnung jedoch noch gegen Null strebte.

Mit dem Urknall beginnt diese Einheit sich mit nicht vorstellbarer Geschwindigkeit auszudehnen, die Grundkräfte, die unser Universum beherrschen, differenzieren sich. Mit der Zeit der Ausdehnung entsteht das, was wir als Raum definieren. Die Einheit von Raumwerdung und Zeit ergibt für uns vierdimensional formuliert die Raumzeit. Ich will hier jedoch keine physikalische Abhandlung schreiben, die Vorgänge, von denen hier die Rede ist, kann jeder Interessierte in der einschlägigen Literatur nachlesen. Wichtig für uns in unserem Vorhaben, ein Zweisäulenhaus aus Theologie und Wissenschaft zu konstruieren, sind da nur einige wenige Grundfakten:

Der sich aus dem Urknall entwickelnde Raum breitet sich mit großer Geschwindigkeit aus. Mit der Ausdehnung beginnt der Prozess einer allmählichen Abkühlung, die bereits nach rd. drei Minuten die Bildung von leichten Atomkernen erlaubte wie wir sie von einigen Edelgasen wie Helium und Lithium kennen. Erst nach etwa 100 000 Jahren entstehen aufgrund der Abkühlung durch die Verbindung von Elektronen und Atomkernen die Atome, die wir aus dem Physikunterricht unserer Schulen kennen. Als das Universum sich auf etwa 270 ° abgekühlt hatte, so sagt unsere Wissenschaft, entstand das Wasserstoffatom, die heute anerkannte Voraussetzung für die Entwicklung eines jeglichen organischen Lebens. Das System wird immer komplexer, aus gasförmigen Massekonzentrationen werden Flüssigkeiten, werden feste Körper. Die Elemente unserer heutigen anorganischen Chemie, danach die der organischen Chemie entstehen. Es entstehen Galaxien, Sterne, Planeten. Auf den unzähligen Himmelskörpern entsteht durch ein ständiges Wechselspiel von Grundkräften eine höchst differenzierte Materie, die sich in unterschiedlichsten Stoffen ausbildet. Mit dem Vorkommen von Kohlenstoff wird dann die Tür zur organischen Welt geöffnet. Das Universum beginnt zu leben. Es bilden sich in dieser neuen Welt Lebensgemeinschaften, die in ständiger Veränderung miteinander ein relatives Gleichgewicht in einer sich ständig wandelnden Welt suchen. Die Suche nach Gleichgewicht und Harmonie beherrscht das Universum von seinem Ursprung an bis heute. Sie beherrscht den Makrokosmos der Galaxien und Gestirne ebenso wie den Mikrokosmos der Atome und der in ihnen enthaltenen subatomaren Teilchen, die ihrerseits in der atomaren Welt einen eigenständigen Mikrokosmos darstellen.

Alles ist in Bewegung. Kräfte wirken aufeinander, verstärken sich in der Annäherung oder heben sich gegenseitig auf. Es entsteht Leben, zunächst in einfachen Organismen, dann immer komplexer und vielfältiger. Auf unserer kleinen dreidimensionalen Erde geschieht dies zunächst in vorhandenen Urozeanen. Das Land wird erst später mit Amphibien besetzt. Nahrungsketten für Pflanzen wie für eine sich immer stärker differenzierende Tierwelt entstehen. Eine bemerkenswerte Eigenschaft aller Pflanzen und Lebewesen in diesem jungen Großbiotop »Erde« ist dabei zu beobachten: Sie haben alle eine einheitliche Bestimmung, ein Ziel. Sie sind für diese Welt geschaffen, um in ihr die Schöpfung am Leben zu halten, ja sie fortzuentwickeln und mit ihrer Existenz zu fördern.

Unsere Wissenschaft beobachtet, wie unterschiedliche Pflanzengattungen in Biotopen zusammenlebend einander schützen. Gleichzeitig bilden sie die Ernährungsgrundlage für eine vielfältig differenzierte Tierwelt. Auch dort ist wiederum ein ganzes System von Entwicklungs- und Lebensformen zu beobachten, die sich in einer Hierarchie von einander in Abhängigkeit lebenden Arten dokumentiert. Die Triebfeder all dieser Dynamik ist das Streben nach Ausgleich, nach Harmonie. Von Zeit zu Zeit sind wir erschrocken über die Brutalität, mit der sich dieses Streben nach Harmonie vor unseren Augen vollzieht, wenn der Stärkere sein schwaches Opfer beispielsweise in der Tierwelt unterwirft. Wir sind entsetzt über die natürliche Lust, mit der der Löwe die elegante Antilope tötet und verspeist. Die Emotion des Mitleids trügt uns darüber hinweg, dass die Antilope in ihrer Opferrolle ihre eigentliche Bestimmung in dieser Welt erfährt: Sie ist in diese Welt geboren, um der Welt zu dienen auf dem Weg zu ihrer Vollendung.

Der englische Wissenschaftler Charles Robert Darwin hat 19. Jh. die ständige Veränderung der in der Natur zu beobachtenden Zusammenhänge in seiner heute allgemein anerkannten Evolutionstheorie beschrieben. Er vertrat die Idee, dass in der steten Veränderung und Weiterentwicklung über größere Zeiträume hinweg eine Entwicklungstendenz in der Natur zu beobachten sei, die zu immer höheren und komplexeren Daseinsformen führt. Der Mensch ist Teil dieser Entwicklung, jedoch in seiner heutigen Verfassung sicher noch nicht der Abschluss, das angestrebte, erreichte Ziel.

Er entstand vor etwa 6 Millionen Jahren, als die ersten Hominiden noch vierfüßig ohne aufrechten Gang diese Erde bevölkerten. 6 Millionen Jahre verglichen mit dem Alter des Universums bedeuten, dass die Entwicklung des Menschen an diesem Gesamtphänomen der erlebbaren und erforschbaren Welt ganze 0,046 % ausmacht oder auf die Stunde unserer Zeitrechnung ganze 165 Sekunden. Die Gesamtgeschichte der Evolution ist viel mehr! Wie und wann das Ganze enden wird, kann uns niemand auf dieser Erde voraussagen. Wir können uns mit unserem menschlichen Verstand nur eine ungefähre Vorstellung von einer unbegrenzten Harmonie, die am Ende dieser Entwicklung stehen mag, verschaffen. Berechnen oder gar beweisen lässt sich der weiterführende Weg der evolutiven Entwicklung nicht.

Als Fakt für unser weiteres Denken über die Zukunft unserer Welt können wir aus der bisherigen Evolution mitnehmen, dass immer dann, wenn die zwingende Notwendigkeit eines weiteren evolutiven Entwicklungsschritts auftritt, dieser Schritt zum harmonischen Ausgleich in der Natur, in der Schöpfung auch vollzogen wird.

In seinem Buch »Das verborgene Leben des Waldes« beschreibt der amerikanische Biologe David G. Haskell seine Naturbeobachtungen in einer kleinen, ein Quadratmeter großen Teilfläche, einem Mandala, das er sich in einer Gebirgslandschaft von Tennessee eingerichtet hat. Er beschreibt eine wahre Wunderwelt von Nahrungsketten und natürlichen Abhängigkeiten, die in einem höchst komplexen Biotop über den Lauf eines Beobachtungsjahres erkennbar werden. Ein kleiner Mikrokosmos, in einer ständigen zyklisch ablaufenden Entwicklung. Ein sich permanent erneuerndes labiles Gleichgewicht des Lebens.

Dieser zyklisch ablaufende Prozess des Lebens bedeutet jedoch nicht nur Wiederholung von regelmäßig in Zeitabständen wiederkehrenden Ereignissen! In den beobachteten Prozessen erkennt der Biologe Haskell langsame Veränderungen, die auf das sich verändernde Umfeld des Mandala eingehen, seine Notwendigkeiten erkennen und für sich und das gesamte Gefüge nutzen. Die Harmonie des Mandala ist niemals statisch, sie baut sich in ständig neu auf, sie ist dynamisch. Sie ist ein ständiger Erneuerungs-, ein nicht enden wollender Schöpfungsprozess.

Nachdem die Amerikaner das Land Vietnam in einem jahrelangen Dschungelkrieg entlaubt, verwüstet und vernichtet hatten, bildeten sich innerhalb von kurzer Zeit völlig neue Arten, die auf evolutivem

Wege entstanden und die die vergifteten, schädlichen Umweltbedingungen, die die amerikanischen Truppen zurückgelassen hatten, für ihr Gedeihen und ihre Verbreitung zu nutzen verstanden. Vietnam, eine Schöpfung, die sich in der Jetztzeit vollzieht. Das Leben triumphiert erneut, nachdem die sogenannte Krone der Schöpfung das alte Leben weitgehend vernichtet hatte.

Unsere moderne Wissenschaft kommt im Bereich der Epigenetik, der Erforschung von Umwelteinflüssen auf das Erbgut des Menschen, in unseren Tagen zu geradezu verblüffenden Ergebnissen: Man hat in Versuchen nachweisen können, dass die materielle und biologische Umwelt ebenso wie das soziale Umfeld, in dem wir uns bewegen, nicht nur zu physiologischen und psychischen Veränderungen unserer körperlichen und geistigen Konstitution führt, sondern dass diese Veränderungen über das Erbgut auch auf die uns folgenden Generationen übergehen. Einflüsse aus unserer Umwelt sind nicht nur prägend für uns gegenwärtig Lebende, sie prägen die Konstitution unserer Nachkommen, d. h. von Menschen, die zum Zeitpunkt des eines entscheidenden Ereignisses noch gar nicht geboren waren! Spätestens an diesem Punkt müssen Wissenschaft und Theologie gleichermaßen erkennen, dass mit der Energie des Urknalls, deren Ursache sich unserer Entdeckungs- und Erkenntnismöglichkeit entzieht, nicht eine statische Welt entstanden ist, die nach festen Regeln vierdimensional mit Ziel auf ein unbekanntes, fernes Ende abläuft, sondern ein äußerst dynamisches System darstellt, dessen Ursache und dessen Vitalität für uns dreidimensional begabte Menschen nicht erkennbar, sondern nur erahnbar ist. Die Schöpfung dauert an! Ihr Urheber wirkt unsichtbar, aber effektvoll in ihr. Der sich dem Moses im brennenden Dornbusch als der »Ich bin da« offenbarte, lebt in seiner Schöpfung. Er lenkt und steuert sie nach ihren jeweiligen Bedürfnissen. Er ist von ihr nicht zu trennen, denn er ist der Urknall, die Energie, das Wort.

Die Entwicklung des Menschen über 6 Mio Jahre ist weitgehend erforscht und uns bekannt. Ist der Mensch angesichts der Dynamik, die bereits in den kleinsten organischen Abhängigkeiten des Mandala des

Forschers Haskell zu beobachten war, in seiner heutigen Form wirklich, ein Endergebnis, die sog. Krone der Schöpfung? Ich bin überzeugt davon, dass die Menschen noch einen langen evolutiven Weg vor sich haben, bis sie in der Harmonie der Gesamtschöpfung aufgehen. Eines können wir jedoch als gesichert annehmen: Als derzeit einziges reflektiert denkendes Individuum ist der Mensch auf einer herausragenden Position in der Gesamtschöpfung. Mit seiner Kreativität kann er an der Herstellung der Harmonie in der Schöpfung aktiv mitwirken. Die besondere Position, die der Mensch derzeit in der Schöpfung einnimmt, eröffnet ihm besondere Möglichkeiten, sich die Schöpfung zu Nutze zu machen. Daraus erwächst jedoch zuerst auch eine besondere Verantwortung für die Welt und für deren weitere Entwicklung. Leider erfahren wir täglich, dass der Mensch in seiner Gier, aus der Nutzung der Schätze und Ressourcen dieser ihm anvertrauten Welt besonderen individuellen Nutzen zu ziehen, seine hohe Verantwortung für diese Schöpfung systematisch vernachlässigt. Der Profit, den ihm die inzwischen weitgehend globalisierte Welt verspricht, wird ohne Rücksicht auf die Erhaltung dieser wunderbaren Erde mit aller Macht zu realisieren versucht. Der Mensch geht bei diesem Vorteilsstreben so weit, dass er sogar seine eigene Existenzgrundlage durch Vergeudung und Verschwendung der natürlichen Ressourcen dieser Erde zerstört.

Unser Weg führt uns heute zum Tajo-Stausee, einer schier endlosen Wasserfläche, die durch Aufstauen des Rio Tajo und anderer Zuflüsse geschaffen wurde. Im Umfeld des Sees hat sich die Landschaft verändert. Vielspurige Schnellstraßen mit weit gespannten Brücken sind im Bau. Zwischen diesen großen, die Landschaft beherrschenden Baustellen schlängelt sich nun unser Camino auf die Breite eines knappen Meters geschrumpft durch ein Meer von rosablühender Erika und weißem Ginster. Aufgrund des Regens versuchen wir im Schutz einer der großen Brücken einen Platz für unser Mittagspicknick zu finden. Leider hat der Regen den lehmigen Untergrund unter dem Bauwerk bereits geflutet, wir finden kein geeignetes Plätzchen für vier erschöpfte Jakobuspilger.

Die Aktivitäten des spanischen Staates zur Erschließung des Landes haben jedoch auch für den Camino kleine Verbesserungen gebracht! In der Ferne entdeckt Willemijn ein kleines Bauwerk, das sich nach einiger Zeit der Annäherung als Schutzhütte auf vier Pfosten erweist. Zwar treiben die Windböen von Zeit zu Zeit den Sprühregen quer durch das kleine Gebäude, aber wir nehmen den bescheidenen Schutz, den uns das mit Schindeln gedeckte Dach bietet, dennoch dankbar an.

Die Herberge, die wir für heute gebucht haben, ist klein. Sie besteht aus acht Übernachtungszimmern und einem bescheidenen Wasch- und Toilettenraum. Angler verkehren hier über das ganze Jahr. Sie kommen teilweise von weit her, denn das Seengebiet ist für seinen Fischreichtum bis nach Frankreich bekannt. Ein junger Franzose aus Antibes erzählt uns, dass er durch die Angelleidenschaft seiner Eltern infiziert seit seinem dritten Lebensjahr immer wieder seine Sommer in dieser abgelegenen Herberge am Tajo-Stausee verbringt. Er angelt überwiegend Zander. Auf Fotos zeigt er einige Prachtexemplare des Fischs, die vorsichtig geschätzt Längen von etwa 80 cm haben. Auf die Frage, was mit diesen unglücklichen Tieren geschieht, wenn sie bei ihm angebissen haben, antwortet er gleichmütig: »Je les remets en liberté.« – »Ich setze sie wieder aus.« Er ist eben Sportangler.

7. April 2015

Der Regen hat in der Nacht aufgehört. Er wurde von einem heftigen Wind abgelöst, der weiße und graue Wolkenfetzen über den Himmel treibt. Er kommt von Norden, bläst uns ins Gesicht und zerrt an unseren Anoraks. Wie üblich brechen wir um 9 Uhr auf und verlassen das Anglerquartier am

Seeufer. Der Camino, der unmittelbar vor unserer Haustür ausgeschildert ist, führt uns aus der Tiefe des Talausschnitts auf ein Hochplateau. Hier oben wächst außer Ginster, Gras und kurzstieligen Wiesenblumen nichts! Die Landschaft ist unendlich weit und annähernd eben. Sie verschlingt mit ihrem endlosen Grün sogar die Straßen- und Brückenbaustellen, die wir gestern noch als unwegsame Hindernisse auf Umwegen umgehen mussten. Nur die gewaltigen Bögen der Brücken ragen aus dieser Landschaft heraus. Das Örtchen Cañaveral erreichen wir gegen 12 Uhr. In der Nähe des Dorfes finden wir in einer Wiese unterhalb eines Felsens einen windgeschützten Platz für unser Mittagspicknick. An eine längere Pause, wie während der letzten Tage üblich, ist hier allerdings nicht zu denken. Wir machen uns alsbald wieder auf den Weg nach Grimaldo, unserem heutigen Tagesziel.

Zum Glück wechselt der Weg nach einiger Zeit die Richtung; der Wind treibt uns nun vor sich her einen recht steilen Anstieg hinauf. Nach einem hohen Kiefernwald laufen wir danach wieder durch endlose Dehesas, an uralten Korkeichen vorbei. Auf dem letzten Kilometer steigen wir durch hohes Gras steil auf einem Trampelpfad nach Grimaldo hoch.

Das heutige Quartier, das uns von Cesar, einem Caminoaktivisten, in einem alten Bruchsteinhaus angeboten wird, bietet uns bescheidenen Pilgern einen ungeahnten Komfort. Cesar ist Architekt und hat mit viel Fantasie das Innere des Hauses mit seinen drei individuellen Schlafzimmern gestaltet, die sich an einen gemütlichen Gemeinschaftraum anschließen. Henk erhält das Zimmer García Lorca, Willemijn das Zimmer Picasso, Ineke und ich beziehen die Suite Gaudí.

Schade, dass wir diese charmante Unterkunft nur für eine Nacht nutzen können!

Grimaldo

8. April 2015

Zum Abschied in Grimaldo gibt uns unser Gastgeber für den heutigen Weg noch einige wichtige Ratschläge mit: Es gibt auf dem Weg nach Plasencia mehrere landwirtschaftliche Betriebe, die auf ihrem Weideland Wanderern und Pilgern den Durchzug verwehren wollen. Cesar hat festgestellt, dass diese Landwirte die gelben Pfeile, die die Jakobspilger im ganzen Land nach Santiago de Compostela führen sollen, beseitigt haben und teilweise irreführende neue Wegweiser hergestellt haben, die erhebliche Umwege für die Betroffenen bedeuten.

Er hat eine Woche zuvor die unkenntlich gemachten Wegweiser wieder erneuert. Er rät uns dringend, diesen neuen Pfeilen zu folgen und unser Glück auf dem »verbotenen« Weg zu versuchen. Die Gatter zu den entsprechenden Dehesas sind verschlossen und nur durch Überklettern zu überwinden. Dieses muss man jedoch in einem unbeobachteten Augenblick tun, denn natürlich stellt die nicht erlaubte Überwindung von Einzäunungen und Gattern eine auch nach spanischem Recht strafbare Ordnungswidrigkeit dar.

Ein heftiger Wind weht auch heute über die Höhen. Er kommt von Nordosten, fordert also bei jedem Schritt Zusatzkräfte, um vorwärts zu kommen. Deshalb freuen wir uns immer wieder, wenn wir hinter Bruchsteinmauern und in Geländemulden laufen können. Dort haben wir nur das Sturmgeräusch über unseren Köpfen, wenn der Wind sich in den Kronen der jahrhundertealten Korkeichen verfängt. Der Weg führt uns heute zunächst wieder durch endloses Weideland. Er ist zum schmalen Trampelpfad in den Wiesen reduziert. Jedes Gehöft hat seine Dehesas natürlich sorgfältig mit Zäunen oder Bruchsteinmauern eingefriedet. Wir haben etwa 20 Tore zu öffnen und wieder zu schließen, wenn wir diese Einfriedungen passieren wollen. In einer Geländemulde versuchen wir mittags im Schutz einiger Felsen unser Mittagspicknick zu machen, bis eine große schwarze Wolke über den Felsrand droht und uns für den Rest des Tages heftige Regenfälle ankündigt. Wir wollen heute abend in Plasencia unsere diesjährige Pilgerwanderung beenden. Da Plasencia etwas abseits des Camino liegt, werden wir zunächst nach Galisteo laufen, um von dort ein Taxi zu unserem Tagesziel zu nehmen.

Nachmittags wechselt dann das Landschaftsbild: Wir kommen in eine Gegend, in der aufgrund reichlicher Bewässerung intensiver Ackerbau betrieben wird. Als wir auf einen großen, mit starker Strömung Wasser führenden Kanal stoßen, haben wir uns zu entscheiden, ob wir dem Umweg längs des Kanals folgen wollen, oder ob wir Cesars Rat beherzigen und über ein nahegelegenes und mit Vorhängeschlössern gesichertes Gatter klettern wollen. Außer einem großen Hund, der uns aus der Ferne misstrauisch beobachtet, ist niemand im Regen da, der unser widerrechtliches Handeln beobachten könnte. Eine Kletterpartie von 160 cm Höhe erspart uns einen Umweg von 3 km Länge. Da zögern wir nicht lange! Der Hund beantwortet unser Eindringen in sein Revier zwar inzwischen mit Gebell, nähert sich uns jedoch nicht wesentlich. Wir kennen die Gutmütigkeit der großen spanischen Hütehunde und nehmen von seiner Anwesenheit keine weitere Notiz.

Nach etwa 1 km müssen wir die gleiche Übung zum Verlassen der Dehesa wiederholen, um unsere Pilgerfreiheit wieder zu erlangen. Wie dieses Abenteuer allerdings bei gutem Wetter unter den kritischen Blicken möglicher in der Gegend tätiger Arbeitskräfte ausgehen könnte, möchte von uns Vieren niemand ausdenken.

Gallisteo ist eine zauberhafte kleine Stadt, die von einer hohen mittelalterlichen Mauer aus Flusssteinen des nahegelegenen Río Jerte umgeben ist. Als wir die ersten Häuser des Städtchens erreichen, finden meine Begleiter, dass unsere heutige Wanderung bereits außerhalb der Stadtmauer enden müsse. Sie möchten ihre nassen Kleider ablegen und kehren in die erste Bar ein, die sich auf dem Weg unterhalb der Stadtmauer anbietet.

Nachdem ich mich dann allein mit leichtem Gepäck, bestehend aus Skizzenbuch und Zeichenutensilien, auf den Weg in die Stadt gemacht habe, stelle ich fest, dass der Weg sich durchaus lohnt. Zwar ist Galisteo hinter der Mauer eine Stadt, die in neuerer Zeit mehrere Umbauten gesehen hat, jedoch bietet der Ort mit der Pfarrkirche Nuestra Señora de la Asunción durchaus sehens- und erlebenswerte Architekturdetails. Die Kirche wurde als Ziegelbau im 13. Jh. auf den Fundamenten einer früheren, im Mudejarstil errichteten Kirche gebaut.

Galisteo

Da die Dimension der alten Vorgängerkirche, die in Ost-Westrichtung errichtet war, nicht mehr als ausreichend erachtet wurde, drehte man den Ersatzbau einfach entgegen den Gepflogenheiten der damaligen Zeit um 90° in eine Nord-Süd-Ausrichtung. Den Glockenturm setzte man auf die Stadtmauer, die an dieser Stelle ebenerdig die Puerta de Santa María, eines der beiden bis heute erhaltenen Stadttore aufweist.

Bei unserer Ankunft in Plasencia regnet es noch immer ergiebig. Zu allem Unglück vermischt sich der in Strömen fallende Regen auf der Plaza Mayor mit dem Wasser, das im Untergrund ein Rohrbruch einer der wichtigen Trinkwasserleitungen des Städtchens freigibt. Unser Hotel ist deshalb auf nicht absehbare Zeit ohne Wasserversorgung. Was kann man da machen, um die gute Stimmung eines erfolgreichen Pilgertages nicht in Hotelzimmer-Trübsal zu ersticken? Ineke hat die rettende Idee: »Versuchen wir doch unter den Arkaden an der Plaza Mayor und in den engen Gassen der Altstadt unser Glück! Sicher hat die Kathedrale für eine Innenbesichtigung auch noch geöffnet«, meint sie.

So sprinten wir also durch den Regen zurück in die schützenden Arkaden des zentralen Platzes und besichtigen die öffentlich zugänglichen Räume des Paradors von Plasencia, der in einem alten Kloster untergebracht ist, und schließlich die Kathedrale. So wird aus einem wasserreichen Outdoor-Nachmittag doch noch ein einprägsames Erlebnis.

Die Kathedrale lockt schon beim ersten Blick durch die engen Gassen den neugierigen Besucher unwiderstehlich an. Auf der Chorseite und der freistehenden Nordseite ist die gegliederte Außenwand der Gotik über und über mit platereskem Schmuck überzogen. Daran war der Bildhauer und Architekt Francisco de Colonia (ca. 1470–1542), alias Franz von Köln, maßgeblich beteiligt. Er ist der Enkel von Hans von Köln, der unter dem Namen Juan de Colonia über viele Jahre Dombaumeister von Burgos war. Beim Abschreiten der Nordseite fällt uns auf, dass der aus der Spätgotik des 15. Jh. stammende gewaltige Bau westlich des Querschiffs wie einst über Jahrhunderte der Kölner Dom abrupt auf die deutlich niedrigere Höhe der Seitenschiffe zurückfällt. Hier ist offenbar irgendwann nach der Baubegeisterung der Reconquista das Geld ausgegangen und der Bau schnell beendet worden.

Der gewaltige Baukörper der Kathedrale verbirgt auf seiner Südseite für den unvorbereiteten Besucher noch eine handfeste Überraschung: Neben seinem Westportal betritt man einen kleinen Kreuzgang, der einem weiteren Sakralbau aus den 12. Jh. vorgelagert ist. Die Kathedrale von Plasencia besteht

Plasencia: Kathedrale

also aus zwei unterschiedlich großen Kirchenräumen, die zu unterschiedlichen Zeiten in völlig unterschiedlichen Formen aus zwei recht unterschiedlichen Gestaltungs- und Bauideen entstanden sind.

Die Neue Kathedrale ist der Himmelfahrt Mariens geweiht. Ein überaus reich dekorierter Hochaltar des Barock zeigt folgerichtig in seinem Zentrum wie Maria von Engeln getragen zum Himmel auffährt. Darüber die Kreuzigung auf Golgotha mit Maria, Johannes und Maria Magdalena als Trauernde. Heilige und Engel besetzen die zahlreichen Nischen und Gesimse der Altaranlage. Ganz in der Höhe die Herrlichkeit des über allem thronenden Gottvaters. Weitere hochwertige Schätze der spanischen Malerei sind in den Seitenkapellen und der Sakristei zu bewundern.

9. April 2015

Unser Bus von Plasencia nach Salamanca, dem Ziel unserer dreiwöchigen Wanderung, fährt um 12.30 Uhr von der zentralen Estación de autobuses ab. Vor unserer Abreise besuchen wir noch das Hochamt in der Kathedrale. Auf einem stillen Plätzchen neben einem der Vierungspfeiler gelingt mir noch eine schnelle Skizze des wahrlich erhabenen Chorraums.

Auf meinem Gebetsstuhl sitzend lasse ich nochmals die Bilder der letzten drei Wochen vor meinem inneren Auge vorbeiziehen: Weite baumbestandene Dehesas, durch die unser einsamer Weg führte; die »Wand« vor Almadén de la Plata, die wir vor Erreichen der Stadt nach endloser Weite der Sierra Norte zu überwinden hatten; die immer wiederkehrende Mischung der unterschiedlichen Kulturen, die die Landschaften, durch die unser diesjähriger Weg führte, so beeindruckend geprägt haben. Ich denke an die Veränderungen der Macht- und Herrschaftsverhältnisse, die sich in den durchwanderten Landschaften so eindrucksvoll ablesen lassen. Über das Phänomen der Macht habe ich in meinem Buch »Ich bin da« (Solingen 2015) einen längeren Exkurs verfasst.

Natürlich hat Plasencia beginnend in der Römerzeit über das Mittelalter bis in die Renaissance eine Fülle von denkmalwürdigen Gebäuden anzubieten, die wir vor unserer Abfahrt noch in Eile kennenzulernen versuchen. Unter Nutzung der jeweils geltenden Öffnungszeiten stolpern wir mit unserem Gepäck durch die Altstadt. Von der Kirche San Nicolás (15.Jh) laufen wir zum berühmten Parador von Plasencia, der in den Mauern eines früheren Klosters eingerichtet ist. Der Kreuzgang, das ehemalige Refektorium sowie weitere öffentliche Bereiche des Hotels stehen fremden Besuchern zur Besichtigung offen. Schließlich noch die kleine romanische Kirche San Juan, die sich im Südwesten an die Innenseite der Stadtmauer schmiegt. Die Diözesanverwaltung hat ebenfalls schon ihre Tore geöffnet und so erhaschen wir noch einen flüchtigen Blick auf das berühmte Treppenhaus. Aber dann ist es höchste Zeit, in den Bus nach Salamanca zu steigen.

10. April 2015

Salamanca! Wir kennen diese schöne, bau- und kunstgeschichtlich interessante Stadt aufgrund verschiedener Reisen, die wir in Spanien gemacht haben. Zuletzt hatten wir einen unvergesslichen Eindruck von dieser alten Universitätsstadt, als unsere Töchter uns dorthin eingeladen hatten, nachdem sie dort ihren ersten Weg über die Vía de la Plata abgeschlossen hatten. Unvergesslich ist uns der wunderbare Panoramablick, den der aufmerksame Pilger erleben kann, wenn er von der Höhe der umliegenden Hügel im Süden über den Fluss Tormes kommend die gesamte Silhouette der Altstadt Salamancas vor sich sieht.

Über allem erhebt sich die beindruckende Baumasse der Kathedrale die im 16. Jh. im spätgotischen Stil errichtet wurde, begleitet von einem mächtigen Glockenturm, der bereits deutlich die Handschrift der Renaissance erkennen lässt. Ihr vorgelagert, aber wesentlich kleiner und in ihrem grauen Naturstein deutlich abgesetzt, erkennt man den kunstvoll gegliederten Vierungsturm der alten Kathedrale aus dem 12. Jh., die sich mit ihrem deutlich kleineren Volumen der großen, jüngeren Schwester vorlagert. Mir persönlich und meinem Verständnis von mittelalterlicher Sakralarchitektur erscheint die Geradlinigkeit und Disziplin der alten Kathedrale, die errichtet wurde, als

Salamanca: Alte Kathedrale, im Hintergrund der hohe Glockenturm der Neuen Kathedrale

im fernen Frankreich die großen Kirchenbauten der Hochgotik entstanden, in ihrem geistigen christlichen Hintergrund und ihrer daraus entwickelten Architektur überzeugender und damit glaubwürdiger, als die pathetische Architektursprache der großen Schwester »nebenan«, die im Überschwang des Triumphes der spanischen Könige nach der Vertreibung der Mauren im 13. Jh und nach dem Wiedererblühen und der stürmischen Entwicklung der Universität Salamanca errichtet wurde.

Man stelle sich vor: Nach etwa 400 Jahren maurischer Besetzung, die der Stadt ein friedliches Zusammenleben unterschiedlicher Kulturen gebracht hat, wird die dominierende arabische Bevölkerungsgruppe dort vertrieben. Von anderen Minderheiten, die in ihren Mauern lebten, folgten ihr nicht wenige aus wirtschaftlichen oder jedoch auch aus persönlichen Gründen. Die Stadt war nach ihrer Befreiung fast entvölkert. Per königliches Dekret wurde sie neu besiedelt und natürlich zu neuer, diesmal christlicher Blüte gebracht.

Nach dem Vorbild der damals bereits berühmten Universität Bologna gründete man eine Universität. Sehr schnell wuchs diese bis zu einer Größe von etwa 10000 Studenten an, was für die damalige Zeit eine unerhörte Größenordnung war. Madrid, die Hauptstadt hatte damals nur etwa 30000 Einwohner. Als Wahrzeichen des neuen Aufschwungs baute man eine bis dahin in ihrer Größe in Spanien einmalige Kathedrale, gleichsam als Demonstration neuer kirchlicher und weltlicher Macht.

Wir kennen also Salamanca. Aber Henk und Willemijn sind in dieser Stadt zum ersten Mal. Das ist ein Grund, einen ausführlichen Gang durch Salamancas zwei Kathedralen zu machen. Wie echte Touristen mit Audioguide ausgestattet machen wir uns deshalb auf den Weg durch das faszinierende Gebäudeensemble, das mit der alten Kathedrale in 12. Jh. begann und im 16. bis 17. Jh. mit der neuen Kathedrale vollendet wurde.

Wir betreten die Neue Kathedrale (Cadedral Nueva) durch das Nordportal. Gewaltig in der Höhe ist sie dreischiffig in basilikaler Form mit niedrigeren aussteifenden Seitenschiffen angelegt. Der Grundriss ist in klassischer Kreuzform in Ost-Westrichtung entwickelt. Der Wandaufriss des Kirchenschiffs ist trotz seiner Höhe nur zweigeschossig angelegt. Unter dem weitgehend mit gotischen Fenstermaßwerken aufgelösten Obergaden, der den Kirchenraum geradezu mit Licht flutet, verläuft ein niedriger balustradengesäumter offener Umgang. Darunter schließlich der überdimensional in die Höhe gestreckte Bogengang. Oberer Abschluss dieses gewaltig wirkenden Kirchenraums ist ein äußerst kunstvolles Netzgewölbe, das vielfach aufgefächert die hohen Wände des Raums miteinander verbindet. Über der Vierung thront eine mächtige Kuppelkonstruktion, die in ihrer konstruktiven Konzeption zwar noch deutlich spätgotische Züge trägt, aber in ihrer architektonischen Innenausstattung bereits auf den Barock des 18. Jh. hinzuweisen scheint. Dieser Kirchenbau ist die vollkommene Machtdemonstration des nach der Reconquista als Weltmacht in christlich-katholischer Tradition wiedererblühten Spanien gegenüber den zurückliegenden Jahrhunderten maurischer Herrschaft.

Die diversen Kapellen entlang dem Hauptschiff und im Chorumgang weisen eine Vielzahl unterschiedlicher Widmungen und Inhalte auf. Neben der Himmelskönigen Maria, ganz in strahlendes Weiß gehüllt, entdecken wir auch eine Josefskapelle, neben dem Nordportal eine Kapelle, die der Hl. Theresia von Ávila und dem Nationalheiligen Santiago geweiht ist. Jakobus hier in der Rolle des Glaubensverkünders mit dem Kreuz an seinem Wanderstab und der Bibel in der anderen Hand. Eine Gruppe Franzosen ist davor in eine Andacht vertieft und wir schleichen auf Zehenspitzen weiter.

Ganz bescheiden nimmt sich dagegen der Raum der Alten Kathedrale (Catedral Vieja) aus, den man nach Durchqueren des Westendes des Neubaus des Kathedralenduos über eine Treppe erreicht. Der Grundriss des dreischiffigen Raums ist im Langhaus in fünf Stützenjoche gegliedert. Über die Vierung erschließt sich ein angedeutetes Querschiff. Die Choranlage fügt sich mit einem weiteren Stützenjoch im Osten an. Klassisch streng ist der Wandaufbau. Die Säulen des Bogengangs, die bereits in Bündel von Diensten gegliedert sind, schmücken noch in Sinne spätromanischer Kirchen Kapitelle in vielfältigen skulptural gestalteten Formen. In den figürlichen Darstellungen glauben wir Adam und Eva zu erkennen. Tiermotive und natürlich vielfältige florale Verzierungen lassen den Eindruck einer Darstellung des Paradieses aufkommen. Der graue Naturstein gibt dem Raum, der von schlichten Kreuzgratgewölben überdeckt ist, eine stille, beruhigende Würde.

In diese schlichte Stille fügt sich der vergoldete Hauptaltar des Italieners Nicolas Florentino aus dem Jahr 1445, der mit seinen über 50 Einzeltableaus biblische Szenen und Figuren darstellt. Mit seinen gotischen Zierbögen und dem filigranen gotischen Maßwerk fügt er sich in den stillen Ort perfekt ein. Über der Vierung blickt man in das Innere der schönen in zwei übereinanderliegenden Fensterreihen gestalteten, lichtdurchfluteten Kuppel. Sie ist vor allem auch in ihrer mit Ecktürmen versehenen geschuppten äußeren Gestalt für reisende Architekten eine Herausforderung, wenn diese wie ich ihre Reiseeindrücke gelegentlich zeichnerisch festhalten.

Auf einer meiner früheren Reisen nach Salamanca, die ich mit meiner Familie unternahm, wurde ich bereits auf den begehbaren Dächern der Kathedrale über eine Mittagszeit zum Zeichnen zurückgelassen, während sich meine Töchter um den Einkauf für ein Mittagspicknick kümmerten. Somit bin ich am heutigen Tag von dieser Pflicht befreit und kann mit meinen Begleitern den angrenzenden Klosterkreuzgang und seine Nebenräume und diverse Stifterkapellen besichtigen. Der am Eingang mit dem Ticketpreis leihweise erstandene Audioguide liefert uns dabei interessante und mit der einen oder anderen Anekdote versehene Kenntnisse über Charakter, Funktion und die Nutzer dieser Räume. Henk, der uns über drei Wochen GPS-unterstützt durch manche kritische Wegesituation geführt hat und der bei mancher vorangegangenen ausgedehnten Besichtigung manchmal von rätselhaften Hungergefühlen geplagt wurde, die ihn zum frühzeitigen Abbruch zwangen, findet diese Art des anlogen Erlebens, wie er abschließend gesteht, sehr beeindruckend.

Salamanca hat in seiner Altstadt zahlreiche großartige Profan- und Sakralbauten anzubieten. Beim Spazieren durch die Gassen begegnet man ihnen auf Schritt und Tritt. Die gotische Kirche St. Martin aus der Zeit der ersten Rechristianisierung nach der Vertreibung der Mauren durchqueren wir auf unserem Streifzug und besichtigen das in Maßwerk hochaufgelöste Fenster in der Westfassade. Besonders beeindruckt hat mich die runde Kirche San Marco am nördlichen Rand der Altstadt. Außen kreisrund in Naturstein errichtet, innen mit vier Säulen in Kreuzform mit abschließenden drei Konchen gegliedert. Eine als Skulptur in Negativform in einen homogenen Steinmantel eingearbeitete kleine Kirche aus dem 12. Jh.

Abends treffen wir uns in einem Restaurant an der Plaza Mayor und feiern unseren Abschied nach drei Wochen gemeinsam verbrachter Pilgerzeit. Henk wird morgen mit dem Bus nach Madrid fahren, wo ihn seine Familie wieder in die Arme schließen will. Willemijn will die Vı́a de la Plata noch bis Zamora fortsetzen. Ineke und ich werden mit einem Direktbus zum Flughafen Madrid fahren. Von dort wird uns Ryanair hoffentlich pünktlich zum Flughafen Frankfurt-Hahn befördern.

Zweites Buch

Zurück in Köln werde ich das Gefühl nicht los, auf dem ersten Teil der Vía de la Plata noch kein befriedigendes Ende erlebt zu haben. Der Weg ist nach seinem plötzlichen Abbruch in Galisteo, das für uns den Startpunkt für 147 schnelle Kilometer nach Salamanca bildete, noch nicht abgeschlossen. Es fehlen bei 147 km Distanz etwa sechs erlebnisreiche Tagesetappen. Es fehlt das Erlebnis der Geschichte eines wesentlichen Wegestücks. Es fehlt die Besichtigung der Baudenkmäler und der Landschaften, die wir auf unserer schnellen Fahrt nur durch Auto- und Busfenster an uns vorbeifliegen sahen. Es fehlt so manche Begegnung mit Mitpilgern, die mit dem Austausch von Erlebnissen und Erfahrungen manchen Tag auf dem Silberweg und wohl auch auf anderen Pilgerwegen so wertvoll macht.

Zwar haben wir mit unserem Abstecher nach Plasencia einige wertvolle Eindrücke gewinnen können, die denen, die in Strenge die vorgegebene Route der Vía de la Plata laufen, nicht vergönnt sind, aber das gleicht in meinem Unterbewusstsein das Gefühl nicht aus, in Salamanca nach zwei Stunden Busfahrt noch nicht »richtig« angekommen zu sein. Jedes Mal, wenn ich den Rother-Reiseführer in die Hand nehme, erblicke ich auf dessen Titelseite den Arco de Cáparra, der in einer seit Jahrtausenden bewirtschafteten Kulturlandschaft sich noch heute hoch in den Himmel reckt. Ich denke an die besonders gut erhaltene Calzada Romana, die in Banjos de Montemayor über mehrere Kilometer mit der heute begangenen Vía de la Plata in ihrer grob gepflasterten Ursprungsform für mich begehbar gewesen wäre. Ich denke auch an den Reiz der weiten Landschaft, die mich in der Provinz Castilla y León erwartet hätte.

Auch bin ich mit meinen Gedanken über das Wirken Gottes in seiner Welt noch nicht zu einem befriedigenden Ergebnis oder Zwischenergebnis gekommen, was eigentlich das Ende des ersten großen Abschnitts auf dem Silberweg hätte sein können. Das Thema ist zu komplex, um es in einem kleinen Rahmen von drei Wochen durchdringen zu können. Mein Zweisäulenhaus, das ich auf meinem Weg entwerfen wollte, ist noch immer stark asymmetrisch. Es fehlt mir überhaupt der Ansatz, die erkennbaren Veränderungen und Entwicklungen in unserer dreidimensionalen Welt, deren Motor die Wissenschaft mit einiger Plausibilität in den Gesetzen der Evolution erkennt, mit der Sicht des Glaubens auch nur annähernd zu bestätigen. Zu viele Abweichungen von einer nach Gesetzen und Normen verlaufenden Entwicklung werden selbst bei Betrachtung der Evolution sichtbar.

Greifen wir das, was uns wohl das nächste ist, die menschliche Existenz, als Beispiel auf:

Im Zeitraum von etwa 6 Millionen Jahren entwickelte aus den ersten Hominiden die Gattung des Homo Sapiens. Dies geschah nicht etwa in einer geraden Entwicklungslinie, sondern erfolgte auf einer Vielzahl von Wegen und Seitenwegen. Wir kennen heute in der Natur eine ganze Gattung von Primaten, die genetisch alle den gleichen Ursprung haben, jedoch in ihrer sichtbaren Gestalt und vor allem in ihren Fähigkeiten und Begabungen äußerst unterschiedlich sind. In ihrer DNA sind sie untereinander mit über 95% gleich, dennoch unterscheiden sie sich wesentlich. Allein die Entwicklungslinie des Homo sapiens lässt erkennen, welches Ziel die Evolution mit dem Reichtum vielfältiger Entwicklungen wirklich verfolgt.

Während die Mehrzahl der heute bekannten Primaten sich auf Entwicklungsebenen bewegt, die unterschiedlich mit Intelligenz ausgestattet noch weit unter dem reflektiertem Bewusstsein des Menschen anzusiedeln sind, sind wir Menschen auf einer neuen Stufe angekommen, die keiner der übrigen Primaten bislang erreicht hat. Wir haben uns selbst als Individuen erkannt. Aus dieser Selbsterkenntnis als Individuen hat sich im Laufe von Jahrtausenden in unserem Erbgut ein neues, der übrigen Schar der Primaten überlegenes Bewusstsein entwickelt, das uns in die Lage versetzt, über unsere Welt mit all ihren vielfältigen Entwicklungen Erkenntnisse zu gewinnen und für unsere weitere Existenz anzuwenden. Wir sind in der Lage, über uns selbst und die Optimierung unseres Weges durch die Welt nachzudenken. Wir sind durch diese Entwicklung schließlich in die Lage versetzt, Nutzen aus Natur und Umwelt zu ziehen und zu unsrem Vorteil anzuwenden.

In unserer digitalisierten Welt ist diese Entwicklung vergleichbar mit der Einprogrammierung einer gänzlich neuen »Funktion« in dem natürlichen Rechner, den unser Gehirn darstellt. Aus dieser neuen Funktion resultiert schließlich die Fähigkeit, als Herrschende gegenüber Umwelt und Natur aufzutreten, es entsteht Macht. Wir sind in der Lage, mit autonomem Handeln die durch Evolution entstandene Vielfalt, die sich in unserem Umfeld entwickelt hat, zu steuern. Aus einem Bündel unterschiedlicher Entwicklungswege, die alle den gleichen Ursprung haben, ragt so eine dominante Linie heraus.

Jedoch auch die Linie der menschlichen Entwicklung weist eine ungezählte Vielfalt von Korrespondenzen auf, die alle mit dem gleichen Ziel gestartet sind, jedoch bislang auf einem recht unterschiedlichen Entwicklungsstand angekommen sind.

Ich denke an die sehr unterschiedliche Verteilung von physischen und geistigen Begabungen, die manchmal eher zufällig, willkürlich verteilt sind. Ich denke an behinderte Menschen, die unverdient in unserer hochentwickelten Zivilisation vielfach tägliches, unverdientes Leid erfahren. Im Sinne der Evolution ist das alles normal, weil deren Gesetze nur ein Ziel kennen: Vervollkommnung durch Vielfalt.

Eine Momentaufnahme, die den derzeitigen Zustand der Welt zeigt, täuscht darüber hinweg, dass das gesamte Universum sich in einem dynamischen unaufhaltsamen Entwicklungsprozess befindet. Alles ist in Bewegung. Nirgendwo ist irgendein Entwicklungsziel erreicht. Auch der Mensch steht mitten in einem Prozess, der sich ständig verändert. Alles entwickelt sich weiter.

Unsere Wissenschaft hat aufgrund der Veränderung der Qualität des Lichts, das Milliarden von Himmelskörpern abstrahlen, der sog. Infrarotverschiebung, festgestellt, dass sich das Universum immer weiter ausdehnt. Dabei tritt eine Abkühlung ein, die Stoffe beeinflusst, die Entwicklungen anstößt oder aber auch im Zusammenwirken mehrerer Ursachen große Veränderungen im Kosmos bewirkt, die wir aus unserer kleinen menschlichen Perspektive als Zerstörung, als kosmische Katastrophe begreifen.

Vor etwa 65 Millionen Jahren ereignete sich auch auf unserer Erde eine Katastrophe unvorstellbaren Ausmaßes. Am Ende der sog. Kreidezeit schlug ein großer Himmelskörper, der in unser Sonnensystem eingedrungen war, auf der Erde auf. Mit der unvorstellbaren Energie, die dieser Aufprall freisetzte, wurde eine Verwüstung angerichtet, die die Fortexistenz der großen Echsen des späten Erdmittelalters zunichte machte.

Der Aufprall erzeugte zunächst eine gewaltige Staubwolke, die die gesamte Erde überdeckt haben muss. Der Rauch der brennenden Wälder, der um die Erde zog, verdunkelte den Himmel so sehr, dass auch die Bäume und Pflanzen, die nicht in der unmittelbaren Hitze des Aufpralls in Flammen aufgegangen waren, über Jahre keine Früchte, ja nicht einmal Blattgrün entwickeln konnten. Infolge des Niedergangs der gesamten Flora ging auch die Tierwelt, wenn sie nicht durch die Aufprallenergie verbrannte, durch Nahrungsmangel zugrunde.

Die Evolution wurde über Jahre in wesentlichen Entwicklungswegen jäh gestoppt und statt der Weiterentwicklung der Großechsen startete sie neu mit einem Korrespondenzzweig, der eine weitgehend neue Flora und Fauna hervorbrachte.

Der Wiener Geologe Werner Tollmann berichtet in seinem Buch »Und die Sintflut gab es doch« von einem ähnlichen kosmischen Ereignis, das die Erde vor etwa 10000 Jahren heimgesucht haben muss. Auch dieses Ereignis lässt auf einen Himmelskörper schließen, der in sieben Teilen auf die Erde niederging und gewaltige Veränderungen sowohl in der toten Materie der Steine als auch in Flora und Fauna bewirkte.

Auch der Vulkanismus, der auf unserer kleinen Erde von Zeit zu Zeit in seinen schrecklichen Auswirkungen auf Mensch und Natur zu beobachten ist, geht auf den Einfluss evolutiv ausgelöster Vorgänge zurück. Hoher Druck, der sich unter einer bereits erkalteten Erdkruste aufgrund einer extremen Hitzeentwicklung im Erdinneren aufbaut, entlädt sich zur Erdoberfläche und in die Atmosphäre. Diese Entladung findet an unterschiedlichen Stellen des bereits abgekühlten Erdmantels statt. Diese Stellen sind durch Faltung in der Frühzeit unseres Planeten oder durch Bewegung der bereits durch Abkühlung verfestigten Oberflächenteile der Erdkruste unterschiedlich stabil. Der Erdinnendruck treibt das flüssige Magma durch diese Schwachstellen an die Oberfläche. In Jahrtausenden sucht sich die heiße Materie ihren Weg über Vulkanschlote, in die sie hineinsickert, bis sie die Oberfläche erreicht. Dort tritt sie unter hohem Druck aus. Die sichtbaren Folgen an der Erdoberfläche sind vielfältig:

Zunächst wird alles Leben in Umkreis des Ausbruchs gnadenlos zerstört.

Glühende Lava, die sich über ganze Landstriche ergießt, bedeckt alles, was die Evolution zuvor in jahrtausendelangem Werk hervorgebracht hat. Ganze Städte und Kulturen gehen unter. Nicht nur im rein materiellen Bereich ist dieser schreckliche Untergang die Folge des Naturereignisses, das ein Vulkanausbruch darstellt. Menschen verlieren die Früchte jahrelanger Landarbeit, verlieren die Güter und Werte, die ihnen zeitlebens ihre materielle Existenz gesichert haben. Blühende Gemeinwesen gehen durch Verarmung zugrunde. Aus der materiellen Armut entwickeln sich Spannungen, die schließlich zu sozialen Konflikten führen, die ein menschliches Gemeinwesen auch in seinen einst geordneten zwischenmenschlichen Bezügen zerstören. Ein natürlicher auf evolutive Prozesse zurückgehender Zwischenfall verändert die Welt bis hin in den nicht materiellen Bereich der sozialen Ordnungen und der Beziehungen der Menschen untereinander.

Es gibt heute, nachdem ein gewisser zeitlicher Abstand zu den Ereignissen um 1790 in unserem Nachbarland Frankreich entstanden ist, Historiker, die Vulkanausbrüche auf Island letztendlich für den Ausbruch von Unruhen, die in die Geschichte als Französische Revolution eingingen, mitverantwortlich machen. Asche und Staub, die sich in der Erdatmosphäre von Island kommend ausbreiteten, verringerten das Sonnenlicht so nachhaltig auf Teilen der Erde, dass in Frankreich sich das Klima so sehr verschlechterte, dass eine zur Ernährung des Volkes ausreichende Ernte nicht erreichbar war. Zu den ohnehin bestehenden sozialen Spannungen zwischen Adel und niederem Bürgertum kam die blanke Not. Diese entlud sich mit revolutionärer Intensität.

Liberté, Égalité, Fraternité – Freiheit, Gleichheit, Brüderlichkeit waren die Schlagworte, die diesen Volksaufstand prägten. Sie haben nicht nur unser Nachbarland geprägt, sie haben ganz Europa beeinflusst.

Sie sind noch heute gültig, wenn auch nur unzureichend umgesetzt. Eines ist jedoch für uns in der Betrachtung der Evolution wichtig:

Alle Entwicklungen in unserer erlebbaren Welt, materielle und immaterielle, haben vielfältige und komplexe Ursachen. Alle Vorgänge, die wir beobachten können, vollziehen sich auf sehr verschachtelten, häufig nur mühsam erkennbaren Wegen evolutiv. Ziel aller Bewegung, aller Entwicklung mit ihrer Vielzahl von Korrespondenzen ist die Optimierung, das Streben nach stabilerer Ordnung. Immer wird aus Niedergang einer Entwicklung ein Neuanfang. Dabei sind häufig mehrere, sogar für uns dreidimensional Begabte nicht zählbare, weil nicht sichtbare Ursachen ausschlaggebend für zahlreiche Ereignisse, Entwicklungsstufen oder Entwicklungsketten.

Manchmal sind wir auch mit unserem begrenzten Erkenntnis und Vorstellungshorizont einfach überfordert, wenn wir das eine oder andere Ereignis in seinen Auswirkungen nicht begreifen und nicht überschauen können. Wir reden dann schnell von Chaos, von einem Zustand, der von uns nicht mehr in ein bekanntes System, in eine Ordnung eingefügt werden kann.

»Jede Ursache hat eine Wirkung«, sagt man gemeinhin. Man kann diesen Satz auch umkehren: »Jede Auswirkung geht auf eine Ursache zurück.«

Selbstverständlich gilt dieser Satz auch für mehrere Ursachen oder gar ganze Ursachenbündel oder Ursachenketten. Er gilt auch für das, was wir das Chaos nennen. Chaos stellt lediglich einen Zustand höherer Ordnung her, den wir nicht erkennen, weil zahlreiche Einzelursachen eines möglichen Ursachenbündels, die wir mit unserer dreidimensional begrenzten Wahrnehmungsfähigkeit nicht wahrnehmen können, hier ursächlich zusammenwirken. Eines darf man jedoch mit Gewissheit sagen: Alle Ursachen und alle Auswirkungen, ob sichtbar oder unsichtbar, haben Platz in der Evolution.

Amerikanische Wissenschaftler, darunter Frank J. Tipler, haben in ihren Versuchen und Berechnungen den Nachweis erbracht, dass unser Universum aus mehr als 20 Dimensionen bestehen muss, wenn die beobachtbare Welt in sich schlüssig und als harmonisches Ganzes funktionieren soll (F. J. Tipler »Die Physik der Unsterblichkeit«). Auch der bekannte Physiker Michio Kaku schreibt in seinem populärwissenschaftlichen Buch »Hyperspace« von 26 Dimensionen, ohne die das heute bekannte Universum nicht funktionsfähig wäre.

Unser derzeitiges mathematisch-physikalisches Weltbild besteht aus vier Dimensionen. Davon sind lediglich drei Dimensionen für uns vorstellbar, mit unseren Sinnen nachvollziehbar. Die vierte Dimension ist die Zeit. Sie ist in unseren mehrdimensionalen Erlebnismöglichkeiten nicht darstellbar. Sie ist nur rechnerisch nachweisbar, sie ist in grafisch-mathematischen Kurven erklärbar. In der Raumzeitkurve können wir z. B. ihre Auswirkung in der gravitationsbedingten Krümmung einer sog. Geraden feststellen. Vorstellbar wird sie jedoch dadurch nicht. Unser Bewusstsein streikt einfach, wenn wir über Mathematik und Geometrie hinaus unserem Verstand zumuten, die Zeit neben den drei räumlichen Dimensionen Länge, Breite, Höhe gleichberechtigt in unsere Vorstellungsfähigkeit einzubeziehen.

Dabei bleiben 22 von 26 Dimensionen, die prägend für unser Universum sind, unerkannt und unerklärt. Sie sind mit Sinnen nicht wahrnehmbar.

Mir kommt hier wieder der Vortrag des Naturwissenschaftlers in den Sinn, der im Jahre 2015 die gesamte menschliche Forschung auf den Innenraum der dreidimensionalen Welt beschränkte. Dabei bleibt vieles, was in der »Innenarchitektur« der Dreidimensionalität erdacht, erforscht und beschrieben wird, Stückwerk. Man erkennt nur unzureichend auf empirischem Weg eine Wirkung. Da jedoch die Forschung nach den Ursachen von uns ausschließlich drei, resp. vierdimensional betrieben werden kann, bleiben Ursachen, die wir außerhalb der erforschten und vorstellbaren Dimensionen, außerhalb der »Innenarchitektur« unserer erlebbaren Welt suchen müssen, undefiniert und unbekannt.

Eines ist jedoch sicher: Da auch nicht von uns wahrnehmbare Ursachen Auswirkungen in dem engen Vorstellungsgehäuse unserer dreidimensionalen Welt haben, wirken sie dort nach den Gesetzen der Evolution. Diese hat unsere Wissenschaft als den Motor aller Entwicklungen im sinnlich wahrnehmbaren Bereich des Universums eindeutig festgestellt. In ihren Einfluss müssen sich alle uns nicht bekannten Ursachen und Vorgänge einordnen, wenn sie Auswirkungen innerhalb der allgemeinen Evolution des Universums erzeugen wollen.

Mir kommt hier ein einleuchtendes Beispiel aus der Welt der Medizin in den Sinn. Häufig sind wir ratlos über die Ursachen einer Krankheit oder einer Behinderung, die manche Menschen ertragen müssen. Wir können uns auf der Basis der heutigen Wissenschaft nicht deren medizinische Ursache erklären. Völlig ergebnislos ist dann auch die Suche nach einer Ursache, die im derzeit nicht erforschbaren oder noch nicht erforschten Bereich außerhalb der Medizin anzusiedeln ist. Vielfach wird mit dem Hinweis auf einen genetischen, d. h. vererbbaren

Defekt in der DNA des betroffenen Menschen eine Ursache vermutet. Der Nachweis ist schwierig, ja unmöglich, weil die Suche nach den Einflüssen, die den vermuteten Defekt in der DNA verursacht haben können, im nicht sinnlich wahrnehmbaren Bereich stattfinden muss.

Warum werden manche Menschen in jungem Alter krank, andere nicht?

Vielfach beobachten wir, dass Menschen in jungem Alter ihr Leben verlieren, obwohl sie zeitlebens die gleichen Gewohnheiten und die gleiche Lebensweise gepflegt haben, wie ihre gleichaltrigen Zeitgenossen, die sie vielleicht um Jahrzehnte überleben.

Warum? Ist das nur Zufall, Schicksal?

Nichtgeborene Kinder sterben im Leib ihrer Mutter, ohne jemals das Licht der Welt erblickt zu haben. Warum? Die Genetik liefert uns nur einen Teil der Ursachen, wenn wir nach dem Grund so unterschiedlicher Schicksale fragen. Die Ursachen, die möglicherweise im abstrakten Sinne DNA verändernd sind, bleiben jedoch unsichtbar.

Die Evolutionslehre mit der Entdeckung von Entwicklungslinien und ihren Korrespondenzen bietet uns dagegen möglicherweise manche Erklärung:

Dort ist alles im evolutiven Sinne »normal«, weil es sich auf irgendeinem möglichen Weg, den die zahllosen Entwicklungsimpulse der Evolution liefern, vollzieht. Die Evolution ist auf gnadenlose, unbeirrbare, abstrakte Weise auf Vielfalt und Vervollkommnung bedacht. Die Evolution ist emotionslos, sie kennt kein Mitleid.

Ich werde noch viele Kilometer Fußmarsch zurücklegen müssen, um wenigstens ansatzweise das Wirken der Gesetze der Evolution auf den vielfältigen Feldern unseres Daseins zu verstehen.

Auf nach Plasencia.

11. Oktober 2015

Gestern haben wir mit Hilfe der Billigflügel von »Vueling« von Düsseldorf kommend Madrid erreicht. Wir wollen in dieser quirligen Metropole einige Stunden verbringen, bevor wir den Zug nach Plasencia nehmen. Hier gibt es immer spannende kulturelle Angebote, die wir zumindest im Vorübergehen zur Kenntnis nehmen wollen. Die Sammlung der Reina Sofia hat inzwischen einen riesigen Erweiterungsbau bekommen. Unmittelbar hinter unserem Hotel auf dem Paseo del Prado ist hinter den Backsteinfassaden eines früheren Industriegebäudes ein neues Designmuseum entstanden. Der Prado hat einen neuen publikumsfreundlicheren Eingang, die Sammlung Thyssen-Bornemiza hat einen neuen Erweiterungsbau. Wir schlendern durch die Gassen der Innenstadt zur Puerta del Sol, dem geografischen Mittelpunkt Spaniens.

Die Menschenmenge, die uns hier mitreißt, spült uns schließlich in eine der vielen kleinen Seitenstraßen, wo wir erschöpft ein Café für einen kleinen Aperitif aufsuchen. Ein portugiesisches Paar am Nachbartisch, wie wir offensichtlich als Touristen in der spanischen Hauptstadt unterwegs, erkennt wohl, dass wir etwas Entspannung nach unserem langen Reisetag suchen. Wir kommen mit unserem dürftigen Spanisch vermischt mit Französischbrocken ins Gespräch. Schließlich bieten sie uns ihre nur zur Hälfte genutzten Tickets für eine Sightseeing-Tour durch Madrid an, die sie nun wohl aufgrund ihrer baldigen Abreise nicht mehr nutzen wollen. Diese nette Geste der Solidarität unter ermüdeten Stadttouristen belebt uns wieder. Wir beschließen jedoch, unseren Weg durch die Stadt zu Fuß in Richtung unseres Hotels zu nehmen.

Kurz vor unserem Ziel zieht uns das Museo del Jamón an. Hier sind unzählige von der Decke hängende Serranoschinken zu bestaunen. Hinter der recht engen Thekenanlage am Eingang entwickelt sich dann jedoch ein ausgedehntes Restaurant. Natürlich ist in diesem Lokal die Verkostung von Schinken aller Qualitäten und Lagerstufen das zentrale Programm.

Ein Museum der kulinarischen Verführung, das auch uns hungrige Reisende nicht unberührt lässt. Bei Schinken, Manchegokäse und einem guten Rioja beenden wir den Tag.

12. Oktober 2015

Unter unserem Hotelfenster hören wir die Musik einer Blaskapelle. Es ist 7 Uhr morgens. »Das fängt ja gut an«, seufzt Ineke und richtet sich in Ihrem Bett schlaftrunken auf. Wir stürzen beide ans Fenster. Vor unserm Hotel haben sich in der Morgenfrische Einheiten von Guardia Civil und Militär in Paradeuniformen versammelt. Sie formieren sich zu Blöcken von jeweils etwa 100 Personen und ziehen im Gleichschritt die Straße hinab zur Plaza Carlos V am Ende des Atocha-Bahnhofs.

Es ist spanischer Nationalfeiertag. Unter unseren Augen stellt man sich zu einer großen Militärparade auf. Wir beobachten aus der Höhe unseres Fensters, wie auf der breiten Anlage des Paseo de la Infanta Isabel sich ebenfalls Musikgruppen und Einheiten von Polizei und Militär formieren. In wohldurchdachter Ordnung fügen sich die beiden Aufstellrichtungen zu einem langen Festzug zusammen, der über die Plaza Carlos V seinen Weg auf den großen Avenidas um das historische Stadtzentrum nehmen wird.

»In einer Stunde müssen wir diesen Zug queren, um den Atocha-Bahnhof zu erreichen«, meint Ineke, die noch immer fasziniert auf das Geschehen unter uns blickt. »Wir müssen uns beeilen, um rechtzeitig, bevor sich das Ganze in Bewegung setzt, unseren Zug nach Plasencia zu erreichen.«

Nach einem Blitzfrühstück wieseln wir uns durch die Menge. Auf der Straße hat sich schon eine mehrreihig aufgestellte Kette von Schaulustigen eingefunden. Wir schlängeln uns durch die Wartenden und stellen uns am Straßenrand vorschriftsmäßig an einem gekennzeichneten Fußgängerüberweg auf. Als sich zwischen den vorrückenden Einheiten eine ausreichend breite Lücke bildet, spurten wir mit unseren Rucksäcken, die in ihren Gurten aufgrund unserer hektischen Bewegung wahre Freudentänze aufführen, über die vierspurig ausgebaute Prachtavenida. Das gleiche Manöver vollziehen wir erneut auf dem Paseo de la Infanta Isabel, dann können wir mit freier Sicht unseren weiteren Weg parallel zum riesigen Atocha-Bahnhof nehmen.

Der Bahnhof ist in mehrere Ebenen, mit ausgedehnten, überwiegend unterirdischen Einkaufszentren gegliedert. Ebenerdig verkehren Linienbusse und Taxis in einem großen Kreisverkehr um eine Eingangsrotunde. Von dort geht es in die Tiefe: U-Bahn-Ebene, Regionalzug-Ebene, Schnellzug-Ebene. Alle Ebenen sind von großen Mengen von Reisenden bevölkert, die natürlich intensiv von den gastronomischen Angeboten profitieren.

Eine große Informationshalle gibt es natürlich auch. In unserem dürftigen Spanisch nennen wir unser Reiseziel und erfahren, dass wir nochmals die Ebene wechseln müssen. Schließlich kommen wir in einer Art Kopfbahnhof an, von dem aus unser Zug starten wird. Unter unseren Füßen verspüren wir die Vibrationen der in der Tiefe durchfahrenden Schnell- und Fernzüge.

Nach Besteigen des Zuges erholen wir uns zunächst von den Aufregungen der letzten Stunden. Über ein endloses Gewirr von Gleisen und Weichen erreichen wir schließlich, nachdem etliche dicht bebaute Vororte der Stadt an unserem Abteilfenster geräuschlos vorbeigeglitten sind, die freie Landschaft. Das Geräusch der stählernen Radreifen des Zuges auf den Schienenstößen der Geleise wird gleichmäßiger. Wir nicken beide ein. Nach einer kurzen Weile schrecken wir durch das schleifende Geräusch der Abteiltür auf. Vor uns steht ein Zugbegleiter, der unsere Fahrkarten zu sehen wünscht. Als er unseren Zielort Plasencia liest, erklärt er uns sehr wortreich, dass dieser Zug überhaupt nicht nach Plasencia fährt, sondern irgendwo in der weiten Landschaft an einem Bedarfshaltepunkt anhalten wird. Von dort haben wir dann die Möglichkeit, mit bereitstehenden Bussen die Stadt zu erreichen. Er wird uns ein Zeichen geben, wenn die Zeit zum Aussteigen gekommen ist.

Der Bedarfshaltepunkt besteht aus einem verlassenen Dorf, dessen Häuserruinen mit blinden Fenstern und teilweise eingestürzten Dächern stumm in der Gegend stehen. Inzwischen hat es begonnen zu regnen. Aus zahllosen defekten Dachrinnen und Rohren spritzt und plätschert der Niederschlag auf das Straßenpflaster. Hinter dem kleinen Bahnhofsgebäude, das als einziges den Exodus der Bevölkerung dieses Dorfes überlebt hat, stehen mehrere Busse, die nun von einer beachtlichen Zahl von Reisenden, die offenbar alle das Ziel Plasencia haben, gestürmt werden. Der Preis für die Weiterreise im Bus ist im Eisenbahnticket enthalten. Niemand verlangt von den Einsteigenden Geld für eine Fahrkarte.

In Plasencia regnet es bei unserer Ankunft noch immer. In den Toiletten des kleinen Bahnhofsgebäudes haben einige Fahrradpilger ihre durchnässte Habe über Trennwände und Heizkörper zum Trocknen gehängt. Sie haben derweil die zur Verfügung stehenden Waschtische zu einer ausgedehnten Körperpflege belegt. Die Stimmung ist hier zwar ausgelassen und fröhlich, aber an eine Benutzung der im Belagerungszustand befindlichen »Aseos« ist hier nicht zu denken.

Nach Abklingen des Regens machen wir uns zu Fuß auf den Weg in die Stadt. Wir haben hier noch einiges von unserem letzten Aufenthalt aufzuarbeiten.

Die schöne platereske Fassade des nördlichen Querschiffs der Kathedrale habe ich im Frühjahr während unseres Aufenthaltes wegen des damals herrschenden nasskalten Regenwetters nicht zeichnen können. Wir streifen nochmals durch die Gassen der Altstadt. Am Weg liegt die kleine romanische Kirche San Pedro, die sich auf einer Längsseite an die Innenseite der Stadtmauer schmiegt.

Links vom Weg taucht der berühmte Parador von Plasencia auf. Er ist in einem alten Kloster durch Umbau entstanden. Wir nutzen die Gelegenheit, seine öffentlich zugänglichen Foyers sowie den heute geschlossenen, ehemaligen Kreuzgang nochmals zu besichtigen, bevor wir an der Kirche San Nicolas vorbei zur Plaza Mayor laufen. Ineke wartet hier auf mich, während ich mich in einer Regenpause zu einer schnellen Skizze der Kathedrale davonmache.

Am späteren Nachmittag machen wir uns auf den Fußweg zum etwa 10 km entfernten Carcaboso, dem Ziel des heutigen Tages.

Wir kommen gerade noch bis zum Bahnhof von Plasencia. Dann ergießt erneut sich eine wahre Regenflut über unsere Köpfe. Selbst mit Pelerinen geschützt wird bei derartigen Regenmengen der 10 km Weg durch die freie, waldlose Landschaft zu einem Unternehmen, das auch der erfahrenste und bußfertigste Pilger nicht mit Begeisterung auf sich nimmt. Die Entscheidung fällt uns nicht schwer: »Ich rufe ein Taxi«, höre ich Ineke unter ihrer Kapuze, die sie weit in das Gesicht gezogen hat, murmeln. »Bitte eins mit offener Ladefläche, damit das Wasser aus unseren Kleidern und Schuhen abfließen kann«, antworte ich.

»Taxi?« Ein kleiner, korpulenter, kahlköpfiger Spanier hat unseren kurzen Wortwechsel verstanden. Sein Fahrzeug steht direkt vor der Tür der kleinen Eingangshalle. Obwohl das uns angebotene Seat-Modell nicht den selbstentwässernden Eigenschaften, die ich soeben noch als Bedingung für eine Taxifahrt gefordert habe, entspricht, steigen wir ohne weitere Worte ein.

Aus einer Wanderung von geschätzt zwei Stunden wird so eine kurze zehnminütige Autofahrt. Sogar der heftige Regen hört mit zunehmender Distanz zur Stadt auf. Wir gewinnen so Zeit, um uns am späten Nachmittag in Carcaboso umzusehen.

Die Iglesia de Santiago Apostol weist, obwohl in jüngerer Zeit erbaut, innen und außen an markanten Gebäudeecken eine Anzahl von eingearbeiteten Meilensteinen der Calzada Romana auf. Die in das Granitmaterial eingemeißelten Inschriften weisen auf ihre Herkunft deutlich hin. Neben der Kirche bestaunen wir einen kleinen Ausstellungspark mit Fundstücken aus römischer Zeit, Kapitellen, Säulenstücken und bildhauerisch gestalteten Portalfriesen.

Schließlich treibt uns ein neuerlicher Regenguss zurück in unser kleines Hostal.

13. Oktober 2015

In den frühen Morgenstunden war noch das Tropfen des Regens auf der Außenfensterbank unseres Zimmers zu hören. Ein Geräusch, das wenig ermutigend wirkt, wenn man bei der Vorbereitung einer 20 km Etappe in die vom Vortag noch feuchten Schuhe steigen muss. Als wir gegen 7 Uhr einen ersten Blick aus dem Fenster werfen, blicken wir in einen zerrissenen und jede Hoffnung auf einen trockenen Tag dämpfenden Himmel, der direkt über uns einzeln treibende Wolkenfetzen vor wässrig-blauem Grund erkennen lässt. Bereits in kurzer Entfernung türmen sich mächtige, dunkelgraue bis violette Wolkenbänke auf, die sich bis zum Horizont staffeln.

»Das sieht ganz nach einem weiteren Tag unter Pelerinen aus«, meint Ineke. »Was wäre der Pelerin ohne seine Pelerine«, ist meine mehrdeutige Antwort.

»Aber noch haben wir etwas Zeit, bevor wir nach Oliva de Plasencia aufbrechen. Nach dem Frühstück kann sich das alles geändert haben. Die Wettervorhersage spricht von einem wechselhaften Tag mit zunehmenden Aufklarungen.«

Wir starten angemessen spät, um den drohenden Wolkenbergen eine letzte Chance zur Einsicht und Umkehr zu bieten. Als wir um 9.00 Uhr aus dem Haus treten, hat zumindest der Regen aufgehört. Zuvor haben wir mit dem Wirt unseres Hostals den Transport unserer Rucksäcke nach Oliva de Plasencia vereinbart. Die 20 Euro, die er dafür fordert, haben wir gerne bezahlt, um unbeschwert in den Tag hineinlaufen zu können.

Kurz nach Verlassen des Ortes werden wir von unserem Reiseführer vor einer Wegegabelung vor die Wahl gestellt, ob wir einen relativ ebenen und an einem Bewässerungskanal entlangführenden Weg wählen wollen oder ob uns das Abenteuer eines teilweise unbefestigten Feldweges durch hügeliges Weidegelände reizt. Unsere Entscheidung fällt einstimmig: »Natürlich Abenteuer!« Also rechts!

Unser Reiseführer behält mit seinem Versprechen eines bewegten, hügeligen und abwechslungsreichen Weges Recht. Schon nach der ersten kleinen Wegesteigung befinden wir uns in einer lieblichen, von Landwirtschaft geprägten, grünen Landschaft. Der Ort Carcaboso ist unsichtbar irgendwo hinter uns. Vor uns weites Weideland, ab und zu von Haufen von massigen, grauen Endmoränensteinen und kleinen Steineichengruppen unterbrochen. Viehzucht ist der Broterwerb der Menschen in dieser Gegend. Kleine Gehöfte, die in den Talsenken in die Landschaft eingestreut sind, zeugen von einer relativen Dichte der Besiedlung. Die großen Dehesas, die wir im Frühjahr durchwandert haben, scheinen zunächst hinter uns zu liegen. Nach Kreuzen einer kleinen Landstraße geht es plötzlich steil bergauf.

Gewaltige Steinansammlungen aus der letzten Eiszeit geben der Landschaft Struktur und eine gewisse Gliederung. Die Weite der Hügellandschaft wechselt ab mit manchmal recht engen Räumen zwischen aufgetürmtem Endmoränengeröll.

Ventaquemada an der Vía de la Plata zwischen Carcaboso und Aldeanueva del Camino

Von Zeit zu Zeit stellen wir eine gewisse Ordnung in der Schichtung kleinerer Steinformate fest. Menschenhand hat hier in die reichlich wilde Ordnung der Natur eingegriffen und wallartige Einfriedungsmauern um die Weideparzellen gezogen. Wir stoßen auf annähernd rechteckige Parzellenformen. Dazwischen runde Steinanlagen mit rätselhaften Lücken in den aufgeschichteten Wänden. Unserem Reiseführer entnehmen wir, dass die hier betriebene Viehwirtschaft in diesem Gelände Vereinzelungsanlagen angelegt hat, um Einzeltiere von ihrer Herde zu trennen.

Tür auf, Tor zu. Der Weg führt stetig leicht bergauf. Streckenweise wird er zum Pfad, der sich unter Korkeichen durch Wiesenland schlängelt. Wir durchqueren in dieser malerischen Landschaft mehrere Dehesas auf unserem Weg nach Ventaquemada, einem Gehöft, das uns mit der nahen Landstraße nach Oliva de Plasencia plötzlich wieder aus einer einsamen Traumwelt in die Realität zurückholt.

Auf einer Ansammlung großer Steine gegenüber Ventaquemada machen wir unser Mittagspicknick. Hier scheint die Sonne inzwischen einigermaßen beständig. Die Steine sind trocken und durch die Sonneneinstrahlung inzwischen angenehm warm. Axel und Lisa stoßen zu uns. Sie laufen ebenfalls nach Oliva de Plasencia. Aus unserem kurzen Gespräch ergibt sich, dass sie für den kommenden Abend noch kein Quartier haben. Axel setzt sich telefonisch mit unserem heutigen Gastgeber Teofilo in Verbindung und reserviert in dessen Casa Rural de Cáparra ein Zimmer mit Abendessen und Frühstück. Die Aussicht auf einen Abend in der Gesellschaft von Mitpilgern erfreut uns nach dem teilweise recht einsamen Weg des heutigen Vormittags. Wir lassen die beiden nach Oliva de Plasencia vorlaufen und genießen unsere Siesta in der Sonne.

Unser Gastgeber Teofilo hat uns angeboten, wenn wir den Ort erreichen, werde er uns auf dem zentralen Platz vor dem Rathaus (ayuntamiento) abholen und uns zu seiner Casa Rural, die etwas abseits des Dorfes liegt, fahren. Wenn für unsere neue Bekanntschaft die gleiche Verabredung gilt, werden wir sie dort wiederfinden.

Als wir den Dorfrand von Oliva de Plasencia erreichen, stoßen wir auf eine rätselhafte Beschilderung, die uns den Weg zu einer Casa »Camino de Cáparra« nach links in eine Seitenstraße weist. Sie widerspricht der Darstellung von Teofilo, der sein Haus ausdrücklich als etwas abseits des Dorfes gelegen beschreibt. »Wollen wir? Sollten wir nicht kurz die Situation etwas genauer erkunden?« Ineke ist prinzipientreu: »Wir gehen weiter!« Das Gebäude des Ayuntamiento ist ein zweigeschossiger langgestreckter Bau, an dessen Ende ein interessanter runder Turm steht, der wohl in früherer Zeit als Taubenturm gedient haben mag.

Teofilo lässt noch etwas auf sich warten. Wir nutzen die Wartezeit für eine kleine Zeichnung.

Als Teofilo schließlich erscheint, ist er einigermaßen ratlos, weil er Axel und Lisa vermisst. Sie sind etwa eine Stunde vor uns eingetroffen, haben sich auch verabredungsgemäß bei ihm telefonisch gemeldet, sind jedoch nicht am vereinbarten Treffpunkt erschienen. Wir erzählen ihm von dem Wegweiser, auf den wir am Eingang des Dorfes gestoßen sind. Er telefoniert mit dem Betreiber des Hauses, jedoch ohne Erfolg. Alle Auskünfte sind negativ. Axel und Lisa bleiben verschwunden.

Erst am Abend, als wir nochmals auf der Suche nach einer Bar für einen Aperitif sind, entdecken wir Axel auf der Terrasse des Hostals, das als Casa Camino de Cáparra im Ort wirbt. Er bedauert außerordentlich, dass er dem irreführenden Wegweiser folgend den Weg ins Zentrum des Ortes verlassen hat und offenbar im falschen Haus gelandet ist.

Bei der Ankunft habe er dem Wirt mitgeteilt, vor drei Stunden ein Zimmer reserviert zu haben. Der Wirt habe das mit den Worten »sí, sí, vale« (ja das stimmt) bestätigt. Gegenüber Teofilo muss also der Gastgeber die Anwesenheit der zwei Gäste in seinem Haus geleugnet haben. Auch auf der Vía de la Plata gibt es inzwischen wohl so zahlreiche Unterkunftsangebote, dass sich dort ein nicht ganz fairer Konkurrenzkampf beobachten lässt.

14. Oktober 2015

Im Gegensatz zu den gestern durchquerten, von großen Endmoränensteinen und Eichen geprägten Dehesas ist heute

Weite und Ruhe kennzeichnend für die Landschaft, die wir durchwandern. Unser Gastgeber Teofilo hat uns morgens um 9.00 Uhr in seiner Casa Rural abgeholt und uns auf dem Weg nach Cáparra abgesetzt. Ein breiter kiesbefestigter Wanderweg fordert uns heraus, mit großen Schritten in den frischen, aber sonnigen Morgen zu laufen. Rechts und links des Weges eingezäuntes Weideland, locker mit Korkeichen bestanden. Hinter den Einzäunungen große Rinderherden, die in Gruppen unter den Bäumen stehen und die uns träge ihr Morgenfutter wiederkäuend stumm anstarren. Im Zentrum des Gebietes treffen wir auf eine Zone, die seitlich des Weges mit einem großen Portal markiert ist. Vier mächtige hohe Pfeiler, aus hellgelbem Kalkgestein gemauert, ragen in den Himmel. Von jedem der Pfeiler starrt der überlebensgroße Kopf eines schwarzen Stieres auf uns kleine Pilger herab. Zwischen den inneren Pfeilern des Portals führt ein breiter, baumbesäumter Kiesweg auf ein mit großzügigen Veranden und Bogengängen gestaltetes Herrenhaus zu, das in etwa 200 m Entfernung in einer kleinen Geländesenke liegt.

»Atención, Toros bravos« (Achtung, wilde Stiere) lesen wir auf einem Hinweisschild unweit des pompösen Portals. Die zuvor herkömmlich aus Zaunpfosten und gespanntem Draht gebildeten Einfriedungen werden plötzlich abgelöst durch massive Stahlrohrgitter. Die Tore zu den Weideflächen bestehen aus schweren, geschweißten Stahlkonstruktionen, die nicht drehbar und auch nicht verschiebbar in stählerne, massive, an Stahlprofile angeschweißte Schlaufen eingehängt sind.

»Die kann man ja nur mit einem schweren Stapler aus der Verankerung heben«, bemerkt Ineke anerkennend. Und plötzlich stehen sie vor uns, die angekündigten Toros bravos. Drei mächtige Stiere beäugen uns neugierig – friedlich wiederkäuend aus einigen Metern Entfernung.

»Die müssen aber bis zu ihrer ersten Corrida noch eine Menge lernen«, bemerke ich ironisch. »Du kannst ja eine erste Lektion mit deinem Schweizer Messer als Picador erteilen«, bemerkt Ineke schlagfertig. Die Stiere hören dies alles ohne weitere Reaktion, dann trotten sie zu einer größeren Gruppe von Jungtieren, die unter einer großen Steineiche dicht zusammengedrängt stehen und sich mit heftig wedelnden Schwänzen die Fliegen vom Leib halten.

Etwa 5 km verläuft unser Weg durch dieses von außergewöhnlichem Reichtum gekennzeichnete Landgut. Dann werden die Parzellen kleiner, die Zäune nehmen wieder ein übliches Format an, Rinderherden rechts und links des Weges signalisieren uns, dass wir noch immer in einem Gebiet wandern, das von der Rinderzucht lebt.

Über einer Buschgruppe in der Nähe eines kleineren Gehöfts taucht plötzlich der Bogen von Cáparra auf. Unser Weg mündet alsbald in die hier durch dichtes Buschwerk führende, schnurgrade alte Römerstraße. Wir wandern etwa 1 km auf das wunderliche, inmitten einer grünen Landschaft stehende Bauwerk zu.

Vielfach liest man, der sogenannte Bogen von Cáparra sei ein Triumphbogen, nach Art der üblichen Denkmäler, die in allen Jahrhunderten für mancherlei Herrscher errichtet wurden. Unser Rother-Reiseführer belehrt uns jedoch, dass dieser Bogen von einem prominenten Bürger der Stadt Cáparra, nämlich von Marcus Fidius Macer, zu Ehren seiner Eltern über der zentralen Kreuzung der Hauptstraßen der römischen Stadt errichtet wurde. Wenn auch vielfach als einfacher Bogen, durch den die Vía de la Plata verläuft, abgebildet, hat dieses Bauwerk entsprechend seiner städtebaulichen Situation vier Öffnungen, durch die die Straßen der Stadt kreuzweise verlaufen.

Die römische Siedlung Cáparra erhielt im Jahre 74 n. Chr. durch den Kaiser Vespasian Stadtrechte. Auf dem Handelsweg von Mérida nach Astorga gelegen, erlebte sie einen schnellen wirtschaftlichen Aufschwung. Seit 1929 ist man intensiv dabei, das Ausmaß dieser antiken Stadt durch Ausgrabungen zu

Der römische Bogen (arco) von Cáparra

erkunden. Zahlreiche großzügige bauliche Anlagen wurden in ihren Fundamenten freigelegt. Ein gewaltiges Forum und eine große Thermenanlage begleiten eine der Hauptstraßen. Auf der anderen Seite befinden sich die Reste eines großen Theaters. Neben dem berühmten viertorigen Bogen ragt heute noch der Rest des Schornsteins der ehemaligen Thermenanlage in die Höhe. Natürlich ist auch ein beachtenswerter Bestand großzügig angelegter Bürgerhäuser bis heute freigelegt. Außerhalb der Mauerbefestigung liegt ein großes Amphitheater. Man hat die bisherigen Funde in einem Dokumentationszentrum etwas außerhalb des Ausgrabungsfeldes ausgestellt.

Für uns ist es an diesem Morgen ein großes Erlebnis, dies alles in Ruhe, von keinem Menschen gestört aufzunehmen.

Ineke meint, diesen Ort müsse man noch ein wenig auf sich wirken lassen, und obwohl wir erst etwa 11.30 Uhr haben, beschließen wir, unter einem Olivenbaum auf historischem Gestein unsere Mittagspause zu machen.

Von Oliva de Plasencia bis zu unserem Tagesziel Aldeanueva del Camino sind es etwa 32 km. Eine lange und anstrengende Etappe. Zu unserem Glück laufen wir heute erneut mit leichtem Tagesgepäck. Teofilo hat den Gepäcktransport nach Aldeanueva übernommen.

Wir laufen auf der alten Calzada Romana durch wechselnde Landschaften, mal laufen wir auf sandigem Boden, mal auf einem schmalen Pfad durch hohes Gras, mal durch eine Heidelandschaft mit eingestreuten einzelnen Kiefern und Steineichen. Die Steineinfriedungen der Weideflächen gibt es hier offensichtlich mangels Steinvorkommen nicht mehr. In den Grasflächen entdecken wir zahlreiche Champignons, Vorboten des Herbstes. Noch führen die Wasserläufe, die wir zu überqueren haben, aufgrund der sommerlichen Trockenheit wenig Wasser. Wir können sie mühelos von Stein zu Stein springend, trockenen Fußes überqueren.

Am späten Nachmittag haben wir die neue Autobahn A66 mehrfach zu unterqueren, dann erreichen wir wieder eine liebliche hügelige Landschaft. Hinweistafeln weisen uns darauf hin, dass wir uns abseits der Calzada Romana, aber dennoch auf historischen Wegen befinden. Der zunächst leicht befestigte Feldweg verbreitert sich, nachdem wir ein Gehöft hinter uns gelassen haben. Auf etwa 30 m Breite schätzen wir die freie Fläche zwischen den Zäunen und Bruchsteinmauern der angrenzenden Weideflächen. Wir laufen auf einer Cañada, einem alten Viehtriebweg. Gehörte auch dieser Weg zu den unter königlichem Schutz stehenden Cañadas Reales, auf denen einst Weidetiere aus dem trockenen und heißen Süden

Spaniens im Frühjahr zu den Sommerweiden nach Norden und im Herbst zu den Winterweiden der Extremadura und Andalusiens getrieben wurden? Große jahrhundertealte Kastanien mit weiten Kronen und mächtigen zernarbten, zerklüfteten Stämmen stehen am Rand des Weges. Trotz unserer Müdigkeit sind wir begeistert von dieser stillen, von erhabenen Bäumen beherrschten Natur. Gegen Abend schleppen wir uns mit brennenden Füßen durch Aldeanueva del Camino.

Politisch war die Stadt einst durch die Vía de la Plata zweigeteilt. Ein Teil gehörte zum Königreich Kastilien, ein Teil zu León. Die Folge war, dass die kleine Gemeinde ebenfalls in zwei Pfarrbezirke aufgeteilt wurde. Der westliche Pfarrbezirk gehörte zur Diözese Coria, der östliche zur Diözese von Plasencia. Die Teilung der Stadt hat natürlich ihre baulichen Spuren hinterlassen, denn bis heute stehen im Zentrum zwei Pfarrkirchen. Die Zweiteilung der Stadt fand erst 1835 ein Ende, als man die Zusammenlegung der kommunalen Verwaltung beschloss und ein neues, repräsentatives Rathaus errichtete.

Unsere Unterkunft für den heutigen Abend liegt leider etwa 1 km außerhalb des malerischen Ortszentrums der kleinen Stadt. Ineke verliert den Humor nicht: »Das ziehen wir von unserem morgigen Programm einfach ab.« Unsere Rucksäcke sind schon eingetroffen. Axel und Lisa zu unserer Freude auch. Wir verbringen trotz des langen Tages einen vergnüglichen Abend im Restaurant unseres Hotels, an dem wir von unseren unterschiedlichen Erlebnissen und Projekten auf diversen Jakobswegen erzählen.

15. Oktober 2016

Zu unserem Bedauern führt der ausgeschilderte Weg der Vía de la Plata nach Baños de Montemayor über die breite und entsprechend schnell befahrene N630. Ein wenig einladender, großer Verteilerkreis über der Autobahn A66 macht den Anfang, dann geht ständig leicht ansteigend etwa 10 km über Asphalt weiter. Die Straße, der wir folgen, verläuft in einem breiten Tal. Rechts und links in einiger Entfernung sehen wir eine lange Gebirgskette, die unseren Weg heute begleitet. Große Bodegas und Olivenplantagen, die sich aus der Ebene weit auf die Hänge der Gebirgszüge emporziehen, grenzen an unsere Straße. In der weiten Ebene hat sogar ein Stausee Platz. Ein großer Parkplatz, dahinter Restaurants, Imbissbuden und ein Campingplatz weisen uns darauf hin, dass hier in den letzten Jahrzehnten an den Ufern des nahen Sees ein ausgedehntes Feriengebiet entstanden ist. Zu dieser frühherbstlichen Zeit gibt es jedoch nur wenige Touristen, die über den nahezu verwaisten Parkplatz zu den Gebäuden laufen.

Die Straße folgt im Wesentlichen dem Wegeverlauf der historischen Vía de la Plata. Nur an Stellen, wo der alte Silberweg von seinen Erbauern über Berg und Tal schnurgeradeaus verlief, umgeht die heutige N630 allzu steile Wegestrecken mit einigen eleganten Kurven oder gar einer kleinen Steigungsstrecke, die in sich Serpentinen auf einen Hügel oder Berghang emporschlängelt. Für uns Pilger bietet sich dann von Zeit zu Zeit der Weg über das original römische Pflaster an.

Am Ortseingang von Baños de Montemayor taucht dann die Calzada Romana im Bereich eines stark abfallenden Geländes tief unter den Verlauf der Landstraße. Nachdem wir eine schlammige Senke geschickt umgangen haben, haben wir so die Chance auf der echten Römerstraße in das Städtchen einzulaufen. Das Original eines etwa 2 m hohen Miliario nennt uns in einer eingemeißelten Inschrift die Meilenzahl und das Jahr, in dem hier die Römische Straße gebaut wurde.

Bereits in der Römerzeit war Baños de Montemayor wegen seiner schwefelhaltigen, 43 ° warmen Quellen als Badeort geschätzt. Heute hat der Ort den Rang des wichtigsten Heilbades für ganz Spanien. Das Straßenbild entspricht der Be-

Baños de Montemayor: Kirche Santa María de la Asunción

deutung, die der Ort mit seinen warmen Heilquellen heute hat. Hotels und Hostals reihen sich aneinander, dazwischen die weitläufige Anlage eines Kurhauses, in dem die unterschiedlichsten medizinischen Anwendungen angeboten werden.

Zwischen den großen Gebäuden der medizinischen und touristischen Infrastruktur kommt es durchaus vor, dass Menschen, die von Behandlung zu Anwendung laufen, im Bademantel auf der Straße flanieren.

Wir verbringen die Mittagszeit auf einem Plätzchen in der Altstadt des Ortes, im Schatten der Iglesia de Santa María de la Asunción. Tomaten, Käse und ein guter Vino Tinto bilden das Gerüst unseres kargen Pilgermals. Ich bin vor allem von dem beeindruckenden Turm der Kirche fasziniert. In seinem kronenartig, kunstvoll aufgelösten oberen Abschluss haben die frommen Baumeister des Mittelalters scheinbar die Krone der zum Himmel aufgefahrenen Himmelskönigin in Stein dargestellt.

Auch die schönsten Architekturträume finden ein jähes Ende, wenn die scheppernde Glocke des alten Kirchturms ankündigt, dass mit zwei Glockenschlägen die Zeit zum Aufbruch gekommen ist. Wir haben nach Calzada de Béjar noch 12 km zu laufen. Das bedeutet, dass wir bei Berücksichtigung einer kleinen Zwischenrast bis in den frühen Abend laufen müssen.

Vor uns liegt ein originales Stück der Calzada Romana, das schnurgerade aus dem Städtchen heraus auf einen ersten Berg führt. Auf der Passhöhe wartet auf uns die langgestreckte Siedlung Puerto de Béjar.

Danach geht es in einer nicht endenden Gefällestrecke von 890 m Höhe hinunter auf 660 m durch dichten Laubwald in ein tief zwischen Berge eingeschnittenes Tal, auf dessen Sohle die Puente de la Malena sich über den Río Cuerpo de Hombre spannt.

Wir folgen dem Flüsschen. Links ragen steile steinige Felswände auf. Rechts des Weges, der hier eher sandig und lose geschichtet verläuft, sind auf der Talsohle kleine Gehöfte angesiedelt. Deren Bewohner führen als Landwirte auf den engen Wiesen- und Ackerparzellen mit Viehzucht und ein wenig Garten und Ackerbau ein eher bescheidenes Leben im Gegensatz zu den Eigentümern der großen Dehesas, die wir in den letzten Tagen durchwandert haben. Kleine Herden von Rindern, Schafen, Ziegen lassen dies recht deutlich erahnen. Die ausgedehnten Hausgärten, die sich um die Gehöfte legen, sprechen die gleiche Sprache.

Auf halbem Weg stoßen wir auf die verlassene Ermita de San Francisco, die heute nur noch eine stumme Erinnerung an das bescheidene, naturverbundene Leben darstellt, das man in diesem Tal in früherer Zeit führte.

Unser Ziel La Calzada de Béjar liegt etwa 130 m oberhalb des idyllischen Tals. Wir erreichen den steil ansteigenden Weg dorthin nach Passieren einer kleinen Gruppe von Fachwerkhäusern, durch deren Mitte irgendwann eine befestigte Straße angelegt wurde. Der Tag endet also nochmals mit einer anstrengenden Steigung, die uns durch dichtgewachsenen Mischwald aus Kastanien und Steineichen stetig nach oben führt. Schließlich taucht auf der Hügelkuppe vor uns schüchtern und dann immer größer werdend der Turm der Dorfkirche auf. Die Dächer der ersten Häuser folgen, bis wir am Beginn der langen Dorfstraße stehen.

In der Sonne des späten Nachmittags sitzen Gruppen von Personen vor ihren Häusern und genießen den herbstlichen Tag nach der Tagesarbeit im geselligen Beisammensein. Für mich als Architekten ist die Architektur dieser Dorfstraße besonders sehenswert. Auf der gesamten Länge reiht sich ein schmales Haus an das andere. Alle Häuser zeigen auf ihrer gesamten breite Balkone und Loggien aus Holz, dem in dieser Gegend mit Sicherheit üblichen und preiswerten Baustoff. Die Dächer sind mit groben Schieferplatten gedeckt. Die Kirche des Ortes grenzt mit einer Längsseite an die Dorfstraße und

La Calzada de Béjar: Hauptstraße

trennt diese mit ihrem Volumen von dem eigentlichen Dorfplatz. Dieser ist im Vergleich zu der intimen Dichte der Dorfstraße eher weitläufig und wenig einladend. In seiner Mitte eine kleines gliederndes Rondell, das mit wenigen Olivenbäumen bepflanzt ist.

Wir haben in einer Casa Rural ein Zimmer gebucht. Manuela, unsere Gastgeberin, bewirtschaftet auch in unmittelbarer Nachbarschaft eine private Pilgerherberge. Dort werden wir heute unser abendliches Pilgermenü einnehmen.

Als wir uns der Herberge nähern, kommt uns kläffend ein kleiner schwarzer Spitz entgegen. Unsere Töchter haben uns, offenbar beeindruckt durch seine Erscheinung und sein aufmerksames Verhalten bei Bewachung des ansonsten offenen Hauses, von ihm berichtet. Er heißt Zeus und ist der erklärte Liebling aller Herbergsgäste. Wie Manuela uns später erklärte, ist dieser kleine Zeus der Nachkomme eines wesentlich größeren Exemplars der gleichen Rasse, also Zeus II.

Das Abendessen nehmen wir mit den anderen Herbergsgästen gemeinsam an einem langen, zentralen Esstisch ein. Wir sind sieben Personen. Eine bunte Mischung aus Australien, Frankreich und Deutschland.

Bruno, ein junger Franzose, ist schon mehrere Tage hier. Er leidet an einer schmerzhaften Zerrung und läuft aufgrund dieser offenbar ernsthaften Behinderung recht langsam. Von Zeit zu Zeit pausiert er, wenn seine Tagesform ein weiteres Wandern nicht zulässt. Er hat bei seinem Arbeitgeber, einer französischen Bank, ein Sabbatjahr genommen und versucht auf dem Silberweg sich selbst zu finden und eine neue Lebensperspektive zu gewinnen. Er spricht nicht viel, seine Sätze sind kurz. Er ist eher in sich gekehrt, ein wenig depressiv. Morgen will er noch nicht weiterziehen. Er hat ja Zeit, noch ganze neun Monate!

16. Oktober 2015

Die Sommerfrucht ist in den Scheunen, wir haben Oktober. Auf den Wiesen und Feldern arbeiten die Landwirte der Gegend inzwischen in der Holzwirtschaft. Weiden, schnellwachsende Sträucher und Bäume werden von ihren Jahrestrieben befreit. Andere werden grob bis auf kleine knorrige Stümpfe gekürzt, manche komplett gefällt. Das Holz wird zerkleinert und zum Abtransport in größeren Mieten gelagert. Gegen die Morgenkühle hat man Feuer angezündet. Brennendes Reisig lodert stellenweise auf. Über den von leichtem Raureif bedeckten Wiesen liegt ein zarter Schleier von Rauch. Es riecht nach Herbst und Holzfeuern.

Wir verlassen Calzada de Béjar über die Dorfstraße mit ihren schönen Häusern, die zum Teil mit alten Loggien versehen sind. Am Ende des Dorfes stellen wir fest, dass wir den ausgeschilderten Weg um einige 100 m verfehlt haben. Das gleichen wir dann, nachdem wir eine kleine Landstraße erreicht haben, schnell aus. Bis dahin genießen wir die Stille der herbstlichen Landschaft mit ihren lodernden, glimmenden und rauchenden Holzfeuern.

Die Landschaft bleibt kleinteilig gegliedert. Der Weg führt durch kleine Weiler, die noch weitgehend aus alten Bruchsteinhäusern des 19. Jh. bestehen. Die bescheidene Automatisierung der Landwirtschaft hat hier bis heute wenig Veränderung erfordert. Man lebt bescheiden in den Strukturen der Vorfahren. Ganz selten ist irgendwo in einer Ecke der Dörfer ein Hangar für Landmaschinen und Fahrzeuge zu sehen.

Wir passieren die Dörfer Valverde de Valdelacasa und Valdecasa. Unseren Weg, der zeitweise auf einer schmalen Landstraße sich durch steinübersätes Hügelland schlängelt, säumen endlose Bruchsteinmauern, die lose aufgeschichtet hier kleine Weideparzellen voneinander trennen. Die Landschaft, durch die wir heute laufen, ist offensichtlich arm. Der Broterwerb mit der Landwirtschaft ist hart.

Das ändert sich dann mit einer Weitung der Landschaft um Fuenteroble de Salvatierra herum. Ganz unerwartet treffen wir wieder auf ein Dorf mit zahlreichen Neubauten. Der relative Wohlstand des Dorfes hat sogar dazu geführt, dass im 15. Jh. die gotische Pfarrkirche Santa María la Blanca entstand, ein in sauberem Naturwerkstein errichteter etwas abseits des Dorfes aus der flachen Landschaft herausragender stolzer Kirchenbau.

Neben der Vielzahl von Neubauten hat der Ort mehrere Casas Rurales, Bars und Restaurants und natürlich eine große

Pilgerherberge anzubieten. Die Herberge hat den Ruf, vom Pfarrer des Ortes, Don Blas, mit großer Hingabe geführt zu werden. Der gestrige Abend in der privaten Herberge von Manuela in Calzada de Béjar ist uns noch in so guter Erinnerung, dass wir nach unserem abendlichen Menu del Peregrino die Pilgerherberge aufsuchen, um dort mit unseren Pilgerbekanntschaften des Vorabends bei Vino Tinto und netten Gesprächen den Tag zu beschließen.

17. Oktober 2016

Der Weg aus Fuenteroble de Salvatierra verläuft zunächst wenig einladend über gut asphaltierte Landstraßen, bis er schließlich in die weite Landschaft abknickt. Nach einigen Kilometern, die uns auf sandigem Pfad durch dichtes Buschwerk führen, weitet sich der Weg dann auf eine Breite von ca. 30 m zwischen den Weidezäunen aus. Das Gelände ist absolut eben. Die Berghänge, die den Weg begleiten, sind mehrere Kilometer zurückgewichen und zeichnen sich gegen den Dunst des jungen Tages als graublaue Silhouette ab. Schüchtern färbt sich darüber im Osten der Himmel über der aufgehenden Sonne rosa.

Wir sind offenbar, dies schließen wir aus der Breite des grasbestandenen Weges, wieder auf einer Cañada, einer alten Viehtriebsstrecke, wie schon vor zwei Tagen auf dem Weg nach Aldeanueva del Camino. Allerdings ist hier die Landschaft weiter, eintöniger, ohne den Kontrast großer Bäume. Kleine Wassertümpel liegen von Zeit zu Zeit inmitten unseres Weges, offenbar Viehtränken, die schon seit Jahrhunderten von den vorbeiziehenden Herden aufgesucht werden. Am Wegesrand in größeren Abständen ein Miliario, eine Erinnerung daran, dass wir uns noch immer auf der Calzada Romana befinden.

Auf einem der Steine lesen wir C L X IV, also Meile 164.

Ganz in der Ferne liegt quer zu unserem Weg eine markante Hügelkette. Auf ihrer Höhe drehen sich lautlos etwa 25 große weiße Windräder in der leichten morgendlichen Brise. Aus der Stille reißt mich plötzlich das Klingeln meines Mobiltelefons.

Ein Auftraggeber aus dem fernen Köln will mich sprechen. Ich merke, dass wir langsam ohne weitere innere Teilnahme bereits seit einiger Zeit diese ruhige, fast einschläfernde Strecke mit immer der gleichen Aussicht auf die windradbestandene Hügelkette laufen, ohne dass sich etwas an dieser Perspektive geändert hätte. Nach dem kurzen Gespräch falle ich wieder schnell in den wortlos-gleichmütigen Gang durch diese Landschaft zurück. Ich kehre den Blick nach innen. Das Thema meines diesjährigen Camino beginnt wieder in mir zu arbeiten.

Bisher habe ich auf der Suche nach Spuren von Gottes Wirken in der Welt sehr ausführlich den Stand der heutigen Wissenschaft dargestellt. Der wissenschaftliche Teil meines Zweisäulenhauses ist damit recht übersichtlich und zunächst erschöpfend beschrieben. Ausgehend von dem Ereignis, das wir den Urknall nennen und in dessen Verlauf aus einer geradezu unendlichen Energie Raum und Zeit entstanden, habe ich den Verlauf der Evolution der erlebbaren und erforschbaren Welt bis hin zu den menschlichen Bezügen auf unserer kleinen Erde – wie ich meine – überzeugend dargestellt.

Wie steht nun die Theologie mit ihren Erklärungen dazu?

Wie kann der Glaube gegenüber den wissenschaftlich belegten Fakten überzeugende und plausible Erklärungen finden, die neben der relativ gesicherten Säule »Wissenschaft« der zweiten Säule »Theologie« zu ähnlicher Stabilität verhelfen?

Vielfach stellt man fest, dass bei der Begegnung mit wissenschaftlich belegten Details die Theologie sich mit ihren Erklärungen auf Quellen, die in unseren sog. Heiligen Schriften zu finden sind, zurückzieht.

Dies ist zunächst natürlich naheliegend, denn die wichtigste Quelle unseres Glaubens sind die Schriften, die sich vor Jahrtausenden für das Judentum in Form des sog. Alten Testaments in den Visionen der Propheten und den Psalmen niedergeschlagen haben. Später, in den Schriften des Neuen Testaments, des neuen Bundes Gottes mit den Menschen, werden Geschehnisse, die sich vor 2000 Jahren ereignet haben, zunächst von Zeitgenossen mündlich überliefert, später von schrift- und sprachkundigen Autoren für die Nachwelt als Botschaft niedergeschrieben. Beide Formen der Überlieferung, sowohl das Alte wie das Neue Testament, wurden in ihrer noch heute gültigen Form vor sehr langer Zeit von Menschen geschrieben, die sich mit ihrer jeweiligen Botschaft an ihre Zeitgenossen wandten. Dabei wird die Botschaft, um glaubwürdig und wissenswert zu werden, mythisch überhöht. Es entstehen großartige Bilder einer für uns Menschen des 21. Jahrhunderts weit zurückliegenden Zeit. Besonders eindrucksvoll ist für mich die Vision des Moses in der Wüste mit einem brennenden Dornbusch, der zwar in hellen Flammen steht, der jedoch nicht im Feuer vernichtet wird (Exodus 3).

Im Gegenteil: Aus den lodernden, brüllenden Flammen hört Moses eine unbekannte Stimme, die ihm befiehlt, das Volk der Israeliten aus der ägyptischen Knechtschaft in ein fernes, von Milch und Honig fließendes Land zu führen. Gleich zwei Bilder werden hier von Moses in einer visionären Darstellung vereint:

Das Leid des Volkes Israel, das bildlich gesprochen dem Moses das Herz verbrannte, wird hier bildlich-symbolisch auf den Dornbusch übertragen. Der Brand ist unauslöschbar, die Substanz des Dornbuschs ist somit unerschöpflich und auch durch Feuer nicht zerstörbar.

Die Thermik, die ein Brand erzeugt, bewirkt je nach dessen Größe ein Geräusch, das wie ein heftiger, brüllender Sturm erlebt werden kann. Es ist leicht erklärbar, wenn ein Mensch, der von Sorgen und Leid gequält und für neue Botschaften und Gedanken äußerst sensibilisiert ist, in diesem brüllenden Geräusch eine konkrete Botschaft vernimmt.

Im Buch Exodus 3 wird dieses subjektive Erlebnis des Moses als Zwiegespräch mit der unbekannten Macht im Feuer dargestellt. Moses hinterfragt das soeben Erlebte:

»Wer bist Du, Herr?« Die Antwort: »Ich bin der Ich-Bin-Da.«

Es entsteht in der Folge die sog. Aussendungsvision des Moses. Diese wird jedoch nicht in Ich-Form, als subjektiver Bericht des Moses überliefert, sondern von einem schriftkundigen Menschen als großartig bildhaft ausgeschmückte Erzählung, als Mythos niedergeschrieben.

Im Neuen Testament denke ich an den mich besonders beeindruckenden Prolog des Lukasevangeliums, der sich an einen Adressaten namens Theophilus wendet, mit der Absicht, dem, was »Augenzeugen und Diener des Wortes« berichten, nachzugehen und für den verehrten Freund aufzuschreiben.

Beide Berichte, die hier nur beispielhaft aufgeführt werden, wurden in einer Zeit verfasst, die Jahrtausende vor unserer aufgeklärten Zeit liegt. Sie dienen im Kern der Darstellung des Heils, das sich die Menschen aller Zeiten auf dieser Erde über die Jahrtausende ersehnten und noch heute erstreben. Da wundert es nicht, dass die Berichte mit der den Orient kennzeichnenden Fantasie der Verfasser dekorativ, vielfarbig und bildhaft ausgeschmückt sind. Diese Berichte und viele andere der biblischen Überlieferung sind keine historisch belegten Tatsachenberichte, sondern sensible und besonderen Verkündern vorbehaltene Heilsvisionen. Umso schwieriger wird in der Folge, anhand dieser Schriften eine Bestätigung von längst bewiesenen Fakten, die unsere Wissenschaft uns als Motor der Welt im dreidimensionalen Raum präsentiert, zu erarbeiten.

Da tut sich die Theologie verständlicherweise schwer. Der Jesuit und Naturwissenschaftler George Coyne hat den Versuch gewagt: Er sieht alle Phänomene, die die etablierte Wissenschaft in unserer dreidimensionalen Welt Vorgängen in der Evolution zuordnet, einfach als von außerhalb gesteuert an.

In meinen Gedanken zum Charakter der Evolution wurde bereits durchaus deutlich, dass wissenschaftliche Erkenntnis das breite

Feld von evolutiven Entwicklungen, von Haupt- und Nebenwegen, von Entwicklungstendenzen und ihren manchmal nicht lebensfähigen Korrespondenzen bislang selbst im dreidimensionalen Raum nur unzureichend erforscht hat. Unendlich vieles liegt noch immer in einer nicht erforschten Dunkelzone. Auf welchen Wegen, um ein Beispiel zu nennen, wirken sich geistig kulturelle Einflüsse, wie die dauerhafte Veränderung unserer Lebensgewohnheiten auf unser Erbgut aus? Die unter den Wissenschaften noch recht junge Epigenetik hat zwar einige bemerkenswerte Phänomene auf diesem Gebiet entdeckt, von einer Erforschung ihrer Ursachen ist sie jedoch noch weit entfernt. Man ist sozusagen in den Anfängen einer Bestandsaufnahme. Hier spielen offenbar Dimensionen eine Rolle, die von uns Menschen bislang noch nicht erkannt sind. Ganz und gar unübersichtlich wird dann endgültig der Blick in die Entwicklung geistiger Vorgänge und menschlicher Bezüge in unserer Gesellschaft, die anerkanntermaßen sich im Laufe der Menschheitsgeschichte ständig verändert haben. Zumindest in den zivilisierten Ländern dieser Erde haben diese Veränderungen zu einer recht klaren Vorstellung eines aufgeklärten Menschenbildes, verbunden mit der klaren Definition von Menschenrechten geführt, die, so dürfen wir mit einem fragenden Blick auf unsere Epigenetiker hoffen, sich in unserem Erbgut stabil eingenistet haben.

Coyne weiß auf diese zahllosen Rätsel, vor denen die Wissenschaft heute steht, eine knappe und auf den ersten Blick für den gläubigen Menschen leicht hinzunehmende Antwort: Es ist Gott selbst, der hier im Unbekannten, Unerforschten durch seine Allmacht wirkt.

Alle wahrnehmbaren Dinge dieser Welt stellen nur Werkzeuge Gottes dar, der durch die Evolution diese Welt steuert. Es gibt keinen Zufall, alle Unbekannten dieser Welt sind mit einem Begriff gelöst: GOTT.

Coyne geht dabei den Weg, den alle Religionen mehr oder weniger klar ausgeprägt gehen: Aus unerklärlichen Phänomenen, die durchaus gelehrte Menschen in der wahrnehmbaren Welt feststellen, schaffen sie vor ihrem spezifischen Weltbild ein mehr oder weniger schlüssiges Bild einer »Überwelt«.

So war es schon vor mehr als 5000 Jahren. Damals kannten die Menschen in den zivilisierten Gegenden des Zweistromlandes zwischen Euphrat und Tigris an ihrem nächtlichen Sternenhimmel 72 Fixsterne. Man beobachtete systematisch den Himmel und die scheinbare Wanderung der Sterne, die sich periodisch wiederkehrend ohne Unterbrechung, ohne Verzögerung und wahrnehmbare Störung, wie von einem für die Ewigkeit geschriebenen Gesetz beherrscht, Jahr für Jahr vollzog. Man stellte fest, dass die Bahnen der Gestirne immer die gleichen waren. Bewegung bedeutet in der Regel Leben. Für die damaligen Menschen mit ihrem bescheidenen Aufklärungshorizont bedeuteten die unerklärlichen, aber offensichtlich geordneten Bewegungen am nächtlichen Himmel, dass hier Göttergestalten ihre Spur über der Erde sichtbar machten, die die Menschen nur zu interpretieren und zu lesen brauchten. Man sammelte Kenntnisse über den Weg und die scheinbaren Beziehungen der Sterne untereinander. Es entstanden die Sternbilder, die noch heute in unserer Astrologie bekannt sind. Es entstanden Mythen, es entstanden Religionen.

Zurück zu George Coyne.

Um das besondere Gewicht der Arbeiten von George Coyne richtig einordnen zu können, müssen wir uns zunächst mit seiner Vita beschäftigen:

Er wird in Baltimore/USA am 19. Jan 1933 geboren. Bereits im Alter von 19 Jahren tritt er in den Jesuitenorden ein. Mit 25 Jahren beginnt er ein Studium an der Fordham University New York City, das er mit dem Bachelor in Mathematik und Philosophie abschließt. Die Promotion erfolgt 1965 über das Thema der Spektroskopie der Mondoberfläche.

Nach dieser fundierten wissenschaftlichen Ausbildung beginnt er ein Studium der Kath. Theologie an der Universität von Maryland. Er erhält 1965 die Priesterweihe.

Danach arbeitet er weiterhin als Wissenschaftler im Fach Astronomie an verschiedenen Universitäten, zuletzt an der Harvard University. Seine Hochschultätigkeit findet schließlich ihren Höhepunkt in einer

Professur am Lunar and Planetary Laboratory. Ab 1978 ist George Coyne Leiter der Vatikanischen Sternwarte. Er ist heute Mitglied der Päpstlichen Akademie der Wissenschaften.

Er ist also in Kirche und Wissenschaften ein hochangesehener und erfolgreicher Fachmann. Aufgrund seiner doppelten Karriere in Wissenschaft und Theologie versucht er in seinen Arbeiten folgerichtig die Erfahrungen, die er in seinen Studien und Forschungsarbeiten gesammelt hat, zu einer Synthese zu vereinen. Das Zweisäulenhaus, um dessen Entwicklung ich mich auf meinem Weg auf der Vía de la Plata bemühen wollte, scheint er bereits abgeschlossen, fertiggestellt zu haben.

Als Wissenschaftler ist es ihm natürlich leicht gefallen, die Erkenntnisse moderner Wissenschaft nachzuvollziehen und unter Hinzufügung eigener Forschungsergebnisse zu einem logischen Ganzen zu vereinigen. Diese Bemühung endet jedoch exakt dort, wo die etablierte Wissenschaft heute mit der Erforschung der Gesetze der Evolution ebenfalls endet, nämlich vor dem diffusen Bereich des dreidimensional nicht Darstellbaren. Seine wissenschaftliche Auseinandersetzung mit dem, was er als gläubiger Mensch als die Schöpfung erkennt, endet an dem gleichen Punkt, an dem auch die auf den dreidimensionalen Vorstellungsbereich begrenzte Wissenschaft ankommt. Dahinter ist zunächst das weite Feld des Unbekannten, des wissenschaftlich nicht weiter Erforschbaren.

Diese Unbekannte, in einer mathematischen Gleichung würde man sie mit dem Kürzel »X« bezeichnen, löst er nicht mathematisch korrekt mit Begriffen aus bereits Erforschten auf, sondern er ersetzt sie mit einem neuen Begriff, den er aus der Theologie entnimmt: GOTT.

Nach unserem christlichen Glauben ist Gott der Schöpfer dieser Welt. Es ist deshalb zunächst logisch und richtig, ihn als die Ursache aller Vorgänge und Dinge, die wir mit unserem begrenzten Fähigkeiten noch nicht erforscht haben und wahrscheinlich auch nicht erkennen können, anzunehmen. Dies zumindest als Arbeitshypothese, die weiterer Indizien und wenn möglich weiterer Beweise bedarf.

Seit Jahrhunderten bemühen sich Denker und Philosophen, in irgendeiner Weise für die Existenz Gottes Beweise zu suchen. All diese Beweise enden schließlich mit einer gewissen Ratlosigkeit vor dem simplen Fakt, dass Gott nicht sinnlich wahrnehmbar ist. Allein unsere Lebenserfahrung, der persönliche Eindruck, im täglichen Leben mit seinen Höhen und Tiefen immer einer unbekannten, führenden Kraft ausgesetzt zu sein, bestätigt uns, dass außerhalb des sinnlich Wahrnehmbaren eine Kraft herrschen muss, die die Welt um uns herum unwiderstehlich steuert. Ungläubige nennen diese Kraft »Schicksal« oder auch »Zufall«.

Als gläubiger Mensch fühle ich mich mit meinem Glauben an einen allmächtigen Gott besser in diese Welt integriert.

Und dennoch, ich denke, dass Coyne mit seiner Gleichung X = Gott etwas voreilig seine Vereinigung von Wissenschaft und Theologie in seinem Zweisäulenhaus betreibt.

Er lässt dabei eine wesentliche Frage ungeprüft und unbeantwortet: Warum beobachten wir so viel unverdientes Leid in der Welt? Warum müssen vielfach Menschen, die redlich um einen gerechten, Mitmenschen stets nützlichen und dienstfertigen Weg bemüht sind, Schicksalsschläge hinnehmen, während andere von Erfolg zu Erfolg scheinbar ebenso unverdient eilen? Ist der Gott, der diese Welt geschaffen hat und den wir als Lenker der Welt gern anerkennen wollen, kein gerechter Gott?

Auf unserem Weg über den Camino Francés begegneten Ineke und ich David und Christine, einem Paar aus England. David hatte vor zwei Jahren seine Frau verloren und haderte mit Gott wegen dieser vermeintlichen Ungerechtigkeit. Er hatte sich auf den Weg nach Santiago gemacht, um über den Gott, an dessen Güte, ja an dessen Existenz er nicht mehr glaubte, nachzudenken. Ist Gott unser gütiger Vater, der um unser Wohlergehen bemüht ist, wie es uns die Theologie lehrt?

Oder ist das Bild des Gottes, an den wir glauben, zu sehr aus dem Erfahrungsbereich unserer wahrnehmbaren, dreidimensionalen Welt entnommen?

Ist unser gewohntes Gottesbild nicht eher das Bild eines allmächtigen Übermenschen?

Bei der Betrachtung der Evolution haben wir festgestellt, dass diese in vielen Entwicklungen ungerecht, ja emotionslos mit uns verfährt. Wir haben festgestellt, dass die Evolution kein Mitleid, keine Emotion kennt.

Wenn der für uns wahrnehmbare Bereich der Welt sich ohne Erbarmen immer seinen eigenen Gesetzen folgend entwickelt, dann muss sein Lenker mit den gleichen Eigenschaften ausgestattet sein, die unsere Wissenschaft in der Evolution beobachtet. In unseren heiligen Schriften wird uns dagegen Gott als der gütige Vater, der uns liebt, dargestellt.

Die Wissenschaft hat als Beginn unserer Welt eine unendliche Energie in ihrer Urknalltheorie festgestellt, die am Anfang von Raum und Zeit steht. Die Herkunft dieser Energie ist für uns unerklärlich, weil sie vor der Entstehung von Raum und Zeit existiert haben muss. Diese Energie kann entweder aus einem anderen Universum stammen, dann wäre sie Teil und Ergebnis einer Welt, die der unseren übergeordnet wäre.

Sie kann auch selbsterklärend, ohne weitere kosmische Bezüge sein. Selbst wenn wir mit unserem ungeheuren Universum nur Teil eines verschachtelten Systems weiterer Universen wären, würden wir auch am Ende dieser Kette auf eine Kraft stoßen, die aus dem Nichts kommt und die selbsterklärend ist. Wir haben gute Gründe, an dieser Kraft, die am Ursprung aller Dinge erkannt wird, unsere Vorstellung von einem Weltenschöpfergott festzumachen. Gott ist also zunächst eine selbsterklärende Energie, die nur in ihrer Materialisierung für uns wahrnehmbar ist.

Die Experimente im CERN, von denen in anderen Exkursen auf meinem Camino bereits die Rede war, haben mit der Entdeckung des sog. Higgs-Teilchens ein kleines Modell des gewaltigen Ereignisses des sog. Urknalls geschaffen. Bei diesem Experiment war aus einer gewaltigen, von Menschen erzeugten Energie ein kleinstes Materieteilchen entstanden. Dieses Teilchen war mit keinem Mikroskop erkennbar, es lag in seiner Größe weit unterhalb der Welt der Atome, es war subatomar. Es hatte jedoch aufgrund seiner Gravitation eine messbare Größe. Energie hatte sich in diesem Teilchen materialisiert.

Aus der Physik wissen wir, dass die im Universum enthaltene Energie konstant ist. Energie geht nicht verloren. Energie kann sich jedoch in unterschiedlichen Aggregatzuständen materialisieren. Bei dem Zusammenprall von elektromagnetischen Teilchen entsteht aus Bewegungsenergie Hitze und Materie.

Bei der Hinzufügung von Hitze wird aus Eis Wasser, aus Wasser Wasserdampf, der wiederum in die Bewegungsenergie einer Turbine transformiert werden kann. Diese kann wiederum durch bestimmte Techniken elektrische Energie erzeugen. Ein ständiger Wandel bestimmt den Energiehaushalt unseres Universums. Nichts geht verloren. Die Summe aller Energie ist immer gleich.

Wenn also die Summe aller Energie gleich bleibt, so ist die Energie des Urknalls in unserem Universum und in dessen Materie ebenfalls konstant. Die Urknallenergie ist in der entstandenen Materie unabänderlich und unteilbar enthalten und treibt dort die Evolution an. Vorausgesetzt, die Urknallenergie ist selbsterklärend, dann dürfen wir sie mit dem Weltenschöpfergott gleichsetzen. Wir haben damit Gott in der Welt, in der Evolution der Welt verortet. Wenn Gott in der Welt ist, lenkt er die Welt aus allem heraus und mit allem, was in dieser Welt entsteht und vergeht.

Gott IST somit die Evolution.

Wir brauchen gar nicht mehr weiter nach Ursachen im außersinnlichen Bereich zu suchen. Alles, was in unserer wahrnehmbaren Welt geschieht, wird von wahrnehmbarer göttlicher Energie betrieben. Hier erkennen wir Gott in tausendfältiger, sich evolutiv entwickelnder Gestalt, in allen sich transformierenden Kräften und Vorgängen.

Wir Menschen sind, da wir in der Jahrmilliarden andauernden evolutiven Kette ein kleiner Teil sind, zunächst keineswegs bereits ihr Ende, noch die Krone der Schöpfung, über die hinaus keine weitere

Entwicklung mehr führt. Wir werden uns weiter entwickeln oder aber als Korrespondenz zu einer stärkeren Entwicklungslinie in der Evolution untergehen.

Theologie wird wie allgemein die Philosophie von Menschen für Menschen betrieben. Sie versucht unter Nutzung unserer beschränkten sinnlichen Wahrnehmungsfähigkeit Klarheit über das Wesen dieser Welt und ihrer Ursachen zu schaffen. Die Bilder, die dabei entstehen sind stets sehr menschliche Bilder. Die wahre Größe des Weltenschöpfergottes schrumpft zusammen auf ein Menschenbild.

Von dem evangelischen Theologen Friedrich Schorlemmer wird der Ausspruch überliefert, die Theologie müsse, um Gottes Größe nicht zu beschädigen, von ihrer Anthropozentrik abrücken.

Vielleicht zeichnet sich hier ein Weg ab, der durch Abkehr von den traditionellen Denkschemata, durch Relativierung des menschlichen Lebens gegenüber dem allmächtigen Gott eine Lösung des Problems bereithält.

Was ist überhaupt Leben in dieser Welt?

Keine Frage, organisches Leben gab es am Anfang ihrer Entstehung noch lange nicht. Erst das Fortschreiten der Abkühlung des jungen Universums und das Auftreten von einfachen Kohlenstoffverbindungen erlaubten die Entstehung und Entwicklung des weiten Feldes, das unsere Wissenschaft nüchtern mit dem Oberbegriff »Organische Chemie« bezeichnet. Erst relativ spät entwickelten sich in dem weiten Feld der Kohlenstoffverbindungen zunächst einfache Organismen und Pflanzen.

Noch später kam dann eine neue Entwicklungslinie in Form höherstufiger Organismen hinzu. Diese entwickelte sich über Jahrmillionen zu dem fast unübersehbaren Feld, das wir heute als die Fauna auf unserem Planeten kennen. Überall in Flora und Fauna unseres Planeten ging das evolutive Fortschreiten der Entwicklung immer nach dem gleichen Gesetz vor: Alles, was in Jahrmillionen entstand, entwickelte sich mit dem Ziel, den evolutiven Prozess mit seiner Entstehung zu fördern und zu stärken. Dies führte dazu, dass die eine Art der nachfolgenden, höherentwickelten Art bereitwillig Lebensgrundlage war.

Es entstand so ein höchst differenziertes System von Nahrungsketten, in denen eine Spezies sich der anderen als Nahrung bereithielt, sich zum Überleben des Ganzen opferte. Es entwickelten sich Biotope, Lebensgemeinschaften, in denen sich Lebewesen unterschiedlicher Entwicklungsstufen und Bedürfnisse in einem sich ständig verändernden, labilen Gleichgewicht zusammenfanden, um ihre Existenz ständig neu zu organisieren. Natürlich geschah dies und geschieht dies bis zum heutigen Tage streng nach dem Gesetz des Stärkeren. Leben an sich spielt dabei keine Rolle, nur das Überleben des Stärkeren.

Erst mit dem Auftreten des Menschen entsteht in dieser Entwicklung ein Bruch: Mit seinem reflektierten Bewusstsein ist der Mensch in der Lage, in diese natürlichen Prozesse aufgrund seiner Intelligenz einzugreifen. Er versucht zu steuern und zu korrigieren, mit dem Ziel, alle natürlichen Prozesse zu seinem Vorteil neu zu ordnen, zu verändern. Lebensrecht haben vor allem die Arten, die dem Menschen am Ende der Entwicklungskette nützen. Man entwickelt eine Landwirtschaft, die die Entwicklung genießbarer Früchte fördert und die alle im ernährungsphysiologischen Sinn weniger nützlichen oder schädlichen Arten bekämpft und vernichtet.

In der intellektuellen Überlegenheit, die der Mensch gegenüber der ihm dienenden Natur und ihren Überlebensbedürfnissen in Jahrtausenden entwickelte, hat er allerdings seinen Begriff von Leben erheblich verändert. Er beansprucht für sich gegenüber der übrigen Schöpfung eine Sonderrolle, in der sein reflektiertes Überleben grundsätzlich vorrangig ist. Mit zunehmender Verdichtung der Spezies Homo Sapiens und immer differenzierter werdender Sozialisierung entwickelt der Mensch aus dem Unbekannten, das ihn außerhalb seines Lebensraums ständig am Himmel und in der Natur zu begleiten scheint, Astral-, Natur- und übernatürliche, transzendente Welten, in denen Geister, Götter und überlegene Wesen leben und wirken. An diese ihm an Intelligenz und Einsicht überlegenen Welten und ihre bildhaft als Götter und Geister überlegenen Repräsentanten richtet der Mensch schließlich seinen Anspruch auf Unversehrtheit. Sein reflektiertes Bewusstsein, das ihm natürlich auch Klarheit und Einsicht in den Wert seiner individuellen Existenz ermöglicht, veranlasst ihn, in der Jahrmilliarden andauernden Evolution eine Sonderrolle für sich zu beanspruchen.

Er übersieht dabei, dass er als Teil der Evolution und aus der Evolution nach deren Gesetzen hervorgegangen ist. In seiner Egozentrik übersieht er gerne, dass er sich vor allem gegenüber der Evolution und ihren Gesetzen beugen muss.

So rückte der Mensch sich selbst und sein Überleben in den Mittelpunkt, statt sich den Gesetzen von Natur und Evolution unterzuordnen, die nichts anderes als göttliche Gesetze darstellen. Er schändet die Umwelt durch Ausbeutung unermesslicher Mengen von Bodenschätzen. Er konsumiert wahllos, mehr als er für sein Leben und sein Überleben braucht, um seinen sozialen Rang mit der Fülle seiner Konsummöglichkeiten zu beweisen.

Um die stetig zunehmende Gier nach immer mehr hochwertigerer Nahrung zu stillen, setzt der Mensch Insektizide und Herbizide in der immer stärker industrialisierten Landwirtschaft ein. Viehzucht zu Nahrungszwecken verkommt immer mehr zu einer Fleischerzeugungsindustrie, die nur »wirtschaftlich« zu arbeiten glaubt, wenn in einer Halle auf begrenztem Raum tausende Masthähnchen in sechs Wochen mit Kraftfutter, Antibiotika und in der Endphase mit sehr viel Wasser zur Schlachtreife gemästet werden, ohne auch nur andeutungsweise in ihrem kurzen Leben eine Möglichkeit zu natürlicher, artgerechter Bewegung zu erhalten.

Die Brutalität der Geflügelzucht in unserer Industriegesellschaft ist da nur ein Beispiel! In der Zucht von größeren Nutztieren wie Schweinen, Rindern ist ebenfalls zumindest in Zentraleuropa die Stallhaltung die Regel. Mindestens 1000 Schweine in engen Boxen von bis zu 20 Tieren, mindestens 300 Rinder angekettet und dazu verurteilt, möglichst schnell fett und schlachtreif zu werden, manchmal ohne jemals in ihrem kurzen Dasein das Tageslicht erlebt zu haben, sind da eine lautlose und dennoch schreiende Anklage. Mir kommt bei diesem Gedanken das Bild des Norwegers Edvard Munch in den Sinn. Ein

Mensch steht auf einer Brücke mit schreiend verzerrten Gesicht. Das Gesicht ist weit davon entfernt, noch menschliche, individuelle Züge zu zeigen. Es ist nur von einer übergroßen Mundöffnung beherrscht. Dieser Mund schreit seine Not und Qual einfach in die leere, ihm fremde Welt hinaus.

In seiner Egozentrik hat der Mensch den Blick für die Gesetze der Schöpfung und die Achtung vor ihr verloren. Sein Leben und in unserer modernen Industriegesellschaft sein einziges Ziel ist Wohlergehen und »Lifestyle«, um ein Marketingschlagwort unserer Zeit zu benutzen.

Ganz sicher ist die Darstellung des Sündenfalls, wie wir sie aus dem Bericht von Genesis 3 als herrlich einprägsames Bild kennen, ein überzeugendes Abbild dessen, was derzeit vom Menschen an selbstsüchtiger Zerstörung in Schöpfung und Evolution zu beobachten ist.

Wenn Gott bedingt durch die physikalischen Vorgänge des sog. Urknalls als endlose Schöpferenergie sich in seine Schöpfung für uns nachvollziehbar eingegeben hat, so IST er die Schöpfung. Da die Schöpfung nachweislich nach den derzeit erforschten Gesetzen der Evolution entwickelt ist, ist die Evolution Gottes Gesetz.

In der Evolution ist jedoch jegliche Art von Leben dazu entstanden, dass sie nach ihren spezifischen Eigenschaften die Schöpfung mit ihrer ganzen Existenz fördert. Mikroorganismen beleben die sterile Erde, um sie durch ihr Vergehen fruchtbar zu machen. Das Blatt ist neben seiner wichtigen Rolle in der Photosynthese, in der es den Stoffwechsel der Pflanze organisiert, gleichzeitig Nahrung für die Raupe. Kleine Organismen werden von größeren, stärkeren als Nahrung genutzt. Alles geschieht nach den unumstößlichen Gesetzen der Evolution. Leben dient allenthalben dazu, sich für die Fortentwicklung der Schöpfung einzubringen, ja sich für die Evolution in der Schöpfung zu opfern.

Mit der Aufgabe der Achtung vor der Schöpfung hat der Mensch jedoch die Achtung vor dem Schöpfergott, der in der Schöpfung allgegenwärtig ist, ebenfalls aufgegeben. Er meint, mit seiner reflektierten Intelligenz der gesamten übrigen Schöpfung überlegen zu sein. Daraus resultiert für ihn, dass er der Herrscher über die Schöpfung ist, die er beliebig manipulieren kann. Er rückt sich selbst und seine Existenz in den Mittelpunkt. Er dient nicht mehr der Schöpfung und dem in Ihr allpräsenten Gott, sondern erhebt sich über sie.

Im Klartext: Der Mensch versucht, sich über Gott zu erheben!

Und Gott reagiert! Er reagiert mit seinen ureigensten und unwiderstehlichsten Waffen, den Gesetzen der Evolution. Klimawandel, Fluten, Epidemien, die Aufzählung kann man beliebig fortsetzen, im nicht auf den ersten Blick sichtbaren Bereich mit der Veränderung unseres Erbgutes. Nicht nur die Welt um uns herum wandelt sich, auch wir Menschen wandeln uns unter dem Einfluss der Evolution.

Da Gott die Evolution ist und in ihr allgegenwärtig die Evolution steuert, steuert er natürlich für uns wahrnehmbar nach den Gesetzen der Evolution. Gott ist jedoch nicht teilbar. Er ist nicht in Teilen einerseits in der Evolution präsent und andererseits mit den übriggebliebenen Teilen im Transzendenten verblieben. Er ist einfach alles. Er ist einfach da. Unausweichlich, allgegenwärtig, unerbittlich, in allem wirkend und damit allmächtig.

Er ist nicht der liebende Vater, der sich um uns sorgt!

Er ist der Käfer, den wir mutwillig zertreten. Er ist das Wild ebenso wie das Haustier, das wir zu unserer Ernährung konsumieren. Er ist die Luft, die wir atmen, das Wasser, das wir trinken, der Baum, in dessen Schatten wir uns ausruhen. Er ist unser Freund, der uns stützt und unser Feind, der uns schadet, denn beide entstehen aus der Entwicklung menschlicher Bezüge, die ebenfalls den allgemeinen Gesetzen der Evolution unterliegen.

Es sind immer die kleinen, unscheinbaren Dinge, die in der sichtbaren Welt große Veränderungen bewirken. Die großen Bilder des Judentums wie des Christentums zeigen uns das Entstehen entscheidender Entwicklungen der Menschheit aus kleinen, unscheinbaren Anfängen auf verblüffend übereinstimmende Weise:

Der kleine Moses wird als Säugling in einem Binsenkörbchen gefunden und auf wundersame Weise am Hof des Pharao großgezogen. Er entwickelt sich dort zu dem Führer, der die Kraft besitzt, das unterdrückte Volk Israel in eine neue geographische und als das von Gott besonders beschützte Volk in eine neue geistige Heimat zu führen.

Jesus wird als Kind eines einfachen Paares in einer provisorischen Unterkunft, abseits der Gesellschaft geboren. Er entwickelt sich als Erwachsener zu einem großen Reformator des Judentums, indem er seine Mitmenschen zur Besinnung auf ein neues Verhältnis zu ihrem Gott bringt. Diese neue Suche nach Gott ist wie wir Christen zurückschauend feststellen können, ein bemerkenswert dauerhaftes, großartiges Phänomen. Sie dauert nämlich im Christentum bereits mehr als 2000 Jahre an. Und dennoch: Sie hat ihren Anfang nicht in einem grandiosen Siegesereignis genommen, sondern in der scheinbaren Niederlage Jesu, in seinem Tod.

Natürlich hat George Coyne am Ende wieder Recht, wenn er Gott als den allmächtigen Lenker der Welt sieht. Diese grundsätzliche Rolle in seiner Welt wird Gott niemand, der an ihn glaubt, absprechen wollen.

Er wirkt jedoch nicht von außerhalb der Schöpfung gleichsam als oberster Befehlshaber und Korrektor, sondern in dieser Welt und durch die Gesetze ihrer Evolution. Das hohe Gut unseres Lebens ist in diesem Kräftespiel ein relatives, das sich jederzeit an den Werten und Kräften der Evolution neuorientieren muss.

So sind auch Vorgänge, die wir in unserem menschlichen Unverständnis »Wunder« nennen, Ereignisse, die evolutiv begründbar sind. Wir haben die Ursachen dieser Vorgänge jedoch zur Zeit nicht erforscht. Vielleicht werden wir sie auch in ferner Zukunft nicht erforschen können, da unsere menschliche Wahrnehmung zu beschränkt ist. Ebenso sind Untergang, Krankheit und Tod keine Ereignisse, die aus dem für uns unergründlichen Entschluss des liebenden und besorgten Vatergottes entstehen, sondern Vorgänge, deren Erklärung wir in der Evolution suchen müssen.

Wie die Evolution kennt Gott keine Emotion.

Wie die Evolution ist Gott jedoch auf unfehlbare, abstrakte Weise gerecht.

Wir müssen unser Gottes- und Menschenbild dieser Erkenntnis anpassen.

Dienen wir der Schöpfung und ihrer Evolution mit all unseren Möglichkeiten, dann dienen wir unserem Schöpfer. Wenn wir diesen Dienst mit all unseren Kräften betreiben, kann sogar geschehen, dass wir aus dem Geborgensein in der Evolution so etwas wie Schutz und »Liebe« erfahren. Damit erfahren wir für uns, ganz individuell und subtil auch das, was wir unter dem Bild des liebenden Gottes und seiner Liebe verstehen.

Auch die längsten und eintönigsten Wege werden durch intensive Gedanken und Gespräche auf ein menschlich erträgliches Maß verkürzt. Wir haben uns dem Fuß der Hügelkette, die ich vor meinem Exkurs über das Wirken Gottes in der Welt erwähnte, inzwischen so weit genähert, dass ich bereits das Geräusch der Windräder hören kann.

Ein Waldgebiet mit einem sacht ansteigenden, breiten Kiesweg nimmt uns auf. In der Nähe einer Pilgergedenkstätte, die aus einem aus Reisig nachgebauten Unterschlupf und einem Gedenkstein besteht, beschließen wir, eine etwas ausgedehntere Pause zu machen. Wir treffen auf eine Lichtung, die uns einen weiten Blick zurück auf den bis hier zurückgelegten Weg gestattet. Ein paar größere Steine liegen im Gras herum. Sie sind von der Sonne angenehm vorgewärmt und bieten sich so als Sitzgelegenheit hervorragend an.

Auf den 12 Kilometern unseres heutigen Weges haben wir bisher keinen Menschen zu Gesicht bekommen. Ganz fern in der Ebene entdecken wir nun zu unserer Überraschung eine kleine schwarze Gestalt, die sich unserem Rastplatz recht zügig nähert. Nach dem Erlebnis von extremer Einsamkeit sind wir nun doch ein wenig beunruhigt, in dieser menschenleeren Gegend einem Menschen begegnen zu müssen, über dessen Ziele und Absichten wir keine Kenntnis haben. Wir reagieren nervös, stopfen den Rest unserer Mahlzeit in unsere Rucksäcke und tauchen zunächst nicht weiter erkennbar in der dichten Bewaldung unter. Der Weg führt auf jetzt eher felsigem Untergrund immer steiler bergauf. Vor dem eingezäunten Gebiet einer recht großen Dehesa warnen uns Hinweisschilder, den bisherigen Weg nicht weiter zu verfolgen, sondern die Richtung radikal parallel zu dem Hügelkamm mit seinen Windrädern zu ändern. Das Umkehrmanöver gibt uns den Blick hügelabwärts frei. Wir sehen in kurzer Entfernung die menschliche Gestalt auf dem Weg, den wir soeben begangen haben, mit kräftigen, großen Schritten bergauf laufen.

»Er kommt immer näher«, stöhnt Ineke. Gedanken an Berichte von Überfällen im Bereich der Sierra Norte, die wir im Frühjahr durchquert haben, kommen mir in den Sinn.

»Lass uns hinter einer Felsengruppe untertauchen und unser Picknick fortsetzen«, fügt sie hinzu. Wir stolpern ein kleines Stück bergab, am Skelett eines größeren Wildtieres vorbei. Eine makabre, Ängstlichkeit schürende Vision! Hinter einem Felsvorsprung finden wir endlich Schutz. Atemlos hören wir über uns auf dem Weg die Schritte des Unbekannten. Wir lauschen! Die Schritte entfernen sich langsam. Er geht weiter. Nach einer geraumen Wartezeit setzen wir dann unseren Weg auf dem Hügelkamm fort.

Am Ende der Windradreihe, die mit lautem Rauschen über unseren Köpfen die Bewegungsenergie, die die Luftmassen an sie herantragen, in Elektrizität umformt, erblicken wir schließlich ein Kreuz (Cruz de Santiago), das hier auf dem höchsten Punkt der Hügelkette in den wechselnd wolkigen Himmel ragt. Durch einen jungen Laubwald geht es energisch bergab bis wir auf eine schmale Landstraße stoßen. Diese führt uns zum großen Teil geradeaus verlaufend nach San Pedro de Rozados. Von Zeit zu Zeit entdecken wir abseits der Straße große säulenartige Gedenksteine aus Granit, die aus der abgeernteten gelben Landschaft ragen und die die alte Calzada Romana markieren.

Endlich stellen wir erleichtert fest, dass ein Abkürzungsweg quer durch die Felder zu unserem heutigen Zielort genommen werden kann. Über uns braut sich mit einer beängstigenden, dunkelvioletten Wolke ein Unwetter zusammen. Trotz der inzwischen etwa 12 km langen Asphaltstrecke, die hinter uns liegt, eilen wir dem holprigen Weg folgend bergab. Die Wolke scheint uns gezielt zu verfolgen. Gerade als wir unser Hostal in San Pedro betreten, bricht ein Unwetter mit Sturm und heftigem Regen über den Ort herein.

18. Oktober 2015

Das Dorfbild von San Pedro de Rozados gleicht dem vieler Orte, die wir auf unserer Reise bisher erlebt haben. Kleine, alte von Generation zu Generation vererbte Bruchsteinhäuser, dazwischen von Zeit zu Zeit eine neuzeitlichere Konstruktion, mal ein Hostal, mal ein am heutigen Sonntag scheinbar geschlossenes, in Edelstahl und Glas glänzendes, kleines Bäckereigeschäft. Der Ort entwickelt sich in mehreren kleinen Straßen und Gassen einen Hügel hinauf. Ganz oben am höchsten Punkt liegt die Kirche. Obwohl Sonntag ist, ist sie verschlossen. Eine alte Señora erläutert uns, dass heute die Messe in einem anderen Ort stattfindet. Der Edelstahlschornstein, der vor der Kirchenfassade in den grauen Himmel ragt, zeigt keinerlei Rauchzeichen.

Von San Pedro de Rozados nach Morille sind es nur 4 km. Allerdings stellen wir fest, dass beide Orte aufgrund ihres Ortsbildes auf gänzlich unterschiedliche Bewohner schließen lassen. Während San Pedro de Rozados noch als über Jahrzehnte, Jahrhunderte gewachsenes Dorf in einer ländlichen Umgebung erschien, treffen wir hier völlig unerwartet auf sorgfältig und aufwändig restaurierte, große Gehöfte. Um die Kirche legt sich eine öffentliche Grünanlage. Vor der alten, jedoch restaurierten Dorfschule, die heute nur noch als Baudenkmal erhalten ist, steht ein Denkmal der früheren Dorfschullehrerin, die hier scheinbar als Heldin einer längst vergangenen Zeit eine gewisse Anerkennung und Verehrung genießt. Auf der Höhe hinter der Kirche entdecken wir ein Anwesen, in dessen Mitte ein Neubau aus Edelstahl errichtet ist. Nach Salamanca sind es weniger als 20 km. Offenbar hat sich Morille im Laufe der Jahrzehnte zu einem Wohnvorort der nahen Stadt entwickelt, in dem sich einige ihrer wohlhabenden Bürger in alten, soliden Backsteingebäuden einen zurückgezogenen, komfortablen und ruhigen Wohnsitz geschaffen haben. Landwirtschaft wurde aus diesem Ort weitgehend in das Umland verdrängt. Dieser Eindruck bestätigt sich uns, als wir auf unserem weiteren Weg an einigen großen, inmitten der zu dieser Jahreszeit abgeernteten Getreidefelder liegenden, modernen, landwirtschaftlichen Großbetrieben vorbeilaufen.

Die Landschaft um Salamanca herum ist weit. Getreidefelder erstrecken sich über zahllose sanft geneigte Hügel bis zum Horizont. Ab und zu eine kleine Baumgruppe am Rande der Felder. Unser Weg, der als breite Kiespiste ausgebaut ist, schlängelt sich in weiten Bögen durch diese recht eintönige Landschaft. Eine Abwechslung deutet sich schließlich in der Ferne in Form einer lockeren Bewaldung aus Laubbäumen an. Wir durchqueren wohl zum letzten Mal vor unserem heutigen Ziel ein zusammenhängendes baumbestandenes Weidegebiet.

Ein besonderes Erlebnis haben wir dann noch beim Verlassen der Dehesa. An deren Ausgang steht ein kleiner Lieferwagen, aus dem einige Arbeitskräfte Futter für die im Umfeld weidenden Rinder ausladen.

Als sie das Zusatzfutter über die Einfriedung des Geländes werfen, kommt die gesamte Herde im Galopp aus allen Richtungen herangeeilt. Vor dem Ausgangstor, das wir für unseren weiteren Weg öffnen wollen, entsteht ein chaotisches Gedränge von Tierleibern. Da ist ein Durchkommen fast nicht mehr möglich. Wir drängeln uns zwischen Zaun und Herde langsam an das rettende Tor heran. Es öffnet sich nach innen. Es muss also zunächst Platz für den breiten Torflügel gegen den Druck der Tierleiber geschaffen werden. Schließlich ist eine kleine Lücke frei. Ich schlüpfe hindurch und stemme mich von außen gegen das Tor, um Ineke den Weg freizuhalten. Der Respekt vor den großen Tieren hat bei ihr aber offensichtlich zu einem übereilten Nachgeben gegenüber den nunmehr statt nach Futter nach Freiheit drängenden Rindern geführt, denn plötzlich wird sie von einem großen braunen Jungbullen von der Toröffnung in die Herde hinein abgedrängt. Ich habe alle Mühe das freiheitsliebende Tier wieder in die Herde zurückzudrängen. Einer der mit der Fütterung der Tiere beschäftigten Männer kommt mir dann mit einem kleinen Trick zu Hilfe: Er fährt mit seinem Fahrzeug einige Meter am Zaun entlang und eröffnet eine neue Futterstelle. Die Werteskala der Tiere ist eindeutig: »Futter vor Freiheit!« Die Tiere folgen ihm willig und geben das Tor frei. Jetzt kann Ineke weitergehen.

Es beginnt zu regnen! Langsam bilden sich auf dem Kiesweg Rinnsale, die immer weiter zunehmen und hangabwärts in die Tallagen strömen. Der Weg wird zunehmend schlammig und unpassierbar. Am Horizont taucht die Silhouette von Salamanca im Dunst auf. Auf den Stoppelfeldern vor uns weidet eine wohl 500-köpfige Schafherde. Der Schäfer steht in einen weiten Umhang gehüllt und auf seinen Stock gestützt scheinbar gleichmütig in dieser einheitlich graubraunen Szenerie. Wir tauchen in die grafittibeschmierte farbige, aber dennoch trostlose Unterwelt eines Systems von Autobahnbrücken ein. Dahinter beginnen die südwestlichen Wohnquartiere der Stadt.

Unser Wunsch ist es, den Weg von der Höhe mit dem sich ständig verändernden Blick auf die Römerbrücke und die Kathedrale zu gehen. Im Augenblick ist uns jedoch jegliche Orientierung abhanden gekommen. Wir laufen mal rechts, mal links um große Blockbebauungen herum. Der Camino hat in Salamanca offenbar keine Hinweisschilder. Schließlich geraten wir hoch über dem Tal des Río Tormes in eine Grünanlage. Es ist noch ein weiter Weg oberhalb des Flussufers, dann sehen wir die Stadt vor uns:

Hinter einer Grünanlage, die für Freizeitsport mit breiten Radwegen und Sportgeräten ausgebaut ist, überspannt der Puente Romano mit seinen 27 respektablen Bögen den Fluss. Dahinter die ansteigende Bebauung der Altstadt, gekrönt von der alles beherrschenden Kathedrale. Der Regen hört freundlicherweise am Fuße der Brücke auf. Sie gibt uns den Weg frei in die Stadt, in der wir wenige Monate zuvor offiziell unseren ersten Teil der Vía de la Plata beendet haben.

Als keltiberische Siedlung wies das frühe Salmantica bereits Merkmale einer befestigten Stadt auf. Mauerreste und vor allem der in Stein gehauene Stier am Ausgang der Römerbrücke zur Altstadt sind noch heute Zeugen dieses sehr frühen Stadtgebildes. Im Jahr 217 v. Chr. wurde diese befestigte Siedlung von Hannibal, dem berühmten karthagischen Feldherrn erobert, als er, um Rom von Norden anzugreifen, verstärkt mit etwa 40 Elefanten seinen Eroberungsweg über die iberische Halbinsel organisierte. Die von den Karthagern beherrschte Stadt wurde im 1. Jh v. Chr schließlich von den Römern im Verlauf der Ausweitung ihres Weltreiches bis an den Atlantik eingenommen. Sie bauten eine Brücke über den Fluss und bauten die Stadt auf dem Silberweg zu einem wichtigen Stützpunkt und Handelszentrum aus.

Die Eroberung durch die Mauren und zahlreiche darauffolgende Kriege verursachten schließlich den Niedergang dieser einst blühenden römischen Stadt bis schließlich unter Alfonso IV von Kastilien im Verlauf der Reconquista Salamanca zu neuem Leben erwachte. Nach dem Vorbild der schon damals berühmten Universität von Bologna wurde schließlich durch Alfonso IX von León die Universität, die zu einer neuen dauerhaften Blüte der Stadt führte, gegründet. Das die Altstadt in ihrem Zentrum beherrschende Hauptgebäude der Universität und die Gebäude etlicher geisteswissenschaftlicher Fakultäten dominieren noch heute das Stadtbild wesentlich.

Nach schneller Zunahme der Einwohnerzahl entstanden im 11./12. Jh. zahlreiche Sakralbauten sowie die alte Kathedrale, schließlich während der Blütezeit der Stadt die alles beherrschende neue Kathedrale, die wir bereits bei unserem Aufenthalt im Frühjahr ausführlich besichtigt haben.

Heute ist die Altstadt von Salamanca Teil des Weltkulturerbes der Unesco. Das Zentrum mit seinen zahlreichen, historischen Gebäuden ist eine stadt- und kunstgeschichtliche Oase, die zu immer neuen Entdeckungs- und Studienaufenthalten einlädt.

Wenn ich morgens aus unserem Hotel in der Altstadt trete, freue ich mich jedes Mal über das rege städtische Leben in den Fußgängerstraßen, wenn junges Publikum, vor allem Studenten, geschäftig in großen und kleinen Gruppen zu ihren Tageszielen eilend die Straßen beleben. Unseren Aufenthalt in Salamanca schließen wir mit einem Essen in einem kleinen Straßenrestaurant unterhalb der Plaza Mayor ab.

Plötzlich sind sie alle wieder da, unsere Bekannten und Gefährten der letzten Woche. Axel, Lisa, das Ehepaar aus Neuseeland, Urs aus der Schweiz. Sie sind alle im gleichen Rhythmus ihren Weg bis hierher gegangen. Einige werden ihn morgen nach Zamora fortsetzen, andere werden wie wir über Madrid zunächst nach Hause zurückkehren.

Der rote Expressbus der Gesellschaft Avanza befördert uns ohne Unterbrechung in zweistündiger Fahrt auf bequemen, breiten Ledersitzen direkt zum Flughafen Madrid. Nach unserer intensiven, erlebnis- und strapazenreichen, einwöchigen Tour genießen wir die Bequemlichkeit des motorisierten, nach Fahrplan verlaufenden Bustransfers. Wir werden schon bald unseren Weg in Salamanca wieder aufnehmen. Ein kleiner Seitenblick auf Ineke signalisiert mir, dass auch sie für heute mit ihrem Camino zu einem befriedigenden Ende gekommen ist, denn ihre Augen sind bereits geschlossen ...

Drittes Buch

4. Oktober 2016

Auch in Spanien ist der Sommer vorbei. Am Rand unseres Weges stehen mannshohe Disteln. Große Büsche mit zinnoberroten Hagebutten leuchten dazwischen auf. Die Felder sind abgeerntet. Sie glänzen mit ihren Getreidestoppeln in der herbstlich warmen Sonne. Dazwischen vereinzelt bereits das Rotbraun von umgepflügten Feldern und eine Inselparzelle mit einem niedrigwüchsigen Baumbestand. Holzmasten, über die sich ein Bündel Starkstromleitungen in weiten Bögen über die Felder schwingt, ragen in straffer Reihung bis zum Horizont aus dem Meer der glänzenden Halme. Darüber wölbt sich ein makellos blauer Himmel. Mit 28–30° im Schatten meint es die Sonne heute mit uns Nordlichtern richtig gut.

Wir haben von Salamanca kommend morgens den Bus genommen, um unseren Camino mit einem großen Sprung aus der Stadt heraus auf schnurgerade verlaufender Landstraße wieder aufzunehmen. Die ersten Dörfer nördlich von Salamanca haben wir dabei übersprungen, denn abseits der großen Straße breitet sich eine Monokultur aus Getreideanbau aus. Corrales del Vino ist zunächst unser erstes Ziel. Von dort werden wir dann nach Villanueva de Campeán, einem Dorf etwa 25 km vor Zamora, wandern.

Corrales del Vino? Tierra del Vino? Wir sind irritiert, denn außer abgeernteten Getreidefeldern und einem Distelwald am Straßenrand ist von Weinanbau weit und breit nichts zu sehen. Unser Reiseführer klärt uns auf, dass in dieser Gegend der Weinanbau bereits im 19. Jh. zum Erliegen gekommen ist. Damals sind sämtliche Kulturen dem Reblausbefall zum Opfer gefallen. In der Folge hat man sich umgestellt und lebt nunmehr vom Getreideanbau. Die klangvollen Ortsnamen, die auf den einstigen Weinbau anspielen, wie z. B. El Cubo de la Tierra del Vino an der Vía de la Plata, sind geblieben.

Beim Lösen der Fahrscheine haben wir den Busfahrer gebeten, uns beim Erreichen unseres Zielortes ein kleines Zeichen zu geben, damit wir auch pünktlich aussteigen. Diese Bitte stößt jedoch bei ihm auf wenig Verständnis. In einem für uns nicht entwirrbaren spanischen Wortschwall will er uns wohl klarmachen, dass wir gefälligst die Augen aufhalten sollen, er selbst hat mit dem Steuern des Busses vollauf genug zu tun. Seine Mimik und seine Gesten, die immer nach oben an die Decke des Busses zeigen, sagen uns schließlich deutlicher als seine unverständlichen Worte, dass wir die Stationsanzeige, die dort als elektronisches Schriftband läuft, zu beachten haben. Nun gut, dann eben in Schriftform.

Die wenigen Kilometer, die uns in Corrales del Vino nach Verlassen des Busses von Villanueva de Campeán trennen, legen wir dann selbstverständlich als Caminantes zurück. Wir genießen die herrliche, spätsommerlich anmutende Landschaft. Da heute unser Weg auf dem Asphalt einer kleinen Landstraße verläuft, laufen wir manchmal querfeldein durch die Stoppelfelder.

Irgendwann wird die goldgelbe Ebene durch ein Feld von überreifen Sonnenblumen abgelöst, die ihre großen Blütenteller unter der Last der darin gereiften Kerne zum Boden neigen. Und dann erblicken wir sie dennoch: die Weinfelder, die sich auf recht kleinen Feldparzellen zwischen die Getreideflächen legen.

Vor uns, in einer Geländemulde liegt ein Dorf. Es ist unser Tagesziel Villanueva de Campeán. Die kleine Landstraße führt in einer sanften Rechtskurve direkt hinein. Links neben der Straße auf einer kleinen Anhöhe erkennen wir eine alte Kirchenruine. Ein baumbestandener Weg führt offensichtlich aus dem Zentrum des Dorfes direkt dorthin. »Das muss die Sehenswürdigkeit des Ortes sein, nämlich das außerhalb liegende frühere Kloster«, vermute ich. Ineke meint, erst sollten wir in der Herberge einchecken, die sie von Köln aus gebucht hat.

Die Herberge, die als private Unterkunft von einer Señora betrieben wird, liegt im Zentrum des Ortes inmitten von Wohnhäusern, Stallungen und Scheunen. Lediglich die straßenseitige Fassade weicht um etwa 2 m hinter die Fluchtlinie der übrigen Gebäude zurück. Hinter einer kleinen Umzäunung aus Stahl werden in diesem Rücksprung Wartebänke für ankommende Pilger angeboten. Wir haben Glück, denn bei unserer Ankunft bescheint die milde Nachmittagssonne diesen kleinen Vorplatz und wir breiten uns mit Freude auf den Bänken aus. Die Türen zum Gebäude sind nur angelehnt. Wir machen uns mit Räuspern und vorsichtigen Rufen bemerkbar. Aber niemand nimmt Notiz davon. Auf den Türen kleben Hinweise, die den Gästen des Hauses empfehlen, bei Abwesenheit der Hospitalera eine bestimmte Telefonnummer zu wählen. Sie wird dann innerhalb von »cinco minutos« zur Stelle sein. Wir verhalten uns weisungsgemäß und nach weniger als fünf Minuten ist unsere Gastgeberin da.

Nach dem Einchecken und der Bezahlung für die Übernachtung sind wir dann frei für die Eroberung der Sehenswürdigkeiten des Dorfes. Die Kirche, die hinter einer mittelalterlichen Westfassade mit aufgesetztem Glockenaufsatz als moderne einschiffige Halle errichtet ist, ist verschlossen. Die alte, öffentliche Herberge, die in einem historischen Wohnhaus aus Bruchsteinmauerwerk untergebracht ist, liegt ebenfalls noch in tiefer Siestaruhe. Also führt uns unser Weg recht schnell wieder aus dem Dorf heraus zu der Klosterruine, die wir bereits vor unserer Ankunft auf einem kleinen Hügel gesehen haben.

Villanueva de Campeán: Ruine des Franziskanerklosters

Das außerhalb des Ortes liegende Kloster Santa María del Soto wurde bereits im 13. Jh. von dem schnell anwachsenden Orden der Franziskaner gegründet. Es muss für die Gegend von großer Bedeutung gewesen sein, denn zeitweise beherbergte es mehr als hundert Mönche. Es erreichte seine Hochzeit im Barock des 18. Jh. Aus dieser letzten Blütezeit stammen die Westfassade der Kirche und deren innere Struktur mit flach gekrümmten Gewölbe- und Gurtbogenansätzen. In der verwitterten Fassade entdecke ich ganz oben ein Bildnis der Namenspatronin Maria, darunter in muschelverzierten Wandnischen diverse für mich Laien nicht identifizierbare Figuren und Wappen, darunter zentral ein Kreuz über zwei gekreuzten Händen, das Signum des Franziskanerordens. Das Ganze ist heute bis auf die Außenmauern zerstört. Nach der Aufgabe des Klosters wurde der Ort wohl intensiv zur Gewinnung von Baumaterial genutzt.

Nachdem Ineke sich im Schatten einer kleinen Baumgruppe inmitten der Felder zu einer Mittagsruhe ausgebreitet hat, kämpfe ich mich durch eine zerstörte Tür in der Einfriedungsmauer des Klosters und durch ein wahres Meer von mannshohen Disteln zu einer Position vor, aus der ich ungestört und unbeobachtet diese alte Barockherrlichkeit zeichnerisch festhalten kann.

Während ich in einem Winkel der verlassenen Ruine den Ansatz der Kirchengewölbe zeichne, stelle ich plötzlich fest, dass ich beobachtet werde. Ein junger Mann in knallrotem T-Shirt schaut um die Ecke des zerstörten Eingangsportals. Nach dem Schrecken des ersten Blickkontaktes scheint er seine Neugier jedoch befriedigt zu haben und zu meiner Erleichterung zieht er sich wortlos wieder zurück.

Später entdecke ich das auffallend rote Bekleidungsstück in einer Gruppe von Männern wieder, die in einiger Entfernung in einem Weinfeld bei der Arbeit sind. Ermutigt durch den harmlosen Ausgang der ersten Begegnung in der Kirchenruine bin ich nun neugierig, mit welcher wichtigen Tätigkeit eine Gruppe von etwa 15 Männern sich an diesem Oktobertag in einem Weinfeld beschäftigt. Die Weinstöcke wachsen relativ wild, ohne Rankhilfe einfach in kleinen und größeren Büschen aus dem Boden. Von einem Rückschnitt vor dem Frühjahrsaustrieb ist hier nicht sonderlich viel festzustellen.

Und dennoch, unter dem schützenden Blätterdach der Pflanzen erblicke ich eine beeindruckende Menge von dicken, reifen Trauben. Man ist offenbar bei der Ernte. Die Männer fördern in gebeugter Haltung eine Unmenge von frischen, runden, knackigen Trauben an das Tageslicht. Einige Traktoren mit großen folienbekleideten Ladeflächen nehmen die geernteten Früchte auf.

Nach meinem schüchternen »Buenas Tardes« kommt plötzlich der Rotbekleidete auf mich zu. In seinen muskulösen Armen trägt er ein großes Bündel frisch geernteter Weintrauben. »Buenas«, ruft er mir zu und lädt die Masse Früchte ohne ein weiteres Wort auf meinen Armen ab. Ein anderer winkt mir, mit ihm zu kommen. Er deutet auf das Nachbarfeld. Dort, so erklärt er mir, wachsen Muskattrauben, die natürlich noch süßer und zum direkten Verzehr noch besser geeignet als die Früchte, die ich bereits in meinen Armen halte. Und um seinen Worten Nachdruck zu verleihen, greift er unter das Blattwerk eines Busches und gibt mir eine kleine Kostprobe. Während ich noch mit dieser Probe beschäftigt bin, läuft er wieselflink hin und her und kommt am Ende zurück mit mehreren Kilo Trauben auf den zusammengepressten Unterarmen. Er lädt das alles, ohne meine bescheidenen Ablehnungs- und Abwehrversuche zu beachten, vor meinen Füßen ab und bedeutet mit viel Worten und Gesten, ich solle die Früchte in meinem T-Shirt zu meiner Señora nach Hause nehmen.

Also gut! Ich gebe mich geschlagen! Mit beiden Armen und Händen schleppe ich die Früchte zuerst zu Inekes Rastplatz und schließlich in die Herberge, wo wir eine Glasschüssel finden, um den reichen Erntesegen für andere Pilger zu hinterlassen.

5. Oktober 2016

Es ist kühl in den Morgenstunden. Wir laufen auf breiter Kiespiste, immer dem Verlauf der historischen Calzada Romana folgend. Der Himmel hat sich heute dezent verschleiert. Zwar ist die Sonne immer irgendwie in unserer Nähe, aber ihr Licht reicht nicht aus, um unseren Schatten auf dem

Weg überzeugend abzubilden. Erst einzeln und dann immer zahlreicher aus dem Weg sprießend, leuchten uns pinkfarbene Herbstzeitlose entgegen. Sie sind klein, aber dafür strecken sie uns umso farbiger ihre spitzfingrigen Blütenblätter, die den goldgelben Fruchtkelch umgeben, entgegen. Aus einem kleinen Flecken von plattgetretenem, braunem Gras strahlt uns dann eine ganze Kolonie dieser stillen Herbstboten an. Eine stille, freundliche Welt, die uns dieser Herbsttag mit seiner Natur bietet.

Nach etwa 10 km trifft unser Weg auf den großen Ost-West-Wanderweg, den Camino Grande, der von Portugal quer über die iberische Halbinsel verläuft. Heute wird er uns mindestens bis Zamora begleiten.

An einer Wegegabelung stoßen wir auf eine Gedenkstätte der besonderen Art: In der Mitte eines annähernd kreisförmigen Areals ist eine kleine Aufmauerung zu sehen, fast wie die Umrandung eines kleinen Brunnens. Das Volumen innerhalb dieser Umrandung ist jedoch trocken, ca. 50 cm tief und hat einen geschlossenen festen Boden. Es ist der Brocal de las Promesas, der Gelübdebrunnen, oder auch als Brunnen der Wünsche bezeichnet, den wir vor uns haben. Der Wunsch, dass dieser Brunnen sich mit klarem Wasser füllt, scheint jedoch ebenso weit entfernt zu sein, wie das Erreichen von Frieden und Harmonie in der Welt, das als Sehnsucht und Wunsch der Menschheit in drei gewaltigen Granitstelen in unterschiedlichen Sprachen und Schriften eingemeißelt ist. Das friedliche Miteinander unterschiedlicher Kulturen, die beliebige Kreuzung und Entwicklung der Religionen und schließlich die Fortsetzung eines friedlichen Weges der Menschheit in eine gemeinsame harmonische Zukunft werden hier beschworen. Ein Ort der Nachdenklichkeit in einem Land, wo sich römische Spuren mit Hinterlassenschaften einer großen, Jahrhunderte andauernden islamischen Kultur und schließlich einer überreichen und christlichen Tradition überlagern und vermischen.

Zamora

Die sich neben dieser Gedenkstätte kreuzenden und in unterschiedliche Himmelsrichtungen in die Landschaft und damit in die Welt hinausführenden Wege mögen diese mahnende Botschaft weit hinaustragen in die Krisengebiete dieser Erde mit ihrem unsinnigen unersättlichen Streben nach Macht, nach religiöser, politischer und militärischer Dominanz.

Hier auf dem Jakobsweg gewinnt ein Menschheitswunsch in Stein gehauen Form! Man kann ihn nur im Herzen mitnehmen und mitgehen lassen in die Länder dieser Welt, deren Menschen hier diesen wahrhaft internationalen Weg nach Santiago gehen.

Leider ist auch das Unverständnis unserer Zeit gegenüber der Symbolik dieser Gedenkstätte unübersehbar. Unbekannte haben die Granitabdeckung des Brunnenrandes zerstört. Die Gedankenlosigkeit und Achtlosigkeit der heutigen Menschen manifestiert sich auch im näheren Umfeld der Gedenkstätte. Der Windschatten, den die drei etwa 4 m hohen Granitstelen in der zugigen weiten Ebene bieten, wurde von Vorüberziehenden nicht nur für Picknicks genutzt. Neben Verpackungen von Chips und Getränken finden sich hier auch die Spuren von Vorbeiziehenden, die im hohen Gras ihre Notdurft verrichtet haben. Es ist eine zerrissene, von Egoismen getriebene Welt, die hier die Besonderheit des Ortes gedankenlos schändet. Eine Welt, die weitab von jeglichem Gedanken von Miteinander und gegenseitiger Achtung in rücksichtsloser Sicherung eigener kleiner Bedürfnisse Menschen aufeinanderhetzt. Wir erleben hier Gleichgültigkeit bis Feindschaft vor allem, was fremd ist. Dieser Ort hätte es verdient, als Wegweiser für den Weg in eine harmonische Zukunft der Menschheit erlebt zu werden. Wir verlassen ihn alsbald mit Enttäuschung und Zorn.

Inzwischen ist bei allen trüben Gedanken die Sonne hinter ihren Wolkenschleiern hervorgekommen. Auf einer stark abschüssigen Straße nähern wir uns dem Tal des Duero, auf dessen nördlicher Seite die Altstadt von Zamora liegt. Flussufer in Städten sind immer besondere Anziehungspunkte für öffentliches Leben. Wir erreichen eine großräumige Freizeitanlage, die sich mit kleinen Gastronomiebetrieben, Spielgeräten, Einrichtungen für Freizeitsport und Clubhäusern von Sportvereinen auf der ebenen, weitläufigen Uferzone ausbreitet. Die Freiräume sind mit großen Wiesenflächen begrünt. Gewaltige, alte Bäume spenden Schatten. Dies ist genau der Ort, an dem man die gegenüberliegende Altstadt auf sich wirken lassen kann. Auf der Felswand des gegenüberliegenden Ufers führen steil angelegte Straßen in die Höhe der mit Festungsanlagen gesicherten Oberstadt.

Reihen kleinteiliger, ziegelgedeckter Natursteinhäuser stapeln sich an Treppenanlagen den Hang hinauf. Ein großartiger Palast mit Loggien auf der sichtbaren Seite macht sich innerhalb der gedrängt stehenden Einzelhäuser breit. Über allem thront majestätisch die Kathedrale mit ihrem wuchtigen viereckigen Turm und ihrer türmchenverzierten Vierungskuppel.

Um den Fluss zu überqueren, müssen wir noch eine gute Strecke an seinem Ufer entlanggehen. Der Fußweg, dem wir folgen, ist als Prozessionsweg mit den 14 Stationen des Kreuzwegs gestaltet. Die Bilder der einzelnen Stationen sind in Bronze gegossen. Die symbolischen Kennzeichen der einzelnen Stationen werden als Reliefs in einer sparsamen, auf das Wesentliche beschränkten Formensprache auf etwa 1 m hohen Bronzestelen dargestellt.

Endlich haben wir die Brücke, die uns an das andere Ufer führen soll, erreicht. Wen wundert es noch nach all unseren bisherigen Erlebnissen auf der Vía de la Plata, dass auch hier bereits die Römer den Fluss auf einer Steinbrücke überquerten, bevor das Mittelalter mit seinen besseren technischen Möglichkeiten die heutige Form schuf.

Unser Hostal liegt in der Oberstadt. Nach unserer ausführlichen Pause im Schatten des Freizeitparks am Flussufer kommen wir nun auf den steilen Straßen und Treppen in die Oberstadt nochmals heftig ins Schwitzen.

6. Oktober 2016

La bien cerrada (die gut Befestigte) nannte Fernando I von Kastilien und León die Stadt, nachdem er sie im 11. Jh. von der maurischen Herrschaft befreit hatte. Er baute die westliche Spitze des Felssockels über dem Duero zu einer beeindruckenden Befestigungsanlage aus. Diese bildete zusammen mit einer Stadtmauer, die die Mauren bereits im 9. Jh.

errichtet hatten, einen zur damaligen Zeit unbezwingbaren baulichen Schutz für die Stadt, die nach der Rückeroberung und der Vertreibung der Mauren mit Christen zwangsbesiedelt wurde. Nicht weniger als 23 romanische Kirchen sind heute stumme bauliche Zeugen dieser Zeit. Im Westen unmittelbar hinter der massiven Festungsanlage ragt der trutzige Turm der Kathedrale in den Himmel. Seine Höhe über dem Duero muss nicht unwesentlich zum Eindruck der Uneinnehmbarkeit der Stadt beigetragen haben, wenn sich Angreifer im Flusstal sammelten, um die Stadt zu stürmen. Natürlich begann die Geschichte Zamoras lange bevor Römer, Mauren und Christen ein fruchtbares Gemisch von einander überlagernden Kulturen, das heute in beeindruckender Form das Bild der Stadt prägt, erzeugten. In der Frühzeit lebten Kelten an den Ufern des Duero, bevor die erste Stadtgründung mit Namen Ocellum Duri durch die Römer erfolgte. Nach der Besiedlung durch die Westgoten erhielt die Stadt im 7. Jh. dann den Namen Semure. In klanglicher Anlehnung daran nannten die Mauren dann den Ort »Azemur«, was soviel wie wilder Olivenhain bedeutet.

Bei unserem heutigen Stadtrundgang laufen wir auf der Rua de los Francos, der zentralen Achse der Oberstadt von Ost nach West. Wie an einer Perlenschnur liegen hier die schönsten romanischen Kirchen der Stadt in dichter Folge hintereinander. Die Iglesia de San Juan, die an der Plaza Mayor liegt, die Iglesia de la Magdalena, San Pedro y San Ildefonso, Santiago del Burgo. Sie alle entstanden im 11./12. Jh. Merkwürdige Bauformen wurden dabei entwickelt: Während Santiago del Burgo noch klassisch dreischiffig im Aufbau ist, entdecken wir in Santa Magdalena eine gewaltige Halle, in der ehemals vier Gewölbejoche zu zwei gewaltigen Bögen zusammengefasst wurden. Massive Gewölbe waren bei diesem Umbau natürlich aufgrund ihres Gewichts nicht mehr beizubehalten und man entschied sich für eine einfachere Holzdecke. Beeindruckend ist auch an der Iglesia San Pedro y San Ilde-

Zamora: Ansicht mit Kathedrale

fonso, wie diese Kirche mit ihren äußeren Strebebögen über eine enge begleitende Straße hinweg sich gegen die benachbarten Hauswände abstützt. Bei aller Suche nach Bauformen: Für mich persönlich ist besonders berührend, wie in dieser ehemals maurisch besetzten Stadt der wieder angesiedelten christlichen Bevölkerung mit einer großen Dichte von Kirchenbauten eine neue geistig-religiöse Heimat bereitet werden sollte. Die plastische Gestaltung der Portale sowie der Steinmetzdekor um die Fenster der Kirchen greifen dabei deutlich auf den gestalterischen Fundus der hier jahrhundertelang praktizierten Bauformen und Dekore maurischen Ursprungs zurück.

Zamora: Wassermühlen im Duero

Man muss sich die Stadt erwandern, um noch viele weitere Baudenkmäler aus mittelalterlicher Zeit zu entdecken. Erwähnen möchte ich auch die Wassermühlen, die auf einem Wehr im Duero im Mittelalter errichtet wurden.

Die Kathedrale von Zamora krönt die Stadt an ihrer höchsten Stelle.

Langgestreckt, ein dreischiffiger, mächtiger Bau mit kühn geschwungenen klassischen Kreuzrippengewölben über dem Langhaus. Sie wurde 1131 bis 1174 auf königliches Dekret hin errichtet. Die Choranlage ist jünger. Sie schwelgt im Kontrast zu dem strengen Langhaus in einem üppigen Netzgewölbe.

Aus der Distanz ist für mich bei der Annäherung der wirkungsvolle Vierungsturm, der den Kirchengrundriss durch ein von oben einfallendes mystisches, aber klares Licht an dieser zentralen Stelle wirkungsvoll erhellt, der eigentliche Höhepunkt dieser Kirchenarchitektur. Aus der Ferne wirkt seine Proportion gegenüber dem massigen Baukörper etwas gedrungen. Bei der Annäherung entdeckt man vielfältige überraschende Details: runde Ecktürme mit byzantinisch anmutenden Kuppeln, in der Mitte der von Ecktürmen begrenzten Seiten der Zentralkuppel ragen plastisch gegliederte Ziergiebel bis fast zur Höhe der Hauptkuppel empor.

Das Ganze ist zwischen den kräftigen nach außen in Erscheinung tretenden Rippen über den Gewölbegraten mit Steinplatten in einer Art Schuppendeckung gedeckt. Die Oberflächen sind auf diese Weise stark strukturiert und ingesamt lebhaft gegliedert.

Die Renaissance hat den romanisch/gotischen Bau mit einem angrenzenden Kloster erweitert, in dem heute das Museo Diocesano untergebracht ist. In seinen weiten Räumen kann man noch wahre Kostbarkeiten mittelalterlicher Kunst entdecken. Wir verbringen hier den gesamten Vormittag, staunend, meditierend und zeichnend.

Ein Tag in einem Pilgerleben ist bei weitem zu wenig, um den kulturellen und baulichen Reichtum dieser Stadt wirklich kennenzulernen. Viele Dinge sehen wir nur im Vorbeigehen: das Museo de la Semana Santa, den spätgotischen Palacio de los Condes de Alba de Liste (heute ein Parador-Hotel) sowie zahllose schöne Jugendstilhäuser.

Abends, als wir auf der Plaza Mayor in einem Straßencafé sitzen, erleben wir dann noch ein Schauspiel besonderer Art: Plötzlich erblicken wir eine Zahl von Störchen, die über dem Platz und den angrenzenden Häusern kreisen. Wir hatten erwartet, dass Störche als Zugvögel im Herbst wärmere Länder aufsuchen, um den Winter zu verbringen. Nun kreisen

Zamora: Plaza Mayor

sie über unseren Köpfen. Sie haben möglicherweise den Tag genutzt, um am Fluss Nahrung zu suchen und kehren mit der einsetzenden Dämmerung in die wärmere Stadt zurück. Nach einigen Runden verteilen sie sich auf die Dächer und Schornsteine der umliegenden Gebäude und richten sich offenbar für die Nacht ein.

7. Oktober 2016

Wie bereits der Süden Zamoras ist auch das nördliche Umfeld der Stadt von endlosen Getreidefeldern bedeckt. Im Oktober ist die Ernte hier jedoch längst eingebracht und das Land glänzt golden in der Sonne. Je weiter wir uns von der Stadt entfernen, umso intensiver sind die Felder bereits umgepflügt und für die Aussaat des nächsten Jahres vorbereitet. Die Erde ist rotbraun. Mit dem Gelb der verbliebenen Stoppelfelder und dem noch immer makellosen blauen Himmel darüber wandern wir durch ein farbintensives herbstliches Gemälde.

Die Wege sind schnurgrade, breit und mit rötlichem Kies befestigt. Mancher Weg, den wir gehen, verliert sich im Irgendwo, fern hinter einer sanften Hügelkuppe. Büsche mit zahllosen Hagebutten erzählen uns stumm die Geschichte einer einst blühenden Sommerlandschaft. Disteln und Gräser zwischen dem Buschwerk mit langsam vergilbenden Blättern vermitteln uns ein Bild vergangenen sommerlichen Überflusses. Noch lässt sich der Winter jedoch etwas Zeit.

Unser Ziel ist heute Montamarta, ein kleiner Flecken in den Getreidefeldern etwa 20 km von Zamora entfernt. Montamarta liegt am Ausläufer eines ausgedehnten Stausees. Hier stand einmal ein großes Kloster der Hieronymiten (span. jerónimos). Zu diesem einst in Spanien verbreiteten Orden gehörten das Kloster Yuste, wo Kaiser Karl V. sein Leben beschloss, das Kloster von Guadalupe und der Klosterpalast El Escorial, das von Philipp II. zur königlichen Grablege gewählt wurde. Im Kloster von Montamarta, wo berühmte Theologen lehrten, wurde auch der erste Prior des Esccorials und Beichtvater Karls des V. ausgebildet. Im 16. Jh. wurde das Kloster nach Zamora, dem nahegelegenen Bischofssitz verlegt. Gewiss mögen bei der Verlegung auch Überlegungen eine Rolle gespielt haben, dem Kloster mit der befestigten Stadt eine größere Si-

Montamarta: Ermita de la Virgen del Castillo

cherheit bieten zu können. In unserem Rother-Reiseführer lesen wir, dass heute nur noch Ruinen von diesem bedeutenden Bau übriggeblieben sein sollen. Meine Suche nach diesen Ruinen war jedoch wenig erfolgreich. Nachdem ich mich auf den Weg gemacht hatte, um das Dorf und seine Umgebung näher kennenzulernen, befragte ich einige der älteren Dorfbewohner, die sich vor dem Sportzentrum am Rande des Stausees auf dort aufgestellten Bänken stumm in der milden Nachmittagssonne niedergelassen hatten, wo denn nun die Reste des alten Monasterio de los Jerónimos seien. Ihre Antwort war nur ein stummes Schulterzucken. Offenbar hatte dieser kleine

Ort sich von seiner einst großartigen Vergangenheit längst verabschiedet. Zwei Tankstellen am Ortseingang und schließlich eine Brücke über einen Seitenarm des Stausees sind an diesem Tag die einzigen »Sehenswürdigkeiten«, die der Ort für uns bereithält. Glücklicherweise ist der See nach einem trockenen Sommer zur Zeit unseres Besuchs ausgetrocknet. In einiger Entfernung auf dem gegenüberliegenden Ufer liegt die Ermita de la Virgen del Castillo, die im 16. Jh. erbaut wurde, also annähernd zeitgleich mit der Aufgabe des Klosters de los Jeronimos. Wir brauchen also nicht den kleinen Umweg über die Brücke zu nehmen.

Ein Trampelpfad durch die niedrige, aber stachelige, dichte Vegetation im Bett des Sees führt uns auf direktem Weg an unser Ziel. Leider ist die kleine Wallfahrtskirche, die auf einem stolzen Felssockel über dem See steht, nicht zur Besichtigung geöffnet. Immerhin, das äußere Erlebnis des in braunem Naturstein der Region erbauten kleinen Kirchleins mit seiner nach Süden auf den See gerichteten großzügigen, mediterran anmutenden Säulenhalle entschädigt uns für den Augenblick.

Abends findet in der Pfarrkirche des Ortes, der Iglesia de Miguel Arcángel aus dem 16. Jh., noch eine Abendmesse statt. Natürlich nutzen wir diese Gelegenheit, um neben der Teilnahme an der Messe das Innere dieser verhältnismäßig großen Kirche, die im Laufe der Jahrhunderte offensichtlich einige Umbauten an ihrer den steinernen Glockenstuhl tragenden Westfassade erlebt hat, kennenzulernen. Der Raum ist schlicht, als große Halle konzipiert.

Auf der Südseite befinden sich in der ansonsten geschlossenen Wand hoch oben einige kleine Fenster. Die Wände sind unverputzt in Bruchstein gehalten. Die einschiffige Halle ist mit einem hölzernen Dachstuhl, dessen konstruktive Teile innen sichtbar belassen sind, überdeckt. Einziges Schmuckstück in diesem kargen, funktionsbetonten Raum ist der barocke Hochaltar.

Ich bin erstaunt über die Größe dieser Kirche, die immerhin aus dem 16. Jh. stammt. Das ausgehende Mittelalter muss auf dem Land noch eine große Volksfrömmigkeit gekannt haben, selbst noch als man das berühmte Kloster aus dem Ort entfernte und seine Gemäuer ohne weitere Beachtung dem Verfall oder auch der Plünderung und Auskernung überließ.

Nachdem ich meine architektonische Neugier befriedigt habe, nutze ich den ersten Teil der Messe inklusive der kurzen Predigt dazu, mir die unangenehm stechenden Dornen und Stacheln, die ich mir bedingt durch meine offenen Sandalen im trockenliegenden Bett des Sees eingefangen habe, mühsam aus meinen Socken zu zupfen.

8. Oktober 2016

Zwei wesentliche Details, die ich bisher nicht ausreichend erwähnt habe, kennzeichnen seit Zamora unseren Weg durch die herbstlich goldene, hügelige Landschaft. Da ist zunächst die neue Autobahn A66, Zamora – León, die sich in weiten Bögen durch die Landschaft schlängelt. Außerdem ist man dabei, eine neue Schnellzugtrasse der AVE (treno A grande VElocidad) von Zamora nach Santiago zu bauen. Beide Bauwerke haben auch nach ihrer Fertigstellung Wunden in der Landschaft hinterlassen, die wohl noch einige Jahre brauchen, um durch neue Vegetation auf Böschungen und Seitenstreifen wieder zu verheilen. Für uns Pilger bedeutet die intensive Erschließung des Landes, dass sich unser Weg immer wieder den neuen Gegebenheiten anpassen muss.

Zwar laufen wir auf gut ausgebauter, breiter Kiespiste, jedoch nutzt der neue Weg vielfach die Brücken kleiner Straßen über die Autobahn und folgt diesen eine kleine Weile, bis der Weg in einem Verteilerkreis nach Überwinden von Schnellstraße und Eisenbahn wieder in die Felder der Umgebung abzweigt.

So laufen wir auch heute so manche kleine Umleitung. Wenn dann der Weg sich von der automobil genutzten Infrastruktur verabschiedet, verläuft er nicht selten neben der Autobahn, geradeso, als könne er sich von der sanft eingeebneten künstlich geschaffenen Topografie nicht trennen.

Nach einigen Richtungswechseln an Brücken und Verteilerkreisen sehen wir dann doch, dass der Augenblick der Trennung von Autobahn und Pilgerweg endlich gekommen ist. In weitem eleganten Bogen schwingt sich die A66 auf Betonstelzen über eine flache Talmulde, in der sich in einer niederschlagsreicheren Jahreszeit ein weit verzweigter Stausee ausgedehnt hat. Unser Weg verweigert an dieser Stelle der Straße die weitere Gefolgschaft und biegt in einer entschiedenen Rechtskurve in die Landschaft ab, um den Ufern der Seeausläufer zu folgen.

Allmählich nimmt der Camino danach wieder die natürliche Form eines unbefestigten, teilweise grasbewachsenen Feldweges an. In großen Gruppen leuchten uns Herbstzeitlose entgegen. Der Weg schlängelt sich nach den endlosen Geraden parallel zur Autobahn nun durch hügeliges Gelände.

Einige der neben dem Weg stehenden Disteln haben die geringen Niederschläge der letzten Wochen genutzt, um aus ihrem einheitlich braunen Kleid noch einige leuchtend gelbe, von wenigen grünen Blättern umgebene Blüten hervorzubringen.

Auf einer Hügelkuppe wenige Kilometer vor uns taucht plötzlich die ehemalige Festung Castrotorafe auf, zunächst nur mit wenigen zerstörten und teilweise abgetragenen Turmspitzen. Dann wird jedoch die beeindruckende Dimension der Anlage immer deutlicher. In einem weiten Kreis um die Hügelkuppe erkennen wir die Reste einer Befestigungsmauer, die in einem Bogen von etwa 700 m Durchmesser diese ehemalige befestigte Stadt umschließt. Türme unterschiedlicher Höhe und Mächtigkeit stehen in unregelmäßigen Abständen. Sie haben nur in der Höhe Öffnungen, die möglicherweise der Verteidigung gedient haben mögen, Tore bieten sie nicht an. Wir können nur einen Zugang zu dieser imposanten Anlage feststellen. Er liegt in einem Bereich, in dem die Mauer über eine kleine Strecke vollkommen niedergelegt ist. Hier bietet sich heute der einzige Zugang von den nahe vorbeiführenden Feldwegen an. Die Festung Castrotorafe (15. Jh.) war der Hauptsitz der Santiago-Ritter im Königreich León. Die erste urkundliche Erwähnung des Ortes fällt in das Jahr 1129, als König Alfonso VII dem Ort Rechte und Freiheiten (sog. fueros) gewährte. Aufgrund ihrer herausragenden strategischen Bedeutung entwickelte sich Castrotorafe zu einer der bedeutendsten Städte der Region. Mit der Zerstörung der unterhalb der Festung gelegenen Brücke über den Río Esla begann der Niedergang des Ortes. Im 18. Jh. wurde die Anlage schließlich aufgegeben.

Die Gegend ist heute dünn besiedelt. Unser Tagesziel ist heute Granja de Moreruela, ein Dorf, das im Mittelalter in der Nähe eines berühmten großen Klosters entstand. Von Granja de Moreruela gibt es zwei Varianten der Vía de la Plata nach Santiago de Compostela: der Camino sanabrés über Ourense und der weiter nach Norden führende Weg nach Astorga am Camino francés. Wir haben hier in einer Casa rural, die als ausgebautes ehemaliges Gehöft einen großzügigen und erholsamen Aufenthalt bietet, ein Zimmer gemietet. Aber noch ist die Zeit für einen Aufenthalt in den angehm gestalteten Räumen unserer heutigen Unterkunft nicht gekommen. Die Zeit ist bereits fortgeschritten und nach einer kurzen Erfrischungspause brechen wir sofort auf, um die in etwa 3 km Entfernung liegende Ruine des Klosters Santa María de Moreruela zu besichtigen.

Da es bereits auf 18 Uhr zugeht, beschließen wir, nachdem wir heute bereits mehr als 25 km gelaufen sind, unseren Weg zum Kloster im Taxi zurückzulegen. In einer nahen Bar erfahren wir, dass im Dorf niemand Taxifahrten anbietet. Unternehmer in Nachbardörfern scheuen die überproportional lange Anfahrt, die einen unrealistischen Preis für die letztlich kurze Strecke zu unseren Ziel bewirken würde. Im Übrigen: Es ist Feierabendzeit. Man ruht vor der Cena, dem Abendessen. Ineke zögert, spricht einzelne Gäste, die zum Aperitif an der Bartheke stehen an. Niemand zeigt Bereitschaft, uns den Gefallen eines schnellen und selbstverständlich bezahlten Transports zu erweisen.

Die Besichtigung des Klosters ist mir besonders wichtig. Ich möchte darauf auf keinen Fall wegen fehlender Transportmöglichkeiten verzichten. Wir beschließen schließlich, dass Ineke in unsere Casa Rural zurückkehrt und ich mich allein und zu Fuß auf den Weg mache. Inzwischen ist es etwa 18.30 Uhr. Ich mache mich im Schnelltempo auf den Weg. Die Richtung, die ich einzuschlagen habe, habe ich bereits bei unserer Ankunft im Ort auf einem der Camino- Wegweiser abgelesen.

Ich überquere die Autobahn (zum gefühlt zehnten Mal am heutigen Tag) und eile an Gärten vorbei, in denen Familien ihren Feierabend mit einem Barbecue genießen. Schließlich wird die Straße, auf der ich laufe, immer schmaler, ich scheine mich dem Ende der Welt oder zumindest dem Ende der Zivilisation auf der iberischen Halbinsel zu nähern. Schließlich laufe ich auf einem asphaltierten einspurigen Weg. Beidseitig sehe ich hohe Zäune, die weite baumbestandene Dehesas einfrieden. Hinweisschilder, die alle 30 m auf den Zäunen befestigt sind, warnen vor dem Eindringen hinter den Zaun bei Androhung von Verfolgung aufgrund irgendeines Strafgesetzbuchparagraphen, in dem wohl von Landfriedensbruch oder ähnlichen Ungeheuerlichkeiten die Rede ist. Von Klosterruine keine Spur.

Der Weg endet vor einer Bruchsteinmauer. Habe ich mich in der Eile verlaufen? Noch immer ist mein Ziel nicht in Sicht. Ein kleiner Feldweg führt auf der rechten Seite des Weges zwischen Bruchsteinmauer und Zaun in eine leichte Senke bergab. Ich schöpfe wieder Hoffnung, denn abwärtsführende Wege bedeuten meistens in der offenen Landschaft, dass

Granja de Moreruela: Kirche des ehemaligen Zisterzienser-klosters Santa María de Moreruela

man sich möglicherweise einem Tal mit einem Wasserlauf nähert. Dies bedeutet natürlich noch immer nicht, dass dort auch ein Kloster zu finden ist. Aber wo sollte man sonst in der Vergangenheit ein Kloster gebaut haben, wenn nicht dort, wo die Wasserversorgung gesichert ist? Endlich erblicke ich zwischen den Bäumen rötliches Ziegelmauerwerk.

Der Zaun auf meiner rechten Seite verdichtet sich zu einer massiven Bruchsteinwand, stellenweise von Gittertoren unterbrochen. Dahinter liegen erdblanke Brachflächen, deutlich von Autoreifen profiliert. Der Verdacht liegt nahe, dass es sich dabei um Parkplätze handelt, die sich der Klosterruine vorlagern. Aber keines der Gittertore lädt zum Einfahren auf die Flächen ein. Endlich, am Ende einer größeren grasbewachsenen Fläche sehe ich die Ruine in ihrer ganzen imposanten Größe vor mir. Ich blicke von meinem Weg aus direkt in das hoch aufragende Hauptschiff der Klosterkirche. Bis zu einer Höhe von etwa 2,50 m ist der Zugang an der Stelle, wo einst die Westfassade gestanden haben mag, mit einem Bretterzaun verschlossen. Auch das Tor, durch dessen Gitter ich auf die Ruine blicke, ist zu. Zutritt verboten!

Auf dem Gelände sehe ich eine Gestalt in blauer Blousonjacke laufen. Beim ersten Blickkontakt winke ich. Der Unbekannte kommt näher. »Es cerrado?«, frage ich mit meinen bescheidenen Spanischkenntnissen. Er nickt: »Cerrado«. Aber sein Gesicht ist bei dieser Aussage nicht amtlich ernst, sondern durchaus freundlich, fast einladend.

»On peut entrer quand-même?«, frage ich auf Französisch, weil mir die spanischen Worte fehlen.

»Si vous pouvez grimper à travers la grille, oui!«, kommt es ebenfalls auf Französisch zurück.

Mein Herz jubelt. Ich bin von der Großzügigkeit spanischer Ordnungskräfte geradezu überwältigt. Ich klettere auf das Gitter und, um seinen Worten Nachdruck zu verleihen, kommt er mir einige Schritte entgegen und reicht mir die Hand, um mich beim Sprung von der Höhe des Gitters aufzufangen.

Nach einigen Dankesworten laufe ich mit ihm durch hüfthohes, trocken-braunes Gras, bis ich einen Platz für eine Zeichnung vor der imposanten Choranlage der Kirche mit ihrem Kapellenkranz gefunden habe. Mein illegaler Gastgeber gibt mir ein Zeichen, dass er seinen Rundgang fortsetzt. Er wird auf mich an irgendeiner Stelle der Einfriedungsmauer, die ein Übersteigen ermöglicht, warten.

Das Kloster Santa María de Moreruela wurde von französischen Zisterziensermönchen im 12. Jh. als eine der ersten

Zisterzienserniederlassungen auf der iberischen Halbinsel gegründet. Klöster zogen als soziale und zivilisatorische Stützpunkte in der damaligen Zeit die Besiedlung des Umfeldes mit Höfen und Siedlungen nach sich. So war auch die Ansiedlung des Klosters ein Teil der Besiedlungsplanung von Alfonso VII in der Region.

Zeitweise beherbergte das Kloster in seinen Gebäuden, die sukzessive bis zum 17. Jh. um einen großen Kreuzgang entstanden, zweihundert Mönche. Die Kirche zeigt in ihren Resten neben den romanisch anmutenden Formen der alten Choranlage dann auch in den Langhauswänden deutliche Kennzeichen der Renaissance. Sie sind zweigeschossig mit großen rundbogenüberdeckten Wandöffnungen im Obergeschoss. Im Zuge der Säkularisierung im 19. Jh. wurde das Kloster aufgegeben. Die Gebäude verfielen. Heute ist der spanische Staat bemüht, die Reste als Baudenkmal zu konservieren. Manche Teile hat man, um die Anlage in ihrer Gänze erhalten und zeigen zu können, rekonstruiert.

In der menschenleeren Ruine fühle ich mich trotz der Nähe meines »Gastgebers« nicht sehr behaglich. Trotz meiner inneren Anspannung gelingt mir die Skizze von der beeindruckenden Choranlage recht gut und ich beeile mich, den in der aufkommenden Dämmerung immer weniger einladenden Ort möglichst schnell zu verlassen.

Unter einem Olivenbäumchen unmittelbar vor der Einfriedungsmauer sehe ich, dass der Unbekannte sich zu einem Päuschen auf seinem Rundgang im trockenen Gras niedergelegt hat. Wir helfen uns gegenseitig beim Übersteigen der Mauer und laufen gemeinsam den Weg zurück. Ich bin über die Beharrlichkeit meines Begleiters etwas erstaunt. Um das anfängliche Schweigen zu brechen, fange ich einfach an, mich vorzustellen und dem Unbekannten von meinem bisherigen Pilgerweg zu berichten. Erst jetzt erfahre ich, dass mein Begleiter ebenfalls als Pilger unterwegs ist. Er hat in Abstimmung mit dem Wachpersonal seinen Aufenthalt auf dem Klostergelände über das Besuchsende hinaus ausgedehnt. Mein Unbehaglichkeitsgefühl verflüchtigt sich, meine Euphorie über den gelungenen Coup kommt zurück.

José Antonio heißt mein Begleiter. Er ist Landwirt in einem Dorf nahe Alicante. Sein landwirtschaftliches Erzeugnis sind exotische Früchte, deren Bäume er aus Südostasien importiert hat. Die Früchte exportiert er in arabische Länder und nach Italien. Eigentlich ist er ausgebildeter Bauingenieur. In einer Phase von Arbeitslosigkeit, in der seine Frau Victoria als kommunal angestellte Bürokraft für das Auskommen der Familie sorgen musste, hat er das Gehöft seiner Eltern übernommen und zu einer neuen Blüte gebracht. Er ist übrigens Gast in der gleichen Casa Rural, in der wir auch unser Quartier gefunden haben.

Auf dem gemeinsamen Weg zurück nach Granja de Moreruela führen wir ein munteres Gespräch, immer wieder vom Französischen ins Spanische und umgekehrt wechselnd. Im heutigen Übernachtungsort trennen sich unsere Wege, denn ich bin mit Ineke in der Bar, in der wir am frühen Abend eine Taxi- oder Mitfahrgelegenheit gesucht haben, zum Abendessen verabredet. Auf den Jakobswegen bleibt es jedoch nie bei einer einzigen Begegnung. Wir werden uns sicher in Kürze wieder über den Weg laufen.

9. Oktober 2016

Der Weg von Granja de Moreruela nach Tábara ist in den einschlägigen Reiseführern als idyllisch, mit Lavendel- und Zistrosendüften angereichert beschrieben. Tatsächlich beginnen wir, während das Dorf noch in tiefer Sonntagsruhe schlummert, unseren Weg. José Antonio und Victoria scheinen schon aufgebrochen zu sein. Ein Blick zur einsam daliegenden Kirche belehrt uns, dass auch der Pfarrer des Ortes noch ruhebedürftig ist, denn die Türen des Gotteshauses sind zu dieser Tageszeit noch verschlossen.

Tatsächlich beginnt unser Weg wie in den Reiseführern beschrieben in einer ausgedehnten Ebene auf unbefestigten Sand- und Kiespisten. In der Ferne sehen wir eine Hügelkette, in die wir wohl in 3 bis 4 km Entfernung hinaufklettern müssen. Leichte Wolken von Dunst hängen über den Büschen und Zistrosensträuchern an unserem Weg. Auch die Sonne hat sich zu dieser frühen, kühlen Morgenstunde noch einen feinen Wolkenschleier umgelegt.

Nach einiger Zeit knickt der Camino scharf rechts ab. Eine lange Steigung von beachtlicher und vor allem dauerhafter Steilheit fordert uns heraus. Auf der Höhe angekommen haben wir einen herrlichen Ausblick auf den in dem Tal vor uns liegenden Esla-Stausee. Auf der zu dieser Tageszeit noch ruhigen, durch keinen Windhauch gekräuselten Wasseroberfläche spiegeln sich die Hänge des gegenüberliegenden Seeufers mit einer nicht beschreibbaren, fast überirdischen Klarheit. Eine kleine Insel – mit großen alten Bäumen bestanden – wirft ihr zerklüftetes Spiegelbild in die Mitte der breiten Wasserfläche. Ein Bild des Friedens und der absoluten Ruhe.

Inzwischen hat die Sonne ihren Dunstschleier abgelegt. Während wir über die Landstraße parallel zum tief unter uns liegenden Seeufer laufen, wärmt sie uns angenehm den Rücken. Nach Überqueren des Sees auf der Staumauer stellen wir fest, dass uns die Ausschilderung des Weges zwei Alternativen lässt: Die eine Variante verläuft auf schmalem Pfad hoch oben über dem Wasser in der felsigen Uferwand. Die zweite Variante empfiehlt uns, die Landstraße nach Tábara zu benutzen. Ein Blick in die Karte zeigt uns, dass beide Wege etwa die gleiche Länge haben. Natürlich wählen wir in unserem Pilgerehrgeiz den ganz offensichtlich landschaftlich reizvolleren Weg am Seeufer. Er beginnt mit blankem, zerklüftetem Fels.

Abwechselnd folgen Felspartien und Abschnitte mit festgetretener Erde. Ein Begehen mit 12-Kilo-Rucksäcken erscheint uns dort, wo der Fels nicht nur begangen, sondern in groben Formationen überklettert werden will, fast nicht mehr möglich.

Nach Tábara sind es noch 15 km … Mit einem bedauernden, wehmütigen Blick über die stille Wasserfläche zu unserer Linken kehren wir um. Wir nehmen die Straße, die sich zuerst in Serpentinen über 5 km an der Gebirgswand, an der wir soeben gescheitert sind, emporschraubt. Oben schauen wir nach einigen weiten Kurven in eine schier endlose Ebene, durch die sich unsere Straße schnurgerade bis zum Horizont zieht. Nach einer ausgedehnten Mittagsrast unter einem Olivenbaum rüsten wir uns zum Sturm auf Faramontanos de Tábara, dem einzigen Dorf, das die vor uns liegende Ebene unserem Auge bietet. In der Mittagswärme wird unser Sturm zu einem müden Schleichen. Über der Straße flimmert die Luft in der Mittagssonne.

Vor Tábara schließlich haben wir dann noch ein etwas unerwartetes Wiedersehen mit zwei alten Bekannten, die wir aufgrund der Schönheit der inzwischen erlebten Landschaft am Esla-Stausee vergessen hatten:

Wir überqueren nach einer kurzen, aber steilen Straßenschleife die Autobahn A66 und danach die Trasse der AVE, die hier unvollendet mit nackten Leitungsmasten, ohne Schotterbett und ohne Schienen in der Sonne ruht. Dem spanischen Staat oder der zuständigen Provinzregierung scheinen zur Zeit die Mittel zur Fertigstellung des Projektes zu fehlen. Und so liegt sie nun unvollendet da, ab und zu von einem Auto oder einem Traktor befahren.

Die Auswirkung auf den Camino und die nachgeordnete Infrastruktur der Landschaft sind jedoch unverkennbar: Zwar blicken wir bereits auf den nahen, markanten Kirchturm von Tábara, aber unser Weg führt mit vielen Schlenkern und Knicks manchmal für kurze Zeit von ihm weg, dann scheinbar an ihm

Tábara: Kirche Santa María

vorbei. Zwischen den irritierenden Wegeknicks nehmen uns dann Buschwerk oder vereinzelte Gebäude den direkten Blick zum Turm. Schließlich wandelt sich auch noch unser Weg in eine grobe Schotterpiste. Als wir schließlich fast die Hoffnung aufgegeben haben, Tábara auf dem gewählten Weg zu erreichen, sehen wir dann plötzlich den Kirchturm hinter einer Baumgruppe direkt vor uns.

Villanueva de Campeán, Montamarta, Moreruela, Tábara ... Unser Weg scheint uns auf dem Abschnitt, den wir gegenwärtig laufen, an mehr zerstörten Kulturdenkmälern des Mittelalters vorbeizuführen als an intakten Baudenkmälern einer großen christlichen Tradition. Von dem ehemaligen großen Kloster San Salvador de Tábara ist nach der Eroberung durch die Soldaten des maurischen Herrschers Almansur im wahrsten Sinne des Wortes kein Stein auf dem anderen geblieben. Es wird in alten Chroniken berichtet, dass in dem im 9. Jahrhundert gegründeten Kloster während seiner Blütezeit bis zu 600 Mönche und Nonnen lebten. 970 entstand im Skiptorium des Klosters der sog. Tabarus-Beatus, eine aufgrund ihrer kostbaren, farbigen Illustrationen berühmte Handschrift. Auszüge davon sind in der leider meistens verschlossenen Kirche zu sehen. Mehr als von der historischen Bedeutung des Ortes sind wir allerdings auch hier von der blanken Zerstörungswut berührt, in der schon damals ideologisch Verblendete die Spuren anderer Kulturen, auf die sie auf ihren Eroberungszügen stießen, gnadenlos zermalmten und zertrampelten.

1137 wurde auf den Resten des von Almansur völlig zerstörten Klosters die Kirche Santa María de Tábara errichtet. Mit ihrem mächtigen Turm setzt sie ein trutziges Zeichen gegen die Willkür und den Hass in dieser Welt. In der Zeit meines Studiums habe ich fest daran geglaubt, mit Architektur könne man das Verhalten der Menschen positiv beeinflussen. Ein Blick auf den Zustand unserer heutigen Welt lässt in mir den Gedanken aufkommen, dass der Turm von Tábara vielleicht doch nicht hoch genug geraten ist …

10. Oktober 2016

Um Tábara endet die weitgehend vom Getreideanbau lebende, weite Ebene, die sich über viele Kilometer hinweg nördlich von Zamora erstreckt. Leicht steigt der Weg, der von Weideland und lockerem Steineichenbestand geprägt ist, zu einem kleinen Pass innerhalb einer Hügelkette an. Dahinter betreten wir eine andere Welt. Weites Weideland, mit

Steineichen bestanden, dehnt sich vor uns aus. Es ist still, menschenleer. Das hohe, gelbbraune Gras wiegt sich unter der strahlenden Sonne im leichten Wind. Hochgeschossene Halme von wildem Hafer glänzen im Gegenlicht des zu unserer Rechten unbeirrbar am blauen Himmel lachenden Zentralgestirns. Gewaltige Büsche mit roten Hagebutten leuchten uns entgegen und geben der Landschaft zu ihren grünen, gelben und braunen Grundtönen einen intensiven Farbakzent. Später gesellen sich beidseitig einer langen Abwärtsstrecke vor Villanueva de las Peras weite Felder von ausgeblühten Zistrosen und ausgedehnte Flächen von Schopflavendel diesem herbstlich farbenfrohen Bild dazu.

Die Mittagszeit genießen wir in der Sonne vor einer Bar im Zentrum des Dorfes. Die mittägliche Stille des Ortes wirkt beruhigend, fast einschläfernd. Ab und zu hält ein Fahrzeug auf der vor uns liegenden zentralen Kreuzung. Ein paar Neuigkeiten oder auch Waren des täglichen Bedarfs werden ausgetauscht, ansonsten ist es still um diese Tageszeit. Die Kirche des Ortes liegt auf der Anhöhe eines kleinen, aber steil ansteigenden Hügels. Sie ist aus einfachem Naturstein der Gegend gebaut. Die Westfassade mit dem offenen Glockengestühl ist über Außentreppen bis unmittelbar unter die Glocken begehbar. Das fordert mich heraus, aus der luftigen Höhe einen Blick in die Umgebung des Dorfes zu werfen. Ich stelle schnell fest, dass sich die Landschaft auf unserem weiteren Weg heute sehr schnell ändern wird, denn hinter dem Dorf türmen sich beeindruckende Hügel und Bergrücken auf.

Der flüchtige, aus der Höhe gewonnene Eindruck bestätigt sich dann schnell auf unserem weiteren Weg. Zwar wandern wir immer noch am Rand einer von Landwirtschaft geprägten Ebene, links von unserem Weg türmen sich jedoch Hügel aus einem weichen, kiesig durchsetztem Lehm oder auch Steinmaterial zu immer größerer Höhe auf. Die fleißigen Bewohner der Gegend haben das Innere der Hügel ausgehöhlt und als

Santa Marta de Tera:
Jakobusstatue

Vorratslager für Wein und andere landwirtschaftliche Produkte genutzt. In unserem Reiseführer lesen wir, dass diese Bodegas in der Vergangenheit wichtige Einrichtungen der Landwirtschaft darstellten. Hier wurde nicht nur die eingebrachte Ernte gelagert, sondern auch die Traubenernte der Besitzer zu Wein als Familiengetränk ausgebaut. Wein war zu manchen Zeiten das einzige gefahrlos genießbare Getränk dieser Gegend. Man verabreichte ihn sogar Kindern, weil er weitaus bekömmlicher war als das verschmutzte Wasser, das man in Mulden und Gruben des lehmigen Bodens sammelte. Heute haben die Bodegas in den Hügeln der Gegend für die Bevölkerung eine ähnliche Bedeutung wie die Schrebergärten in unseren Städten. Sie dienen der Lagerung von Lebensmitteln, der Weinerzeugung und dem geselligen Zusammensein in der Freizeit.

Plötzlich knickt unser Weg abrupt nach links in diese Hügellandschaft ab. Wir müssen, um unser Tagesziel zu erreichen, noch einen recht steilen Weg durch diese bizarre Welt von bewohnten Erdhaufen bewältigen. Santa Croya de la Tera ist unser heutiges Ziel, das sich noch vor unseren Augen hinter einer recht langen Steigungsstrecke im Tal des Río Tera verbirgt. Von dort werden wir im benachbarten Santa Marta de la Tera die berühmte romanische Kirche gleichen Namens und schließlich die berühmte, weil älteste bekannte Jakobusfigur auf spanischem Boden besichtigen.

Die Kirche ist an diesem Nachmittag leider verschlossen. Wir bewundern die beeindruckenden bildhauerisch gestalteten Kapitelle der kleinen Säulen in den Fensteröffnungen und die sorgfältig angelegten Friese, die sich unterhalb der Fensteröffnungen und an den Gesimsen des Daches um den Kirchenbaukörper legen. Das Südportal mit der berühmten Figur des Jakobus liegt auf der Rückseite der Kirche. Dort steht er links neben dem Portal, die rechte Hand auf den Pilgerstab gestützt, die linke übergroß, scheinbar segnend geöffnet dem Besucher zugewandt. In der Sonne auf einer Steinernen Grabfassung sitzend mache ich eine kleine Zeichnung von dieser besonderen Skulptur des Mittelalters.

Den Abend verbringen wir bei einer gemeinsamen Mahlzeit mit weiteren Gästen der Casa Anita, unserem heutigen Quartier. José Antonio und Victoria sind eingetroffen. Außerdem sind zwei Reiter aus Benavente dabei, die einige Tage zu Pferd auf dem Jakobsweg unterwegs sind. Angesichts der Dominanz der spanischen Sprache an diesem Tisch haben wir zwar wenig Anteil an den Gesprächen, die während des Essens entstehen, jedoch hat für uns dieser Abend dennoch seinen besonderen Unterhaltungswert, weil trotz aller Sprachbarrieren in dieser kleinen Runde ein starkes Gemeinschaftsgefühl spürbar wird, das alle Personen miteinander verbindet. Dieses Gefühl des »Dazugehörens« wird noch verstärkt durch die sehr sympathische Art, mit der die Töchter von Anita jedem der anwesenden Pilgergäste sein bestelltes Gericht servieren, und durch die persönliche Ansprache jedes Einzelnen, in unserem Fall sogar in fließendem Deutsch.

11. Oktober 2016

Victoria beklagt sich über starke Schmerzen in den Fußgelenken. Auf den 32 km, die wir heute nach Mombuey zu laufen haben, wird sie uns keinesfalls begleiten. José Antonio ist schon um 6 Uhr gestartet, um die kühle Frische des frühen Morgens zu nutzen. Nachts hat es gefroren und gegen die Kälte hat er mehrere T-Shirts übereinander unter seiner Blousonjacke angezogen. Die Hände schützt er mit ein paar Wollsocken. Über Handschuhe verfügt er nicht. Victoria wird ein Taxi nehmen und da das Taxi mit einer zu transportierenden Person nicht ausgelastet ist, schließen wir uns ihr für die ersten 10 km unseres heutigen Weges an. Danach werden wir mit leichten Tagesrucksäcken ausgestattet zu Fuß weitergehen. Unser Gepäck nimmt Victoria im Taxi nach Mombuey mit.

Der Weg ist heute landschaftlich gesehen besonders reizvoll. In Olleros de Tera steigen wir aus, um zum Embalse de Nuestra Señora de Agavanzal durch ein Meer von Zistrosenbüschen zu laufen. Die Büsche haben für dieses Jahr ihre Blütezeit längst beendet, jedoch muss der Sommer an diesem Stück des Weges berauschend reich an Blüten und Düften gewesen sein. Über die lange Staumauer erreichen wir schließlich das Nordufer des Stausees und biegen in den stets am Seeufer entlangführenden Uferweg ein, der uns ein gutes Stück nach Westen führt. Überwiegend niedriger Bewuchs aus weißem und gelbem Ginster, Zistrosenbüschen sowie blühende Erika und Schopflavendel bedecken die Flächen beidseitig unseres Weges. Dort, wo größere Bäume am Seeufer stehen, entdecken wir von Zeit zu Zeit kleine sandige Strände. Auf einer dieser überschatteten Strandflächen sehen wir schließlich einige Baumstämme, die unmittelbar am Wasser zu einem Picknick einladen. Während unseres Aufenthalts am Seeufer stellen wir fest, dass sich der Wasserstand in den Morgenstunden auf rätselhafte Weise um etwa einen halben Meter gesenkt haben muss, denn oberhalb des erkennbaren Wasserspiegels ist der Sand unseres Strandes in einer begrenzten Zone durchnässt, wie wenn hier Gezeiten mit regelmäßig wiederkehrenden unterschiedlichen Wasserständen aufträten. Da dieser See als Binnengewässer einen Gezeitenwechsel jedoch nicht kennen kann, ist wohl anzunehmen, dass über die Wehre der Staumauer nachts und morgens in der Frühe tausende Kubikmeter Wasser abgelassen worden sein müssen. Da dieser Aderlass bei Wiederholung wohl auch einen See dieser Größenordnung trockenlegen kann, vermuten wir, dass irgendwo starke Zuflüsse die Talsperre zuvor mit entsprechenden Mengen Wasser überfüllt haben.

Schließlich verlässt der Weg das Seeufer. Im Bereich des malerischen Weilers Villar de Farfón verläuft er stellenweise bis auf die Breite eines Trampelpfades reduziert. Die Landschaft hier ist trocken und herbstlich ruhig. Unter einigen Baumwurzeln entdecken wir Pilze. Wir können sie jedoch nicht identifizieren und lassen sie in ihrem friedlichen, stillen Dasein unangetastet zurück. Als wir unter einem Baum bereits in Sichtweite von Rionegro del Puente unser Mittagspicknick machen wollen, kommt unerwartet José Antonio vorbei.

Wir müssen ihn bereits während unserer Taxifahrt überholt haben. Da er keinerlei Tagesvorrat mitführt, laden wir ihn zur Teilhabe an unseren Bocadillos ein. Aber er weigert sich standhaft. Während des Tages nimmt er nur von Zeit zu Zeit

Mombuey: Kirche Nuestra Señora de la Asunción

einen starken Kaffee zu sich. Seine Kaffeezeit scheint gerade gekommen zu sein, denn er ermuntert uns, mit ihm den letzten Kilometer nach Rionegro zu gehen und dort in einem Café den Rest der Mittagszeit zu verbringen.

Wie wir dann feststellen, ist Rionegro keineswegs einer der gesichtslosen, verträumten Weiler, wie wir sie inzwischen in großer Zahl kennengelernt haben. In der Mitte des Ortes steht die Wallfahrtskirche de Nuestra Señora de la Carballeda inmitten eines großen Versammlungsplatzes. Die Kirche wurde im 15. bis 18. Jh. erbaut. Die Señora de la Carballeda, (die Eichenjungfrau) ist die Schutzheilige der Region, nachdem sie im Mittelalter einer Pilgergruppe über den reißenden Rio Negro geholfen haben soll. Am dritten Sonntag im September findet zu Ehren der Jungfrau im Ort eine große Fiesta statt, die von der Cofradía de los Falifos veranstaltet wird, einer bereits im Mittelalter gegründeten Bruderschaft, die sich bis heute um Pilger und Bedürftige der Region mit sozialen Werken kümmert.

Der weitere Weg zu unserem gemeinsamen Tagesziel Mombuey führt über eine nicht enden wollende Ebene auf schmalem Pfad zwischen Flächen von hüfthohem trockenem Gras. Unser heutiges Quartier liegt glücklicherweise am Anfang der kleinen Stadt, so dass wir zur Besichtigung des Ortskerns und natürlich der Templerkirche Nuestra Señora de la Asunción nach dem Einchecken im Hotel noch die letzten 1 ???? km ohne Wanderschuhe und in Sandalen zurücklegen können.

Wie ein spitzer Pfeil ragt der Turm der Kirche in den Himmel. Die Herren von Mombuey, die ihn erbauten, gehörten dem Templerorden an. Im 13 Jh., also in der Zeit der Rückeroberung des Landes von der Herrschaft der Mauren, sollte das fromme Werk der Kirchenstiftung zu durchaus vielfältiger Nutzung dienen. Am westlichen Ende einer massiven in Bruchstein errichteten Kirche baute man deshalb einen überproportional hohen Turm, von dessen Höhe man weit in das umliegende Land nach heranrückenden feindlichen Truppen Ausschau halten konnte. Im Grundriss entspricht die Kirche dem Schema fast aller kleineren Kirchen auf dem Lande, die wir besichtigt haben: An ein einschiffiges Langhaus, das häufig statt mit steinernen Gewölben mit einer Holzkonstruktion überdeckt ist, fügt sich eine Vierung mit anschließendem kurzem, nur angedeutetem Querschiff an. Auf der Ostseite der Vierung folgt die Choranlage als Quadrat oder Rechteck. Auffallend für uns ist, dass bei dieser Kirche später vor dem der Stadt zugewandten Nordportal eine Säulenhalle errichtet wurde. Ein Portal in der Westfassade hat diese Wehrkirche nicht.

12. Oktober 2016

Bereits als wir gestern abend von unserer Stadtbesichtigung zurückgingen, mussten uns wir in einem aufkommendem Regenschauer beeilen, um noch trocken in unser Hotel zurückzukehren.

Heute morgen regnet es ohne Unterbrechung. Beim Frühstück in der Bar des Hotels stellen wir fest, dass die gesamte Königsfamilie bereits im landesweit niedergehenden Regen die Paraden zum Nationalfeiertag in Madrid abnimmt. Selbstverständlich sind sie von vielen fleißigen Händen, die ihnen den Schutz vor dem Regen mit überdimensionalen Regenschirmen bieten, begleitet. Dennoch: Auch angesichts des vielarmigen Schutzes vor den Einflüssen des unwirtlichen Wetters erscheint uns ihr pflichtbewusstes Lächeln vor den Kameras der Presse manchmal etwas gequält.

Da sieht der Regenalltag auf der Vía de la Plata für einfache Pilger etwas härter aus. Wir haben nur unsere Pelerinen und ein einziges Paar Wanderschuhe, um uns bescheiden vor Nässe und Wind zu schützen. Wenn hier sich der Regen mit seiner üblichen Hartnäckigkeit festgesetzt hat, hilft nur noch der Schutz einer hoffentlich geheizten Unterkunft und das geduldige Trocknen der durchnässten Kleidungsstücke, damit sie am nächsten Tag wieder einsatzfähig sind. Mit dieser trüben Aussicht auf den heutigen Tag kommt noch als Erschwernis hinzu, dass wir etwa 30 km bis Puebla de Sanabria laufen wollen. An solchen Tagen löst man sich nur langsam aus der Bequemlichkeit einer Hotelbar.

Victoria, die sich mit José Antonio während des Frühstücks zu uns gesellt hat, weiß Rat: Sie wird erneut wegen ihres verletzten Fußes ein Taxi nehmen und bietet uns an, mit ihr Fahrt und Kosten zu teilen. José Antonio, der wohl von seinem gestrigen Gewaltmarsch noch etwas mitgenommen wirkt, willigt sofort ein.

Schließlich geben auch wir teilweise nach und beschließen, zur Abkürzung der heutigen Etappe, die ersten 10 km im bereits vor der Tür wartenden Taxi zurückzulegen. Als wir vor die Tür treten, treibt uns ein feiner, aber dichter Sprühregen in das Gesicht. Wir kennen diesen Regen, der in kürzester Zeit die Kleider bis auf den letzten Faden des Gewebes durchnässt, aus unseren regelmäßigen Ferien in der Bretagne. »Dies ist kein Regen«, verkündet Ineke, als wir im Taxi sitzen. »Die Bretonen nennen das eine petite arrosée (= Besprengen). Das geht vorbei.« Zur Erklärung erläutert sie unseren Begleitern, dass für echte Bretonen die Bretagne die einzige Landschaft in Frankreich ist, in der es niemals regnet. Dort erhält lediglich die reichlich grüne Landschaft von Zeit zu Zeit von der weisen Natur eine kleine arrosée zu ihrer Erfrischung.

Bei soviel klugen Erklärungen zur Wettersituation vergeht die Zeit bis zu unserem Stopp in San Salvador de Palazuelo im Fluge. So stehen wir nach wenigen Minuten auf der Landstraße und nehmen die ersten Tropfen, die die Natur uns für heute als Erfrischung zugedacht hat, entgegen. Zunächst versuchen wir unser Glück auf dem ausgeschilderten Weg. Das nasse, hohe Gras auf dem Pfad, dem wir folgen, hat in kürzester Zeit unsere Schuhe durchnässt. So beschließen wir nach einer Weile, den landschaftlich schönen Weg zu verlassen und auf der nahen Landstraße unser Fortkommen zu suchen.

Diese verläuft, wie unsere Wanderkarte uns belehrt, immer mehr oder weniger in einem kleinen Abstand zum Camino. In den wenigen Ortschaften unserer heutigen Etappe finden beide jedoch stets wieder zusammen, sodass wir sicher sein können, keine Sehenswürdigkeit auf Ortsumfahrten, die die Straße von Zeit zu Zeit machen mag, zu versäumen. So kommen wir schließlich nach Remesal.

Remesal ist ein winziger Weiler in der bewaldeten Landschaft, durch die wir heute wandern, eher eine Ansammlung vereinzelt um eine kleine Kapelle errichteter Bruchsteinhäuser.

Für Spanien hat der Ort jedoch eine besondere historische Bedeutung. Hier trafen sich im Jahre 1506 Fernando el Católico (König Ferdinand von Aragon, der Katholische) und sein Schwiegersohn Philipp der Schöne von Habsburg (Felipe el Hermoso), um die nach dem Tod Isabellas 1504 entstandenen Erbstreitigkeiten im kastilischen Königshaus beizulegen. Es wird berichtet, dass diesem Treffen massive Auseinandersetzungen um die Erb- und Thronfolge bis hin zu einem Bürgerkrieg vorangingen, weil die rechtmäßige Thronerbin Juana, die als Juana la loca (Johanna die Wahnsinnige) in die Geschichte einging, nicht als regierungsfähig angesehen wurde. Philipp der Schöne rückte mit 10000 Soldaten zu diesem »Familientreffen« an. Nicht nur die Anwesenheit einer ganzen Armee, sondern eher seine Weisheit veranlassten Ferdinand zu einem unerwarteten Schritt. Er verzichtete offiziell auf die Herrschaft zugunsten seines Schwiegersohns und damit auf einen Teil seiner Macht. Ein Krieg wurde verhindert. Spanien hat ihm dafür ein Denkmal gesetzt.

Hochoben auf einer vermoosten Treppe machen wir unter dem löchrigen schiefergedeckten Vordach eines alten verfallenen Hauses unser Mittagspicknick. Unmittelbar neben uns steht die Kapelle, in der das denkwürdige Treffen, das diesen Ort seit mehr als 500 Jahren auszeichnet, stattgefunden hat.

Im Regen ist der Ort düster und tot. Ein einsamer Hund liegt im Schutz eines weiten Dachüberstandes gelangweilt auf der Straße. Die dunklen Bruchsteinhäuser sind verschlossen, unsere Empanadas sind aufgrund der Dauerfeuchtigkeit zäh und pappig. Dennoch, für uns ist heute dieser Ort ein heiterer Ort, ein Ort, der uns durch ein besonderes Erlebnis mit Optimismus erfüllt. Unterwegs begegnen wie dann noch einem anderen Beispiel für Optimismus und Lebensfreude. Weit vor uns kommt uns eine kleine Gestalt unter einem überdimensionalen schwarzen Regenschirm entgegen. Während wir uns einander nähern, erkennen wir als Trägerin des Schirms eine alte, kleine, dürre Frau, die in einem Korb frisches Gartengemüse und einen Blumenstrauß trägt.

Ihre Erscheinung fasziniert mich so sehr, dass ich sie um ein Foto bitte. Natürlich ist sie einverstanden, denn angesichts ihres hohen Alters hat sie keine Eile. Im Gegenteil, sie beginnt sofort ohne besondere Aufforderung oder Frage unsererseits wie ein Wasserfall zu erzählen. Sie ist 93 Jahre alt und seit 30 Jahren verwitwet. Sie wohnt in Remesal und bewirtschaftet einen kleinen Garten etwa 2 km außerhalb des Dorfs. Angesichts ihres bescheidenen Einkommens – ihr Mann war Handwerker – ist sie zur Sicherung ihres täglichen Auskommens auf die Nutzung der Früchte ihres bescheidenen Gartens angewiesen. Die Blumen wird sie teilen: Eine Hälfte nimmt sie mit nach Hause, die andere Hälfte schenkt sie der »Señora in der Kapelle«.

Zum Abschied bittet sie uns noch, für sie in Santiago bei Jakobus zu beten. An einem solchen Tag machen der Regen und so manches Erlebnis den Kopf bemerkenswert klar.

Die vielen Eindrücke der vergangenen Tage haben mich leider nachhaltig von der Nachdenklichkeit, mit der ich manche Etappe auf dem Silberweg gelaufen bin, entfernt. In der Stille des unaufhörlich niedergehenden Regens kommen nun die guten Gedanken wieder: Wie steht es eigentlich um mein Zweisäulenhaus, das ich aus Wissenschaft und Theologie entwickeln wollte?

Eigentlich hat mein bisheriger Vergleich zwischen der wissenschaftlichen Sicht der Evolution und der Erforschung der erlebbaren dreidimensionalen Welt auf der einen Seite und der Welt der Theologie und des Glaubens einen vorläufigen Gleichstand, ein klassisches Patt, ein Unentschieden erreicht.

Ausgehend von einem Urereignis, in dem sich unendliche Energie in Materie transformierte, hat die Wissenschaft als tragende Säule ihres Weltbildes die unablässig wirkende Evolution, die zur Zeit ohne erkennbares Ende in einem unendlichen Reichtum von Varianten und Nebenwegen tätig ist, entdeckt und in ihrer Existenz empirisch bewiesen.

Forschende Theologen wie George Coyne haben dieses wissenschaftlich belegte Weltbild mit den schriftlichen Überlieferungen der Welt des Glaubens in Einklang gebracht. Der Entdeckung des sog. Urknalls mit nachfolgender unabsehbarer Evolution setzen sie den Gedanken eines singulären Schöpfungsaktes mit nachfolgender andauernder Weiterentwicklung, der »creatio continua«, entgegen.

Beide Säulen des Zweisäulenhauses scheinen solide aus dem gleichen Werkstoff konstruiert zu sein. Wie geht es jedoch weiter? Wie können wir ein überzeugendes einheitliches Weltbild als Dach über diesen Säulen entwickeln?

Die Wissenschaft bekennt, dass ihre Arbeit noch nicht vollendet ist, dass Forschung auch im dreidimensional Erkennbaren noch längst nicht abgeschlossen ist. Das Unerforschte, das sie vor sich sieht, bewertet sie als Aufgabe ohne erkennbares Ende, die in der Zukunft noch vor ihr liegt.

Hier könnte man sie Situation kurz mit einem Satz des Doktor Faustus aus dem Prolog von Goethes Faust umreißen: »Zwar weiß ich viel, doch will ich alles wissen ...« Ein uraltes, immer neues Problem der Menschheit, seit der Mensch sich selbst aufgrund seines reflektierten Bewusstseins an der derzeitigen Spitze der Evolution entdeckt hat.

Der Glaubende macht es sich da einfacher: Den Verursacher aller dreidimensionalen Phänomene dieser Welt personifiziert er mit dem Begriff »Gott«. Gott wirkt unablässig in der Welt. Er ist der allmächtige Weltenlenker. Er ist in seiner Allmacht selbstverständlich auch Herr und Lenker des für uns bisher nicht Erkannten und derzeit nicht Erkennbaren. Er ist damit auch im Unbekannten präsent. Wie in der sichtbaren Evolution ist er auch im Unsichtbaren real vorhanden. Wir können uns seinem Wirken damit auch in der Ungewissheit der Zukunft nicht entziehen.

Ist mit dieser Steilvorlage für unser Denken die Theologie der Wissenschaft möglicherweise vorausgeeilt? Hat sie damit der Wissenschaft für ihre Arbeit an einem gemeinsamen Weltbild eine Vorleistung erbracht? War meine Befürchtung, die Säule der Theologie bleibe in ihrer Entwicklung gegenüber der Wissenschaft zurück, ein Irrtum? Oder ist bei der Entwicklung der zwei Säulen eines einheitlichen Weltbildes an irgendeiner Stelle ein Irrtum feststellbar?

Die Wissenschaft ist in ihrer Aussage nüchtern und kompromisslos. Sie versucht die Theorie des Urknalls als Anfangsereignis unserer dreidimensionalen Welt als Fakt zu beweisen. Dies ist zuletzt im CERN in Genf durch Transformation einer großen Energie in ein Materieteilchen zumindest als Modell gelungen.

Wir dürfen seit der Entdeckung des sog. Higgs-Teilchens um vieles sicherer sein, dass unser Universum aus dem Ereignis des Urknalls entstanden ist. Der Modellversuch in Genf liefert uns den Beweis. Was vor diesem Ereignis Ursache für die Auslösungsenergie des Urknalls war, kann die Wissenschaft mit ihren begrenzten, dreidimensionalen Denkansätzen und Methoden nicht erklären. Sie nimmt diese Energie als für die Auslösung des Urknalls unverzichtbar, als Voraussetzung und damit als gegeben an.

Aus dem Anfangsereignis »Urknall« entwickelt sich das, was im 19. Jh. unserer Zeitrechnung, also nach 13 Milliarden Jahren kontinuierlicher Entwicklung Charles Darwin das ewige Gesetz der Evolution genannt hat. Damit ist zwar noch lange nicht jedes Detail der evolutiven Entwicklung unserer Welt durchleuchtet und bewiesen, jedoch ist aus dem als gegeben Erwiesenen unzweifelhaft ableitbar, dass die Evolution für alle Entwicklungsprozesse auf unserer Erde gleichermaßen ein unumstößliches Gesetz ist. Wir erleben in unserer von immer schneller fortschreitender Aufklärung bestimmten Zeit, dass auch Randbereiche, deren evolutive Entwicklung schwierig nachzuweisen ist, plötzlich von unserer Wissenschaft entschlüsselt werden. Ich denke hier an die Erfolge in der Epigenetik, die dem Einfluss von Lebensgewohnheiten auf unser Erbgut auf der Spur ist, und die in naher Zukunft aufgrund ihrer Forschungsergebnisse die evolutive Entwicklung auch unserer zwischenmenschlichen gesellschaftlichen Bezüge schlüssig nachweisen wird.

Was vor uns liegt, ist für die Wissenschaft, die sich ausschließlich auf Fakten stützt, nur spekulativ erklärbar. Hier gibt es keine Fakten zu erkennen! Damit kann es auch hier keine wissenschaftliche Arbeit geben.

Genauso spekulativ ist der Versuch, den Zustand unseres Universums vor dem Urknall, vor seiner Entstehung, vor der Entstehung von Zeit und Raum zu erforschen oder zu beschreiben. Hier hört die Wissenschaft einfach auf. Das was die Wissenschaft uns liefert, ist immer bewiesen, ist solide. Die wissenschaftliche Säule meines Zweisäulenhauses stößt damit niemand um.

Sind da nicht Philosophie und Theologie bei der Erklärung der Welt mutiger, wenn sie sich auch über das Wesen und die Eigenschaften der Energie, die vor dem Urknall existiert haben muss, Gedanken machen?

Die Frage, welcher Art diese Energie ist, ist doch, um die Ursache für dieses komplizierte und scheinbar unendliche Universum zu erkennen, von immenser Bedeutung, will man den Sinn auch unseres Lebens aufspüren.

Vielleicht ist unser Universum nur die Fortsetzung eines vorangegangenen Universums. Dann wäre die Energie, aus der unsere Welt entstand, zwar materiell erklärbar, aber dennoch nicht erforschbar, weil die Dimensionen des Vorgängeruniversums uns verschlossen sind. Vielleicht ist unser dreidimensionales Universum eine Abspaltung eines vieldimensionalen Universums, von dem wir wiederum nur ein kleiner Teil sind. Gleichgültig wie weit wir gedanklich-spekulativ vor den Urknall zurückzugehen versuchen, irgendwann, an irgendeinem Punkt endet unsere gedankliche Reise in die Vorstufen unserer Entstehung. Irgendwann ist die Ursprungsenergie, die zu unserem Universum und zu unserer Existenz geführt hat, nicht mehr materiell erklärbar; da sie nicht aus Nichts entstanden sein kann, muss sie sich selbst erklären.

Die Theologie definiert diese selbsterklärende Energie mit dem Begriff Gott, Dieu, Dios, Dio, God. Da außerdem alles Sein sich zielgerichtet auf immer höherstufigeres Leben entwickelt, personifiziert man in der Theologie richtigerweise diesen Begriff »Gott« in einer Schöpferpersönlichkeit. Die Definition eines Gottes, der Wesen aller Energie und alles Seins ist, ist logisch und mit dem Verstand nachvollziehbar. Der Ursprung dieser Welt hat somit eine theologisch-plausible Basis.

Mit dem Urknall wandelt sich die Ursprungsenergie, die ich an anderer Stelle meiner Gedanken mit dem Wort aus dem Prolog des Johannesevangeliums gleichgesetzt habe, in Materie. Die Visionen von Propheten und Sehern der Überlieferungen des sog. Alten Testament unserer Heiligen Schriften interpretieren einen wissenschaftlich bewiesenen Vorgang, der zur Entstehung unseres Universums führte, als göttlichen Schöpfungsakt. Theologie trifft Wissenschaft. Das Weltbild, das die Schilderung frühgeschichtlicher Visionen prägte, ist jedoch einfach. Es ist lediglich zweidimensional. Die Erde wird als Scheibe gesehen, über der sich der weite Himmel wölbt.

Wen wundert es, dass sich aus dieser einfachen, zweidimensionalen Weltsicht mit der Erde als bewohnter Scheibe und mit einem Himmelsgewölbe als Sitz Gottes in der Vorstellung der frühen Seher und Propheten ein bipolares System ergab, in dem der Schöpfergott über der Erde thront und von dort in Ewigkeit die Geschicke dieser seiner Schöpfung steuert.

Aus der Suche nach Beweisen für den Urknall wissen wir, dass sich Energie in Materie transformierte. Die gewaltige Energie, die man im CERN in die Herstellung eines Kleinsten Materieteilchens investierte, war in dem erzeugten Higgsteilchen aufgegangen. Das Teilchen war messbar, die Energie war scheinbar fort, war sozusagen verbraucht. So hat sich der Schöpfergott, den wir mit der Ursprungsenergie des Universums gleichsetzen dürfen, in die Materie des Universums eingegeben. Er ist somit von seinem Himmel herabgestiegen und ist in seiner Schöpfung, die in den Augen der Wissenschaft in der Evolution sichtbar wird, allgegenwärtig.

Im 15. Jh. unserer Zeitrechnung löste das kopernikanische, heliozentrische Weltbild die alte Vorstellung einer zweidimensionalen Welt ab. Heute ist die Weltsicht des Kopernikus eine wissenschaftliche, philosophische Selbstverständlichkeit und schließlich nach langem kirchlichen Zögern auch eine Selbstverständlichkeit in der Theologie.

Mit seiner Allgegenwart in der Schöpfung, wirkt Gott auch unablässig und allmächtig in ihrer Weiterentwicklung. Er wirkt somit in dem ewigen natürlichen Prozess der Evolution, die ja mit der Entwicklung der Schöpfung identisch ist. Da Gott mit der Schaffung der Evolution natürlich auch der Schöpfer ihrer spezifischen Funktionsprinzipien, der Gesetze der Evolution, ist, ist die Frage nach dem Wie, die ich auf diesem Pilgerweg für mich klären wollte, beantwortet. Alles, was auf dieser Erde in seinem Entstehen und Vergehen beobachtet werden kann, vollzieht sich nach den Gesetzen der Evolution. Der Jesuit und Wissenschaftler George Coyne trifft in seiner Arbeit annähernd die gleiche Feststellung.

Ist damit mein Zweisäulenhaus solide konstruiert? Ich glaube hier fehlt noch ein wichtiges Detail in der Säule der Theologie.

Den letzten Schritt macht Coyne in seinen Überlegungen nämlich nicht: Er sieht Gott nicht in der Schöpfung, also innerhalb des erforschbaren Bereichs, sondern als Lenker außerhalb. Für ihn verbleibt Gott auf Distanz zum Wahrnehmbaren. Er lässt Gott im hohen Himmel und holt ihn nicht herunter auf die Ebene, auf der er tatsächlich wahrnehmbar ist. Und dabei wäre alles sehr einfach: Wenn Gott in der Evolution wirkt, wirkt er natürlich ausschließlich nach deren Gesetzen. Wissenschaft und Theologie wären in diesem Modell absolut deckungsgleich. Wir können mit dieser Erkenntnis bedenkenlos, ohne die Richtigkeit unseres Glaubens anzuweifeln, jederzeit der Wissenschaft folgen. Gott ist in dieser Welt, Gott ist diese Welt Er ist mit uns und in uns.

Die Frage nach dem Warum wird bei dieser Erklärung von Gottes Wirken in der Welt nun einfach obsolet. Sie beantwortet sich selbst durch die Gesetze der Evolution, die ja schließlich sein Wille und sein unabänderlicher Plan sind.

Vielfach hört man von Menschen, die für sich in Anspruch nehmen, auf der Vía de la Plata erfahren zu sein, nördlich von Salamanca gebe es nur noch wenige besichtigenswerte Spuren früherer Kulturen. Zugegeben, vieles, was wir auf unserem Weg in diesem Herbst besichtigen wollen, ist nicht mehr in seiner ursprünglichen Form vorhanden, manche Sehenswürdigkeiten aus früherer Zeit sind sogar vollkommen verschwunden.

Aber dennoch ist dieser Jahrhunderte alte Weg auch im nördlichen Teilstück, das über den Camino Sanabrés nach Santiago führt, reich an mittelalterlicher und auch römischer Geschichte. Manche Dinge sind zwar nicht so spektakulär, wie die großartigen Spuren der Römer in Italica und Mérida. Aber auch im Kleinen stößt das geübte, neugierige Pilgerauge in dieser Landschaft von Zeit zu Zeit auf völlig überraschende, bauliche und kunstgeschichtliche Spuren der Vergangenheit.

So entdecken wir in Asturianos eine beeindruckende kleine romanische Kirche mit berührenden Schnitzereien in Südportal. Am westlichen Ende der kleinen Vorhalle finden wir schließlich eine Abendmahlszene auf einer Tür zu einem Nebeneingang, der wohl einen seitlich des Kirchenschiffs liegenden Raum, vielleicht eine Sakristei, erschließt.

Der Dauerregen hat die Früchte der Bäume schwer werden lassen und wenn wir von der Landstraße in die Mitte der kleinen, am Weg liegenden Dörfer ausweichen, stolpern wir über unglaubliche Mengen von herabgefallenen Walnüssen von wunderbarer Frische. Nach durchaus entbehrungsreichen und nahrungsarmen Tagen in den Dehesas des Südens haben wir keine Bedenken, einen Teil der Früchte in die Taschen unserer Anoraks zu stopfen.

Auf einem unserer kleinen Raubzüge geraten wir so in ein kleines Dorf, das noch in der typischen Siedlungsstruktur der alten Dörfer stehengeblieben ist. Um die kleine Kirche und den sie umgebenden Friedhof stehen in einem geschlossenen

Puebla de Sanabria

Ring die Profanbauten der Gemeinde. Man wünscht sich, bei Sonnenschein wieder zurückkehren zu können, um die Idylle zu genießen und zu zeichnen. Aber die Länge unseres heutigen Weges lässt uns keine andere Wahl, wir müssen weiter.

Puebla de Sanabria ist ein überaus sehenswerter Ort auf unserem heutigen Weg, mit langer und abwechslungsreicher Geschichte. Vielleicht ist das Städtchen der älteste Ort unserer diesjährigen Wanderung überhaupt, denn es wird schon im Jahr 509 in Aufzeichnungen erwähnt. Als Grenzstadt zwischen den Königreichen León, Galicien und dem nahen Portugal thront die befestigte Altstadt hoch über dem Zusammen-

Puebla de Sanabria: Kirche Nuestra Señora del Azogue

fluss des Río Tera und des Río Castro. Im 15. Jh. baute der Graf von Benavente das die Stadtsilhouette prägende Castillo de los Condes de Benavente, in das schließlich Philipp der Schöne seine Ehefrau Johanna die Wahnsinnige einquartierte, als sie seinen Erbfolgeplänen im Wege stand. Die trutzige Burg, deren Inneres zur Besichtigung angeboten wird, ist nicht die einzige Sehenswürdigkeit des Ortes.

Zu seiner Besichtigung nehmen wir den weniger steilen, indirekten Weg zur Altstadt, vorbei am Friedhof auf der Rückseite des Burghügels, um in das Zentrum des teils mittelalterlichen Ensembles zu gelangen.

Puebla de Sanabria: Rathaus

Die Straßen und Gassen, die von der zentralen Plaza Mayor ausgehen, sind durchweg mit Bruchsteinhäusern aus dem 15. bis 17. Jh. bebaut. Den Typus der Fassade des Ayuntamiento aus dem 15./16. Jh. kennen wir bereits aus Zamora und Plasencia. Den Schutz seines vorgelagerten Arkadengangs nutze ich für eine Zeichnung der direkt gegenüberliegenden Kirche Nuestra Señora del Azogue, die bereits im 12. Jh. begonnen wurde und in einem beeindruckenden Formenreichtum an Kapitellen und Gewölben in gotischer Zeit vollendet wurde. Ihre südlich vorgelagerte Säulenhalle nutze ich wiederum als Schutz, während ich nun das gegenüber liegende Ayuntamiento mit seiner mehrbogigen Loggia und den runden, markanten Ecktürmchen zeichne.

In einem Restaurant unmittelbar neben der Plaza Mayor wird auf einer Tageskarte, die außen vor der Tür steht, ein Revuelto mit Steinpilzen angeboten. Das ist für uns mit Walnüssen und einer pappigen Empanada heute nur unzureichend ernährten Pilger nach diesem Regentag eine Versuchung, der wir ohne langes Nachdenken und ohne Skrupel bei einem Schluck Weißwein erliegen.

13. Oktober 2016

Obwohl wir unsere Schuhe nach dem gestrigen Regentag mit Zeitungspapier ausgestopft über Nacht unter die Heizung unseres Hotels gestellt haben, sind diese am Morgen noch nass. Die Socken wollen nicht so recht in den Schuh gleiten. Ein wenig Nachdruck ist ausreichend, um nacheinander an beiden Füßen die Zehen durch das feuchte, wohl auch morsche Gewebe zu treiben. Ersatz habe ich nicht. Der Regen hat draußen nachgelassen, aber es sieht nicht so aus, dass wir heute trocken nach Lubián, unserem etwa 28 km entfernten Tagesziel, kommen würden. Vor uns liegt außerdem der Puerto de Padornelo, eine Passhöhe, die mit 1351 m Höhe nicht unterschätzt werden sollte.

Der Weg bis zur Passhöhe ist bei aller landschaftlichen Schönheit außerdem von der nahen Nachbarschaft der hier allgegenwärtigen Autobahn A66 gekennzeichnet. Der Bau der weitgehend parallel verlaufenden AVE hat darüberhinaus in der Landschaft große Gesteinshalden hinterlassen, die wohl aus Tunnelbauten stammen und in Feldfabriken zu Schotter und sonstigen Granulaten verarbeiten werden. Zwar ist die Landstraße durch die nahe Autobahn weitgehend vom Verkehr entlastet, jedoch entnehmen wir unserem Wanderführer, dass sie auf der heutigen Etappe immer wieder bei der Verfolgung des ausgeschilderten Pilgerweges eine wichtige Rolle spielt. Vor unserem Aufbruch möchte ich zudem das Panorama der befestigten Oberstadt mit Burg und Kirchtürmen aus dem Tal des Río Tera zeichnen. Der gestrige Regentag ließ mir leider keine Gelegenheit dazu. So beschließen wir, zur Abkürzung unserer heutigen Etappe erneut ein Taxi in Anspruch zu nehmen. Das Ziel unserer kurzen Fahrt wird die Passhöhe des Puerto de Pardonelo sein.

Die Fahrt zum Pass dauert nur eine kleine Viertelstunde. Die Landstraße, die wir von dort zur Fortsetzung unseres Weges nehmen müssen, scheint sich endlos fortzusetzen. Immer wieder gehen Regenschauer nieder. In einer kleinen Entfernung von etwa 200 m begleitet uns dröhnend die Autobahn.

Endlich werden wir durch mehrere gelbe Pfeile, die auf Leitplanken und auf den Straßenbelag gemalt sind, angewiesen, die Landstraße zu verlassen und auf einen breiten Nebenweg auszuweichen. Er ist wohl eine ehemalige Entlastungsstrecke oder Umleitung gewesen, denn während Gras aus klaffenden Rissen des Asphaltbelags in dicken Büscheln wächst, sind die Ränder massiv mit stählernen Leitplanken gesichert, ein deutliches Indiz, dass hier einmal motorisierter Verkehr stattgefunden hat. Immerhin, heute ist es hier ruhig. Da die Strecke außerdem leicht bergab verläuft kommen wir gut voran.

Schließlich und endlich werden wir auf einer kurzen von der Straße abzweigenden Gefällestrecke in eine Senke unterhalb der Fahrbahn gelockt. Durch einen Tunnel geraten wir auf einen Waldweg, der uns zunächst kontinuierlich bergab führt. Endlich Natur! Steineichen wachsen hier in einem recht naturbelassenen, wilden Wald. Zwischen den Bäumen wächst Adlerfarn, der sich langsam in der Herbstwitterung golden und braun verfärbt. Die Wurzeln von gefällten oder umgestürzten Bäumen in dieser kleinen Wildnis sind mit dunkelgrünem Moos überwachsen. Von Zeit zu Zeit sendet die Sonne inzwischen einen scheuen Blick in dieses Paradies und lässt die Farben des Herbstes in ihrem Licht glänzen.

Wir wandern kontinuierlich bergab. Aus dem Tal unter uns hören wir das Geräusch eines wild plätschernden Baches. Gegenüber auf den Hängen jenseits des Tales geben die dicht stehenden Bäume gelegentlich den Blick auf kleine Dörfer frei, die sich in die Gebirgslandschaft einschmiegen. Nach der Überquerung des Baches auf einer kleinen Brücke müssen wir dann wieder steil bergauf laufen. Natürlich waren die Siedler in dieser Gegend in allen Zeiten so klug, sich zwar immer in der Nähe von Wasser niederzulassen, jedoch stets in sicherer Entfernung über hochwassergefährdeten Feuchtgebieten. Nachdem sich auf unserer Stirn dann einige Schweißtropfen zeigen, entdecken wir hinter einer Kurve unseres Weges die ersten Häuser unseres Zielortes. Sie sind in Bruchstein errichtet und mit großen hölzernen Loggienvorbauten ausgestattet. Solide Außentreppen aus Stein führen in die Höhe der bewohnten Ebene, während uns im Sockelgeschoss darunter zweiflügelige Tore verraten, dass hier wohl zu ebener Erde die Wirtschaftsräume oder Stallungen zu finden sind. Über den Mauerwerksöffnungen sind behauene Stürze aus Granit als Abdeckung eingelegt. Die Jahreszahl der Errichtung der Gebäude und hier und da ein Segenswunsch sind eingemeißelt.

»1790«, liest Ineke. »Kein Wunder, dass die Häuser unbewohnt und teilweise verfallen sind«, meint sie. Wir haben wohl noch zum bewohnten Zentrum von Lubián eine kleine Strecke zu laufen. Der Charakter der Gebäude ändert sich nicht wesentlich. Sie werden jedoch immer größer und gepflegter. Manchmal werden die Loggien mit einer gläsernen Fassade geschlossen. Immer dominiert jedoch der Stein der Umgebung, ob als Bruchstein oder als behauener Werkstein. Große Loggien oder Balkone treten vor die Fassaden. Auch die Kirche des Ortes macht da keine Ausnahme. Auch sie ist in hellem gelblich-bräunlichem Naturstein erbaut. So fügt sich

Lubián: Steinhaus

der Ort geschlossen in die von Fels und Bewaldung geprägte Gebirgslandschaft ein. Nur der Glockenstuhl der Westfassade der Kirche ragt aus dem Ensemble heraus.

Nach einigen Kurven und Kehren erreichen wir den höchsten Punkt des Ortes mit einer kleinen, das Zentrum durchquerenden Landstraße. Unser Hostal liegt unmittelbar vor uns. Aufgrund der recht kurzen Wanderstrecke, die wir heute zu Fuß zurückzulegen hatten, sind wir zur Mittagszeit angekommen. So kommt uns heute das Angebot eines warmen Menu del Peregrino gerade recht. Die Speisekarte ist umfangreich. Verschiedene Gerichte mit Schweinefleisch oder mit Chorrizo werden angeboten. Es ist auch ein Fischgericht des in ganz Spanien beliebten Seehechts (span. merluza) darunter. Im Comedor des Hauses sitzen bereits die Handwerker des Ortes. Die Atmosphäre ist lebhaft und einladend.

14. Oktober 2016

Mit der Überschreitung der Provinzgrenze von Ourense wollen wir heute endlich Galicien, die westlichste Region des Landes erreichen. Um dieses Zwischenziel zu realisieren, müssen wir zunächst von Lubián auf die Höhe des Puerto de A Canda mit 1258 m hochsteigen. Der Weg führt uns durch kleine Wald- und Wiesenparzellen. Das in der Nähe liegende barocke Santuario de la Tulza wurde im 18.Jh errichtet. Die Kirche ist der Virgen de las Nieves (= Schneejungfrau) geweiht, die hier im Gebirge verständlicherweise besondere Verehrung bei der Landbevölkerung genießt.

Jedes Jahr am 5. August, das heißt am Ende der Ernte in der Meseta, findet hier eine große Wallfahrt mit Fiesta und Volksbelustigung statt. Das Fest feierte einst die Rückkehr der Wanderarbeiter aus der Landwirtschaft der Meseta über den Puerto de A Canda in ihre gebirgigen Heimatdörfer. Die noch heute weiträumig um die Kapelle als Versammlungsfläche gestaltete Umgebung verrät uns, dass dieses Fest zu alljährlich stattfindenden Fürbittgottesdiensten noch heute in der dünn besiedelten Gebirgslandschaft eine große Zahl von gläubigen Besuchern anzieht. Mich erinnert der Ort an zahllose vergleichbare Wallfahrtskapellen in der Bretagne, die zu großen Fürbittprozessionen, den sog. Pardons, in jedem Jahr am Gedenktag des jeweilig am Ort verehrten Heiligen Scharen von Gläubigen anziehen.

Nach dem Santuario führt der Weg recht bald steil bergauf. Er verläuft dabei teilweise in den Gräben und Betten von ausgetrockneten Gebirgsbächen, die sich in der Zeit der Schneeschmelze oder in Regenperioden auf der Falllinie der Berge, also auf kürzestem Weg ins Tal stürzen. Bis auf einige wassergefüllte Sammelbecken sind die Bachbetten heute jedoch trocken. Ihr steiniger Untergrund ist recht gut begehbar, wenn man von dem felsigen Geröll, das die Wassermassen hier hinterlassen haben, absieht. Gewaltige Wurzeln und die Stämme umgestürzter Bäume ragen aus den Böschungen der streckenweise tief in den felsigen Untergrund eingegrabenen Bachbetten heraus, als wollten sie uns am weiteren Aufstieg hindern. Auf dem Weg, der sich teilweise etwa 2 m breit, dann wieder zum Pfad zusammengeschrumpft anbietet, kommen wir langsam dem oberen Rand der Bewaldung näher.

Hier weitet sich dann plötzlich der Blick. Ginster und niedriges Buschwerk bedecken den Fels. Vor uns in Steinwurfentfernung liegt der Wendeplatz einer kleinen Landstraße, die aus der Ebene hier hinaufführt. Dahinter blicken wir auf die weite, grüne Hügellandschaft Galiciens, die bläulich im fernen Dunst nur noch eine schwache Trennungslinie gegen den blauen Himmel zeichnet.

Weit unter unserem Standort entdecken wir die Autobahn, auf der die Fahrzeuge wie emsige Ameisen auf dem Weg zu ihrem Bau eilig in einem Tunnel verschwinden. Nur das Geräusch des Windes ist zu hören. Bei einer kleinen Pause lernen wir Maurizio, einen Italiener aus den italienischen Alpen, kennen. Wir teilen mit ihm einige mitgebrachte Bananen. Auf dem Weg abwärts stellen wir dann fest, dass sich die Landschaft verändert. Wiesen- und Feldparzellen sind mit trocken geschichteten Mauern aus Bruchstein eingefriedet. Man sieht Wegen und dem häufigen Binsenbewuchs auf den Wiesen an, dass in dieser Landschaft reicher Niederschlag fällt. Das Vieh auf den Weiden steht manchmal tief im wässrigen morastigen Boden. Manchmal sind ganze Passagen des überfluteten Weges mit groben Granitblöcken ausgelegt, über die wir mit gro-

Vilavella, erster Ort in Galicien

ßen Schritten oder Sprüngen dann zum trockenen Rand einer Senke laufen. Die Steineichen des Gebirges werden allmählich von mächtigen Kastanienbäumen abgelöst. Galicien, wie bist du so grün!

A Guadiña ist ein altes Städtchen, das über Jahrhunderte als Marktflecken und Durchgangsstation bei Erntearbeitern und natürlich auch bei Jakobuspilgern beliebt war. Von dieser Vergangenheit erzählen noch heute die wenigen alten Häuser, die aus der Frühzeit dieses Ortes erhalten sind. Etwas versteckt seitlich der Hauptstraße taucht dann auch die kleine, barocke Iglesia de San Martiño auf. Die noch vorhandenen

Teile der alten Dorfstraße sind mit groben schiefrigen Platten mit einer Mittelrinne für das abfließende, reichlich vorhandene Niederschlagswasser belegt. Soweit könnte man meinen, man sei in einem idyllischen Ort mit großer Geschichte gelandet. Der Weg hat den müden Pilger jedoch vor Erreichen des Ortszentrums durch ein endloses Gewerbegebiet geführt. Autowerkstätten, Fertigbetonfabriken und andere großflächige Gewerbebetriebe sind zu durchwandern, bis man endlich auf breiter Hauptverkehrsstraße den Beginn des Ortes erreicht.

Bei der zermürbenden Wanderung durch die Industriegebiete fällt mir auf, dass auffallend große Verladeanlagen und Fertigteilfabriken für den Kanal- und Tiefbau sich neben unserer Straße in Eintracht aneinanderreihen. Dahinter irgendwo in der Landschaft verläuft eine Eisenbahnstrecke, die sich bei weiterer Annäherung an die Stadt zum respektablen Gleisgewirr eines Güterbahnhofs ausweitet. Das ehemalige Zentrum für Wanderarbeiter, Viehhändler und Jakobuspilger scheint sich in der Neuzeit zu einem kleinen Handelszentrum für Baustoffe und Landmaschinen entwickelt zu haben; geschäftig, anonym und für den müden Pilger ohne Charme.

Unser Hotel liegt glücklicherweise am Eingang des Städtchens, direkt an der Hauptstraße. Nach einem kleinen Orientierungsgang durch den Ort kehren wir am frühen Abend gern hierher zurück, um unser Menu del Peregrino zusammen mit zwei wandernden Amerikanerinnen, die wir bereits in Lubián kurz kennengelernt haben, einzunehmen. Eine Besonderheit des Ortes muss ich jedoch hier erwähnen: Es gibt eine Fülle kleiner Geschäfte an der Hauptstraße. In einigen kann man von Grabgestecken aus Trockenblumen, Kinderschuhen, Gummistiefeln über allgemeine Lebensmittel wie Brot und Käse bis zu Kleintextilien alles erhalten, was man zuvor auf seinem Weg vermisst haben mag. Uns gelingt es im Chaos eines dieser Läden für mich ein Paar warme Wollsocken zu kaufen. Vorausgesetzt, sie bleiben trocken, werden sie mir vor allem abends, wenn wir unsere Wanderschuhe gegen Treckingsandalen getauscht haben, die in den Sandalen ungeschützten Füße wärmen.

15. Oktober 2016

Die Etappen der Vía de la Plata sind wesentlich länger als auf anderen Pilger- und Wanderwegen in Spanien. Distanzen von 20 km zwischen zwei Siedlungen sind nicht selten. Die längste Tagesstrecke, von denen einige unserer Mitpilger zu erzählen wissen, ist die von Alcuéscar nach Cáceres, die nach den Angaben unseres Reiseführers über 37,5 km misst. Wir sind mit dem festen Vorsatz gestartet, keine Distanz über 25 km zu laufen und gegebenenfalls bei längeren Einzelstrecken motorisierte Unterstützung in Anspruch zu nehmen. Die Etappe von A Gudiña nach Laza, die wir heute zurücklegen wollen, ist mit ca. 35 km Länge nur unwesentlich kürzer. Da hilft nur, beizeiten ein Taxi zu bestellen. Unser kleines Hotel bietet über den Sohn der Inhaberin Taxitransporte an. So können wir das Programm des heutigen Tages während des Frühstücks ganz nebenbei planen. Draußen ist es nebelig und regnerisch. Deshalb werden wir die ersten 13 km mit dem Taxi bis Venda Bolano fahren.

Die Entscheidung war klug, denn die schmale Landstraße, die sich in zahllosen Serpentinen in die Berge emporschraubt, ist ohne Seitenstreifen. Die Sicht ist schlecht. Manchmal huschen neben der Straße graue in Pelerinen gehüllte, gebeugte Gestalten an den Fenstern unseres Taxis vorbei. Der Morgen ist still und unwirtlich. Endlich, nachdem wir eine Höhe von 1000 m erreicht haben, reißen die Nebelschwaden auf. Der Himmel wird zunehmend blau. Unter uns in den Tälern wabert der Nebel wie weißer Schaum, der sich an der Oberfläche einer vollen Badewanne auftürmt.

Unser Taxifahrer erzählt uns, dass die kleinen Gebirgsorte, die im Namen das Wort Venda führen, in Zeiten, als die Viehzucht in dieser Landschaft noch eine wirtschaftliche Bedeutung hatte, ausnahmslos von der Beherbergung der vorbeiziehenden Viehtreiber und Wanderarbeiter lebten. In dieser unwegsamen Gegend war das tägliche Leben immer hart und ermüdend. Die verbreitete Armut der Menschen hat die Dörfer geprägt: Kleine manchmal auf einen Raum beschränkte Häuser aus Bruchstein mit kleinen Fenstern prägen die Architektur. Heute sind viele dieser Häuser verlassen. Die Nachkommen der Einwohner haben ein besseres Auskommen in der Stadt gefunden. Unser Weg führt uns auf einem Gebirgsgrat durch eines dieser verlassenen Dörfer. Kein Mensch ist hier zu sehen. Die Stille in den engen Gassen zwischen den düsteren Mauern der Häuser ist bedrückend.

Auf einer Passhöhe, die wir auf einer breiten unbefestigten Waldschneise erreichen, sehen wir dann tief unter uns im Tal eine riesige Baustelle der AVE, die sich zwischen zwei schwarz gähnenden Tunnelöffnungen über den Boden des dazwischenliegenden Tals erstreckt. Auf Transportbändern wird der Abraum aus den Tunnelröhren befördert und in einer weitläufigen Verladestation auf große Muldenkipper geladen. Entlang der Eisenbahngleise sind Betonfertigteile gelagert, die sicher für irgendein Bauwerk in dieser gelbbraunen steinigen Einöde vorgefertigt sind. Das ganze Tal vor uns ist zerstört. Die Hänge sind abgeholzt. Neue Baustraßen sind angelegt, auf denen der Abraum unablässig mit einer kleinen Armada von großen Kippern zu Halden gefahren, die man im Umfeld angelegt hat. Wir verlassen sehr zur Missbilligung der uns begegnenden Fahrzeugführer unseren unbefestigten und von tiefen wassergefüllten Furchen zerwühlten Wanderweg und wechseln auf die solide angelegte Baustraße, um besser und schneller weiterzukommen. Nur schnell weg, von diesem schrecklichen und zerstörten Ort!

Rechts vor uns das Dorf Campobecerros. Es wirkt leblos und schmutzig. Häuser und Bäume sind von ockerfarbigem Staub überpudert. Hier ist das Leben im Staub und Schmutz erstickt. Bevor wir in das Dorf kommen, müssen wir die alte Bahnstrecke von Ourense nach Zamora queren. Sie wurde im Jahre 1959 vollendet, nachdem man über 180 Tunnels in das Gestein der Gebirge gebohrt hatte. Sie stellt zweifellos eine der großen Ingenieurleistungen des Spanien des frühen 20. Jh. dar. Der schiefrige Abraum, den man aus den Tunnels befördert hat, bildet jedoch noch heute sterile und vegetationslose Halden und Dämme zwischen den Bergen. Auf ihnen verlaufen die Gleise der Bahnlinie Sierra de la Culebra. Diese Landschaft wird noch viele Jahrzehnte brauchen, bis die Wunden, die man ihr geschlagen hat, unsichtbar geworden sind.

In Campobecerros sind nur noch wenige Häuser bewohnt. Es ist ausgestorben. Unter einem Gebäudevorsprung der engen Hauptstraße hat die Deputación de Ourense eine Bank aufgestellt, die sich uns als Schutz vor dem wieder einsetzenden Regen als Ort für ein Mittagspicknick anbietet.

Schnell vergessen wir den unwirtlichen Ort, nachdem wir ihm beim Wiederaufstieg in eine bewaldete Höhe einfach den Rücken zugekehrt haben. Die kleine Carretera ist in einem schlechten Zustand. Wir passieren noch eine letzte Halde mit Abraum, dann liegt die Landschaft des Naturparks der Montes do Invernadeiro wieder friedlich vor uns. Eine lange Gefällestrecke führt uns durch einen schönen Hochwald aus Nadelbäumen und Kastanien über etliche Kilometer nach Laza, das in dem uns zur rechten begleitenden Tal auf etwa 490 m Höhe liegt. Hier ist die ländliche Welt noch in Ordnung. Eine lange Straße durch das Dorf verrät Wohlstand und wirtschaftlichen Erfolg. Laza ist ein Zentrum der Schinkenproduktion. Auch die noch nicht geschlossen bebauten Straßen sind bis an den Dorfrand mit befestigten Gehwegen ausgestattet und mit Laternen bei Dunkelheit beleuchtet.

An diesem regnerischen Tag fehlt uns nachmittags der Antrieb, um kunstgeschichtliche Abenteuer in diesem Ort zu suchen. Wir beschränken uns auf einen kleinen Gang um die nahegelegene Pfarrkirche, die hier noch inmitten des örtlichen Friedhofs liegt. Der trutzige Turm an der Südwestecke des Kirchenbaus ist in seinen Abmessungen so gewaltig, dass er in seinem Fuß eine geräumige Eingangshalle anbieten kann. Der Friedhof, der in alter Tradition das Kirchengebäude umgibt, verrät uns dass dieser Ort durchaus zu den wohlhabenden auf unserer Wanderung zählt. Wir finden große Familiengruften mit beeindruckenden Grabdenkmälern, von denen die ältesten bereits am Ende des 19. Jh. errichtet wurden. Natürlich sind hier auch lange Wände mit mehreren Ebenen von Beisetzungsnischen vorhanden, wie sie in Spanien vielfach üblich sind. Die abgelegten bzw. abgestellten Trockenblumen bringen an diesem tristen Tag eine lebhafte Farbe an diesen stillen Ort.

In einer Bar auf dem zentralen Platz treffen wir Maurizio wieder, den wir mit einigen unserer Bananen am A Canda Pass zurückgelassen haben. Wir verbringen mit ihm einen netten Abend bei einem Menu del Peregrino. Die Unterhaltung ist ein Gemisch aus Spanisch, Italienisch und Französisch. Maurizio versteht alle drei. Das sorgt für ein amüsantes und kurzweiliges Kauderwelsch. Er läuft den Camino für seine Mama, die in diesem Jahr ihren 100. Geburtstag gefeiert hätte. Vor drei Jahren ist sie 97-jährig gestorben. Sein Camino in diesem Jahr dient ihrem Gedenken.

16. Oktober 2017

Da die Strecke von Laza nach Xunqueira de Ambía heute 34 km beträgt, werden wir für die ersten 12 km bis nach Alberguería wieder ein Taxi nehmen. Für 9 Uhr haben wir das Taxi zu unserem Hostal bestellt. Maurizio wird die kurze Strecke von der Albergue, in der er die Nacht verbracht hat, zu Fuß dazukommen. Als um 9.15 Uhr weder Taxi noch Maurizio in Sicht ist, mahnen wir telefonisch die am Vorabend bestellte Fahrt an. Bereits wenige Sekunden später hält dann ein Fahrzeug vor uns am Straßenrand. Maurizio hat kurzerhand den Taxistützpunkt in einer Bar aufgesucht und das fahrbereite Fahrzeug zuerst zu seiner Albergue und dann zu uns umgeleitet.

In Alberguería, dem Zielort unserer kurzen Fahrt, gibt es eine kleine Bar, in die jeder Pilger auf diesem Abschnitt der Vía de la Plata einkehren sollte. Alle dürfen sich auf einer Jakobsmuschel mit ihrem Namen mit einem dauerhaften Filzstift verewigen. Der Gastwirt Luis hat inzwischen tausende Muscheln gesammelt und an Wänden und Decken seiner Bar aufgehängt. Da Luis bei unserer Ankunft für »einige Minuten« abwesend ist, nutzen wir die Wartezeit, um im Windfang des Lokals die dort hängenden Muscheln nach bekannten Namen abzusuchen. Vor einigen Jahren waren unsere Töchter hier. Sie müssten eigentlich zu entdecken sein. Nach seiner Rückkehr erzählen wir Luis von unserer Suche. »Welcher Monat? Welches Jahr?«

»Februar 2010«, antworte ich. »Dann müssen sie hier zu finden sein.« Er verschwindet in einem Nebenraum. Unser Café con leche wird kalt. Nach einer ganzen Weile taucht er wieder auf. Die gemelas alemanas, wie unsere Zwillingstöchter hier bei ihrem Weg auf der Vía de la Plata genannt wurden, sind nicht auffindbar. Dennoch, auch die erfolglose Suche nach den Spuren unserer Töchter an diesem Ort macht unseren Besuch hier zu einem schönen erinnerungswürdigen Erlebnis. Selbstverständlich hinterlassen wir als Erinnerung an unseren Besuch ebenfalls eine Muschel mit unseren Namen und dem Datum unseres Aufenthaltes.

Auch außerhalb der Bar von Luis ist der kleine Ort Alberguería sehenswert. Wie alle Dörfer in dieser Gegend ist er einheitlich aus dunklem Bruchstein gebaut. Bereits im Mittelalter betrieb hier der Malteserorden eine Pilgerherberge. Am Chor der kleinen Iglesia de Santa María entdecken wir bei unserem Rundgang ein Malteserkreuz, ein Hinweis auf die große Geschichte dieses kleinen Ortes.

Die Zeit drängt, denn von unserem heutigen Weg haben wir noch keinen Schritt getan. In der Eile unseres Aufbruchs vergessen wir, dass in der Kirche ein in Ebenholz geschnitzter Santiago aufbewahrt wird, den man eigentlich hätte besuchen müssen. Aber nachdem wir die Zeit von Luis mit der intensiven Suche in seiner Muschelsammlung bereits sehr in Anspruch genommen haben, haben wir keinen Mut, noch einmal zurückzukehren und die von ihm verwalteten Kirchenschlüssel zu erbitten.

Unterwegs kreuzen wir die Römerstraße Astorga – Braga, deren geradlinigen Verlauf im Gelände wir gut zu erkennen können. Hier stellt Maurizio plötzlich mit Schrecken fest, dass er nach unserem gemeinsamen Mittagspicknick sein Notizbuch mit den Tagebuchaufzeichnungen vor etwa 4 km verloren hat. Nach einigen von kalten Schweißtropfen auf seiner Stirn begleiteten Minuten des Zögerns entschließt er sich: »Ich muss zurück! Die Notizen sind mir wichtig!«

Wir versprechen ihm, zunächst am Ortseingang von Bobadela zu warten. Nach etwa einer Stunde beschließen wir dann nach einem kurzen Telefonat, doch weiter zu ziehen. Der Tag ist schon weit fortgeschritten und wir haben noch etwa 6 km zu laufen.

Nach der Durchquerung des Ortes steigen wir auf einem schönen Waldweg recht steil bergan. Zu unserer Linken entdecken wir einen kleinen Weiher mit kristallklarem Wasser, in dem sich die umstehenden mächtigen, jahrhundertealten Kastanienbäume spiegeln. Die Landschaft hier ist geheimnisvoll geschlossen, wie wenn ein unbekannter Zauberer sie zum Stillstand auf alle Zeit verurteilt hätte.

Die Idylle des »Stillstandes auf alle Zeit« hat dann auf einer Anhöhe ein jähes Ende. Der noch vor einigen Metern stolze und geheimnisvolle Wald ist hier in einem Brand so weit das Auge reicht in ein Meer von Kohle und Asche verwandelt. Aus der grauen aschebedeckten Erde ragen zahllose schwarze Strünke der verbrannten Baumstämme heraus. Der Brand muss vor wenigen Monaten, vielleicht noch in der Hitzeperiode des letzten Sommers ausgebrochen sein. Eine hoffnungslose Ödnis. Und dennoch: Unter einem abgebrannten Baumstamm entdecken wir ganz unerwartet junges Grün. Die am Leben gebliebene Wurzel eines verbrannten Baums meldet sich zaghaft in der Wirklichkeit zurück. Wie überall in der Natur bedeutet auch hier der Niedergang zugleich einen neuen Anfang.

Die Evolution erschließt sich auf der Asche des alten Lebens neue Räume. Neue Arten sprießen, die sich die kargen Verhältnisse, die der Niedergang der Vorgängerkultur zurückgelassen hat, zu Nutze machen. Dieses neue Aufblühen erinnert mich an die Entwicklung neuer Wälder, die in dem verwüsteten Vietnam nach dem Krieg der Amerikaner gegen den Vietcong in neuen vielfältigen Arten entstanden. Sie entwickelten sich auf der mit Napalm und Giftgasen verseuchten Erde, den die amerikanische Vernichtungsmaschinerie zurückgelassen hatte, und feiern dort ihren trotzigen Triumph über die Brutalität ihrer längst abgezogenen Feinde. Ein Triumph der Evolution, die in vielfältiger Weise Wege und Nebenwege der natürlichen Entwicklung nutzt, um neue Varianten von Leben hervorzubringen.

Während ich nachdenklich durch diese Einöde gehe, kommt mir der ein Bild, das Paul Klee im Jahr 1929 unter dem Titel »Hauptweg und Nebenwege« gemalt hat, in den Sinn. Dieses Bild nimmt vermutlich zunächst Bezug auf die damalige unruhige Zeit der Weltwirtschaftskrise. In Pastellfarben sehr harmonisch gemalt, zeigt es den starken, ausgebauten geraden Weg, oberflächlich betrachtet als zwingende, alternativlose Lösung eines Orientierungsproblems. Heute würde man vielleicht sagen: »den Mainstream«. Daneben entwickeln sich jedoch zahllose Neben- und Querwege, alle in der gleichen pastellfarbigen Palette dargestellt. Während der Hauptweg geradlinig zu einem vermeintlichen Ziel führt, ist die zielführende Eigenschaft der Nebenwege im Bild keineswegs gesichert. Sicher ist jedoch eines in diesem Bild: Alle Wege haben ein Ziel. Nur die meisten Ziele der Nebenwege sind aus dem Bild selbst nicht ableitbar, sind somit unbekannt, möglicherweise mit Risiken behaftet. Könnte man dieses Bild nicht auch als ein unbewusst, emotional vom Künstler gesehenes Bild der Evolution betrachten? Zumindest die Vielfalt von Entwicklungsmöglichkeiten, die die Evolution ohne Unterlass ständig neu erprobt, deckt sich mit der geometrischen Konzeption des Bildes. Alle Wege führen irgendwie zu einem einheitlichen und gemeinsamen Punkt, der jedoch vom Betrachter außerhalb des Bildes selbst gesehen werden muss. Es ist der Fluchtpunkt, der am Horizont alle parallellaufenden Linien in sich vereint. In der Evolution wäre dieser zunächst unsichtbare Zielpunkt vergleichbar mit der Harmonie, in der alle Entwicklungswege letztlich, gleichgültig wie sie sich dem zeitverhafteten Betrachter offenbaren, zielgenau enden. Ein Endpunkt, der dem Anfangspunkt vor dem Urknall gleicht. Habe ich auf diesem Weg mit seinen Nebenwegen vielleicht etwas vom Geheimnis Gottes entdeckt?

Für lange Wachträume haben wir an diesem fortgeschrittenen Tag nun wirklich keine Zeit mehr! Wir haben in der Hügelkette, die wir inzwischen durchwandern, eine kleine Passhöhe erreicht. Unter uns sehen wit in leichten Dunst eingehüllt eine hügelige grüne Landschaft. Mehrere dörflich erscheinende Siedlungen liegen in diesem Grün, das sich am Horizont in das zarte Blau weit entfernter Berge verliert. In der Ebene entdecken wir die Strukturen einiger eingestreuter Dörfer. Sie treten mit ihren rötlich-braunen Ziegel- und Erdtönen aus der Grün-, Gelb- und Braunpalette der Felder deutlich hervor. Da, wo sie im Grün verschwinden, hilft ein einsamer Kirchturm

Xunquera de Ambía: Stiftskirche Santa María la Real

als Orientierungspunkt. Irgendwo da unten muss auch unser Etappenziel Xunquera de Ambía liegen.

Seit undenklichen Zeiten geistert durch die zahlreichen Legenden, die man sich in dieser Gegend erzählt, die Sage von der Jungfrau im Binsendickicht. Die Geschichte geht auf eine Marienerscheinung in dieser mit Wasser reichlich versorgten Gegend zurück. Aus dem spanischen juncal (= binsenbestandenes Gelände) leitet sich der heutige Name des Ortes Xunquera ab. Als Reaktion auf die Erscheinung baute man hier zunächst eine kleine Kapelle. Das reichlich vorhandene saubere Wasser führte dann sehr bald dazu, dass man an diesem besonderen Ort im 9. Jh. ein Kloster gründete, das im 12. Jh. dem Augustinerorden unterstellt wurde. Der große spätgotische Kreuzgang bildete in dieser mittelalterlichen Klosteranlage ein beeindruckendes Zentrum. Zuvor hatte Fernando II von Leon bereits im Jahr 1164 den Bau der großen Stiftskirche am Standort der alten, ersten Kapelle angeordnet. Der Barock setzte dann neue architektonische Akzente aufgrund einer neuen religiösen und wirtschaftlichen Blüte des Landes. Diese Akzente konnten wir während der letzten Woche unserer Wanderung bei mancher Kapelle und Wallfahrtskirche an unserem Weg entdecken. Auch hier in Xunquera hinterließ die von Prosperität gekennzeichnete Periode des Barock ihre Spur. Den Kirchturm renovierte man mit barockem Dekor. Das Chorgestühl aus dem 17. Jh., der Barockaltar und die Orgel aus dem Jahr 1757 entstanden im Innenraum der Kirche. Da es bei unserem Rundgang durch den Ort wieder leicht zu regnen begonnen hat, quetsche ich mich mit meinem Skizzenbuch unter einen Gesimsvorsprung gegenüber der mächtigen Anlage von Stiftskirche und angrenzendem Kloster. Diese beeindruckende Architektur, die das erblühende Spanien des Mittelalters und der nachfolgenden Jahrhunderte von Renaissance und Barock geschaffen hat, darf in meiner Dokumentation der Vía de la Plata nicht fehlen.

Der Ort ist ansonsten von Gebäuden in grauem Naturstein gekennzeichnet. Die Gebäude stehen eng aneinander gefügt. Enge Gassen führen zu den einzelnen Hauseingängen. Sie sind belegt mit großformatigen Granitplatten, durch deren Fugen inzwischen der unablässig fallende Regen rinnt. Unser Quartier ist heute ein Zimmer in einer großartig ausgebauten, wohnlichen Casa Rural in einem dieser alten Häuser am Rand des Ortszentrums. Von unserem Fenster haben wir einen Blick über ein weites, grünes Tal. Kein weiteres Haus stört den Blick.

Abends stößt dann wieder Maurizio zu uns. Er ist erschöpft, denn trotz der kurzen Taxifahrt am Morgen hat er heute auf der Suche nach seinem verlorenen Notizbuch etliche zusätzliche Kilometer laufen müssen, die ihn wieder nahe an die 30 km Grenze gebracht haben.

17. Oktober 2016

Das Frühstück haben wir in einer kleinen Bar im Zentrum in Gesellschaft von mindestens 15 Personen, die heute alle nach Ourense laufen wollen, eingenommen. Schließlich machen wir uns begleitet von Maurizio und Marc aus Aachen auf den Weg. Die Besiedlung der Gegend verdichtet sich zunehmend. Sie erinnert uns in ihrer lockeren Struktur an die Siedlungsformen, die wir in früheren Jahren auf dem Camino Portugués gesehen haben.

Repräsentative, villenförmige Einzelhäuser auf großen Grundstücken erinnern daran, dass uns in der Entfernung eines Tagesmarsches eine große Stadt erwartet. Höfe und Zufahrten zu den Häusern sind häufig mit laubenförmigen Konstruktionen überwölbt, die als Rankgerüste für Weinstöcke dienen. Manchmal sind die Ränder der großen Parzellen ebenfalls mit diesen Weinlauben eingerahmt. Auf der Erde darunter wird zusätzlich zum Wein Gemüse oder Mais angebaut.

Nach einer Zwischenrast in einem Straßencafé wird das Straßenbild immer städtischer. Wir kommen in die ersten Vororte von Ourense. Das straßenbegleitende Grün, das zuvor die Landstraße, an der wir heute entlanglaufen begleitete, wird zunehmend abgelöst durch befestigte Gehwege, mit dem vertrauten Belag aus gerasterten roten und grauen Kacheln. Unsere Mittagsrast machen wir in einem großen Straßencafé, das eine Mischung aus Cafe / Bar / Restaurant und Automatenspielhalle zu sein scheint. Offenbar handelt es sich bei diesem Etablissement um einen der Vorboten eines ausgedehnten Industriegebietes. Maurizio möchte gern ohne weitere

Unterbrechung nach Ourense kommen und so trennen wir uns einstweilen. Wir verabreden uns in unserem heutigen Hotel im Barrio monumental, der Altstadt von Ourense.

Irgendwann, nach dem Unterqueren einer Eisenbahnlinie, ist dann die ländliche Idylle endgültig vorbei. Gewerbebetriebe, dazwischen Bars und preiswerte Restaurants sowie das ein oder andere Geschäft reihen sich aneinander. Am Ende geraten wir in ein dichtes, aus unzähligen Schloten rauchendes und hinter den Blechfassaden der Produktionshallen laut rumorendes Industriegebiet.

»Da müssen wir wohl durch«, meint Ineke. Gleichsam zum Beweis für die Leiden, die der Pilger und erfahrene Fernwanderer hier auf sich nehmen muss, fordert sie mich zu einem Foto auf, das mich angelehnt an eine Steinstele, die am Fuß den gelben Pfeil des Jakobsweges und im Hintergrund die Tristesse der Industrielandschaft zeigt, ablichtet. Als sie das Foto über Internet nach Köln schickt, kommt umgehend die Antwort zurück: »Habt Ihr kein besseres Bild von den idyllischen Einblicken in die galicische Landschaft?«, fragen unsere Töchter ironisch an.

Alle Leiden haben irgendwann ein Ende. Zunächst gelangen wir nach etlichen Straßenüberquerungen und kurzen Seitenwegen, die parallel zur Hauptstraße kontinuierlich bergab führen, in den unerwartet malerischen Vorort Seixalbo.

Auf dem Sockel eines mittelalterlichen, steinernen Wegekreuzes verbringen wir eine ganze Weile sitzend, um uns von den Strapazen des zurückliegenden Industriegebietes zu erholen. Seixalbo ist eines der Dörfer, die im Laufe der Jahrzehnte mit der nahen Stadt Ourense zusammengewachsen sind. Aufgrund seiner weitgehend erhaltenen, dörflichen Struktur mit repräsentativen und durchweg sorgfältig restaurierten Wohnhäusern scheint der Ort heute ein beliebter Wohnvorort für gut verdienende Berufspendler nach Ourense wie auch zu den nahegelegenen Industriegebieten zu sein. Die fast ländliche

Ruhe, die uns nach Verlassen der nahen Industriehölle hier umgibt, lässt uns auf dem steinernen Sockel des Wegekreuzes für eine kurze Weile einschlafen.

Der Name Ourense führt uns in die Zeit der Eroberung der iberischen Halbinsel durch die Römer zurück. »Aurium«, die Goldstadt nannten die Römer ihre Siedlung an der Mündung des Río Barbana in den Rio Miño. Am Ufer des Miño fand man bereits in römischer Zeit leicht auszubeutende Goldvorkommen. Der für die militärische Logistik von ihnen bereits angelegte Weg quer durch das Land wurde eine wichtige Verbindung zu den Mittelmeerhäfen. Von dort transportierte man die hier gewonnenen Bodenschätze nach Rom, dem Zentrum des einstigen Römischen Weltreichs. Jedoch nicht nur der Reichtum an Bodenschätzen machte den Ort für seine Kolonisatoren attraktiv. Mitten in der Stadt sprudelt aus etlichen Thermalquellen warmes Wasser mit einer Temperatur bis zu 65 °C aus dem Boden. Vor allem dieser natürliche Reichtum der Stadt ließ sie schnell zu einem besonderen Siedlungsschwerpunkt anwachsen.

Heute erstreckt sich Ourense auf beiden Seiten des Rio Miño, der die Stadt annähernd in Ostwestrichtung in einem weiten Bogen durchfließt. Dabei erstreckt sich das sanft in das Flusstal abfallende südliche Stadtgebiet bis weit in das Umland, das wir bei unserer Wanderung zu durchqueren hatten. Das nördliche bis östliche Ufer des Flusses ist wesentlich steiler. Auf dem recht schroff ansteigenden nordöstlichen Uferhang liegen bevorzugte Wohngebiete, die mit ihrem schönen Ausblick auf die Stadt und nicht zuletzt aufgrund ihres besseren Kleinklimas natürlich besonders beliebt sind.

Bei der Planung der Stadt auf beiden Seiten des Flusses haben uns die Römer wohl eines der kühnsten Ingenieurbauwerke der Geschichte hinterlassen. Der gewaltige Puente Romano, der nach einer teilweisen Erneuerung im Jahr 1230 bis heute erhalten ist, weist in seinem Mittelbogen eine Spann-

Ourense: Plaza Mayor

weite von 43 m und eine Scheitelhöhe von 38 m auf. Diesen Raum mit Gerüsten zu füllen, die einerseits die Last des frisch in Mörtel gelagerten Bogengewölbes tragen und andererseits auch für den Transport schwerster Steinlasten geeignet sind, nötigt mir größten Respekt ab.

Bereits im 4. Jh. wurde das damalige Aurium Bischofssitz. Als suebische und später westgotische Residenzstadt entwickelte sich Ourense dann auch in nachrömischer Zeit sehr schnell zu einem blühenden Zentrum. Die Besetzung durch die Mauren im 9. Jh. führte dann zunächst zu einem Wegzug der christlichen Bewohner und zwangsläufig zu einem zeitweiligen Niedergang der städtischen und kulturellen Entwicklung. Erst nach der Vertreibung der Mauren, die in dieser Gegend äußerst mühsam und nur nach langem Kampf mit durchaus wechselseitigen Erfolgen und Niederlagen erfolgte, gewann die Stadt im Nordwesten des Landes wieder an Bedeutung. König Sancho II von Kastilien ordnete die Wiederbesiedlung durch christliche Zuwanderer an. Mit den attraktiven warmen Quellen entwickelte sich die neubesiedelte Stadt sehr schnell zu einem kulturellen und wirtschaftlichen Zentrum, in dem eine starke jüdische Minderheit erfolgreich als Gruppe von Kaufleuten und Händlern eine wichtige Rolle spielte. Ein erneuter wirtschaftlicher Niedergang der Stadt trat ein, als von den Katholischen Königen Isabel und Fernando am Ende des 15. Jh. die Vertreibung dieser für die Bedeutung Ourenses als Handelszentrum unentbehrliche Minderheit verfügt wurde. Erst mit der Verbesserung der Verkehrswege im 19. Jh. und der Inbetriebnahme der ersten Eisenbahnlinie gelang der Stadt eine erneute Blüte als Badeort und Handelszentrum. Weitere Bahnlinien wie die Strecke Santiago – Zamora kamen in der ersten Hälfte des 20. Jh. hinzu. Die wunderbaren Jugendstilarchitekturen, die in der Altstadt vor allem an der Plaza Mayor, aber auch in Teilen der Neustadt erhalten sind, zeugen von diesem dauerhaften Aufschwung.

18. Oktober 2016

Wie alle großen Zentren auf der Vía de la Plata weist auch Ourense aus den Perioden seiner großen Blüte beeindruckende Bauwerke auf. Nach der Vertreibung der Mauren leitete Sancho II von Kastilien im 11. Jh. die Wiederbesiedelung des Landes mit Christen ein. Von dieser Zeit bis zum 13. Jh. entstanden großartige Bauten in Ourense. Deshalb gilt unsere ganze Neugier am Morgen unseres Aufenthaltes in dieser

Ourense: Kathedrale San Martiño

schönen Stadt den Baudenkmälern aus dieser Periode des Mittelalters. Wir besichtigen ausführlich die zentral gelegene Kathedrale, die im 12./13. Jh. entstand. Sie ist dem heiligen Martin geweiht, der nach einer Legende den Sohn eines suebischen Herrschers durch ein Wunder von einer Krankheit geheilt haben soll, und dem zu Ehren bereits in vormaurischer Zeit an dieser Stelle eine Kirche errichtet wurde.

Äußerlich wirkt die Kathedrale, eingekeilt in die engstehende Bebauung der Altstadt, ein wenig grob gegliedert. Sie scheint wenig Verwandtschaft mit den reich mit Würfelfriesen und Kapitellen verzierten romanischen Bauten aus dieser Zeit zu haben. Die Schmucklosigkeit der äußeren Gestaltung wird nur unterbrochen durch überreich gestaltete Portale, die im Westen und Osten in das Querschiff des kreuzförmig klassisch angelegten Kirchenraums führen. In dem überreichen Dekor sieht man deutlich formale Motive aus dem Bauen früherer nichtchristlicher Kulturen. Die Mauren haben hier ein kostbares Andenken an ihre filigrane Gestaltungstradition mit tief gestaffelten Stufenfriesen und hufeisenförmigen Bogenverzierungen hinterlassen. Jedoch nicht nur maurisches Erbe wird hier sichtbar! Vor allem in der äußerst filigran gestalteten Steinmetzarbeit des Ostportals wird für mich ausgehend im 13. Jh. ein weiter Vorausblick in das reiche plastische Schaffen der sich in Nordeuropa ausbreitenden Gotik sichtbar.

Über der gedrungenen Masse des Gebäudes thront triumphal der mächtige zweigeschossige Vierungsturm. Er ist spät, im 16. Jh. von Rodrigo de Badajos gestaltet worden. Mit seinen Maßwerkfenstern, die sich in zwei Etagen um das Achteck des Turms legen und einem dritten mit offenen Rundbögen gestalteten Geschoss im Bereich der Gewölbekuppel, wirkt er im Vergleich mit der übrigen Baumasse unerwartet filigran und schwerelos. Über der Fensterzone noch eine Überhöhung oberhalb der Gewölbezone. Wie in Burgos krönen diese stolze Architektur bildhauerisch kunstvoll gestaltete Fialen, die sich in den Himmel recken und ein Kranz von Zinnen, der sich wie eine Krone als oberer Abschluss um diese ungewöhnliche Architektur legt.

Entsprechend seiner Entstehungszeit zeigt der Innenraum deutlich die Merkmale einer bereits gotischen Geist atmenden Romanik. Über einem beeindruckend hohen Bogengang ist im Ansatzpunkt der recht grob gestalteten vierteiligen Kreuzrippengewölbe ein niedriger Obergaden sichtbar. Die Pfeiler des Bogengangs sind mit Halbsäulenvorlagen und hoch hinauflaufenden Diensten plastisch durchgestaltet. Kapitelle von Säulenvorlagen sind mit floralem Dekor verziert. Belichtung von außen spielt in diesem Raum keine große Rolle. Die Fenster im Obergaden sind klein. Im Chor, den heute ein mächtiger goldener Hochaltar füllt, fehlen sie fast völlig. Lediglich eine Kreuzform mit vier begleitenden Rundöffnungen, die hoch oben in der Gewölbespitze in die glatte Abschlusswand geschnitten sind, lassen etwas Tageslicht in diesen Teil des Raums fallen.

In diesem recht dunklen Innenraum zieht der Vierungsturm geradezu magisch an! Hier fällt durch die großflächigen Fenster reichliches Tageslicht ein. Es erhellt eine reich verzierte mit Pfeilervorlagen gegliederte Innenwand des Achtecks. Bögen, Balustraden eines in zwei Geschossen angelegten Umgangs sind bildhauerisch reich verziert. Vor den Pfeilervorlagen stehen die annähernd lebensgroßen Skulpturen von Heiligen, unter ihnen mit Sicherheit identifizierbar der Apostel Simon Petrus, mit dem Verkündigungsbuch der Heiligen Schrift in der linken Hand. Ganz im Geist der Gotik wirkt dieser Teil des Innenraums weitgehend entmaterialisiert, schwerelos. Es ist das klare Tageslicht, das durch die Grisailleverglasung fallend den Raum beherrscht. Über dem Achteck blicken wir dann in ein kunstvolles Netzgewölbe.

Die Begeisterung, die wir für diese kunstvolle gotische Architektur entwickeln, führt uns voll Neugier in den Chorraum, der hier erstaunlicherweise hinter dem Zelebrationsaltar von den Seiten durch die Chorschranke frei zugänglich ist.

Der spätgotische Hochaltar ist in seiner filigranen Struktur für uns einfach überwältigend. In der Mittelachse übereinander Darstellungen der Mater dolorosa mit dem toten Jesus auf den Knien, darüber der Namenspatron der Kathedrale, St. Martin, umgeben von vier Heiligen aus dem Ourenser Milieu, darüber erhöht die Königin des Himmels begleitet von Engeln, die die Krone über sie halten. Der Altar ist voll von biblischen Szenen. Wir zählen auf jeder Seite zwölf Darstellungen von Szenen aus der biblischen Überlieferung. Jede Szene ist eingefasst und gekrönt durch ein feines, vergoldetes, spätgotisches

Maßwerk. Wir sind verblüfft, mit welch sensiblem architektonischem Einfühlungsvermögen die Erbauer dieses Altars den Raum der Chorapsis genutzt haben, um ihr Werk in die Architektur des Kirchenraums sorgfältig einzufügen.

In der angrenzenden Capilla del Santo Cristo erleben wir dann einen weiteren großartigen barocken Altar, der raumfüllend bis in die Gewölbe der Kapelle hineinwächst. Mit der vergoldeten Empore über dem Chorgestühl bildet er eine architektonische Einheit, die den Raum beherrscht. Man kann nachvollziehen, dass die in diesem Raum Versammelten als geschlossene Gemeinschaft die in ihrer Mitte stattfindende heilige Handlung der Liturgie intensiv miterlebten und noch heute mitfeiern.

Eine ganz besondere Überraschung bietet uns zum Schluss unserer Besichtigung Maestre Mateo mit seinem Portico del Paraiso im westlichen Vorbau der Kathedrale. Der Aufbau ist vergleichbar mit dem Portico del Gloria in Santiago. In der Mitte im Rundbogen die 24 Ältesten der Apokalypse, darunter im Mittelpfeiler der hl. Jakobus. Über ihm die gekrönte Maria mit dem Jesusknaben auf ihren Armen. Auf den seitlichen Pfeilern sehen wir einen reichen Skulpturenschmuck mit Propheten des Alten Testaments, die sich mit geöffneten Schriftrollen ausweisen und schließlich eine Zahl von Aposteln und Evangelisten des Neuen Testaments, unter ihnen mit geöffnetem Verkündigungsbuch Matthäus.

Wir kennen natürlich von unseren zahlreichen Reisen viele ergreifende Steinmetzarbeiten des Mittelalters, ob in Frankreich, Deutschland oder auch Spanien. Diese Arbeit empfinden wir als überwältigend. Von ihr geht eine bezwingende meditative Kraft aus. Sie wird noch verstärkt durch die starke Farbigkeit der Figuren, die offenbar in jüngerer Zeit eine sorgfältige Restaurierung erfahren haben.

Diese Kirche ist tatsächlich ein meditativer Raum, in dem man in seinen Gedanken versinken kann.

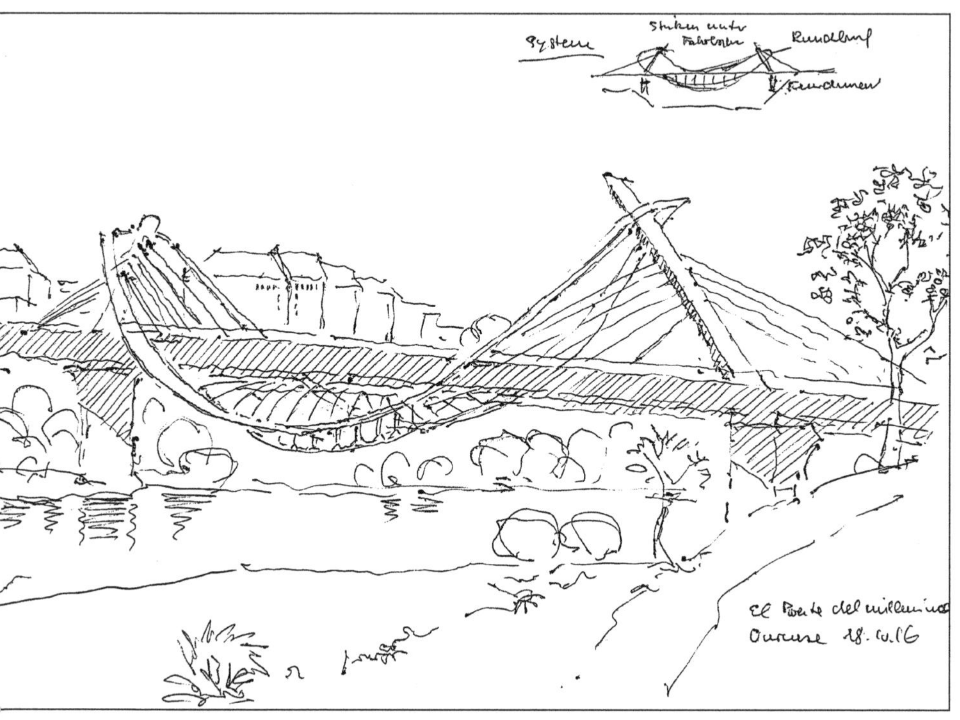

Ourense: Puente del Milenio

Wir finden nur schwer wieder in den heutigen sonnigen Alltag in den Gassen der Altstadt zurück. Noch haben wir nur wenige der besonderen kunstgeschichtlichen und architektonischen Schätze der Stadt gesehen. Und so wandern wir langsam in Richtung des nahegelegenen Río Barbana, dessen Ufer in einer grünen Parklandschaft uns zum Rio Miño führen. Hier muss ich als Architekt natürlich den Puente del Milenio des Architekten Álvaro Varela de Ugarte sehen und zeichnen. Ich laufe auf beiden Seiten des Flusses um diese raffinierte Collage unterschiedlicher Konstruktionsprinzipien herum. Oben als Hängebrücke deutlich nachvollziehbar, verschwinden die

Seile der Aufhängung irgendwo nach dem ersten Drittel der Brückenlänge in der Fahrbahn, um im Untergrund als Tragelemente einer Reihe von Stahlstützen wieder aufzutauchen. Ein ingeniöses Spiel mit Kräften der Statik, das in der Gesamtheit der Brücke eine stille Eleganz ohne Aufgeregtheit und monumentales Pathos verleiht.

Den Puente Romano sehen wir heute nur aus der Ferne, morgen früh werden wir ihn nicht nur besichtigen, sondern auf unserem weiteren Weg auch überqueren. Zunächst eilen wir wieder in die Altstadt hinauf, vorbei am denkmalgeschützten Postamt und dem erzbischöflichen Palais. Zahlreiche beeindruckende Jugendstilfassaden liegen am Weg. Auf der Plaza Mayor verbringen wir eine gute Zeit in einem der Cafés in der Sonne, uns gegenüber das Ayuntamiento rechts in der langen den Platz begleitenden Fassade wieder einige schön gegliederte Häuser des Jugendstils. Einige Cañas dürfen es zu dieser fortgeschrittenen Tageszeit sein, bevor wir uns in die von warmen Quellen gespeisten öffentlichen Bäder begeben.

Es war ein besonderer Wunsch von Ineke, in Ourense die spektakulären öffentlichen Bäder zu erleben. Mitten zwischen den Gassen der Altstadt, in einer Talmulde abfallend zum Río Barbana beginnt innerhalb einer Grünanlage eine ganze Landschaft unterschiedlicher Badestationen. Mal bedeckt und geschlossen, mal offen, in verschiedene Pools gegliedert. Der Charme dieser unterschiedlichen Anlagen ist die unterschiedliche Temperatur des aus der Erde austretenden Wassers. Natürlich sind auch der Komfort der einzelnen Einrichtungen, das Angebot von Therapien und die räumliche Qualität der einzelnen Stationen entscheidend für die Akzeptanz und die Frequenz durch die Öffentlichkeit. Wir entscheiden uns für das öffentliche und kostenlos nutzbare Bad mitten zwischen den verschachtelten Häusern der Altstadt.

Die Ausstattung ist zwar spartanisch, die Umkleiden sind recht große Gemeinschaftsräume mit angrenzenden einfachen Schrankwänden. Unsere wenigen Habseligkeiten sichern wir dort mit einem simplen Vorhängeschloss, das uns der aufsichtführende Bademeister bereitwillig und kostenlos zur Verfügung stellt.

Das Wasser aus den heißen Quellen der Stadt sprudelt mit hoher Temperatur aus dem Untergrund. In den Prospekten, die über die Badeeinrichtungen informieren, ist die Rede von 45–62 °C. Unser erster Gedanke ist, wie zuhause einfach in das Becken zu gehen und sich mit Schwimmen die Zeit zu vertreiben. Die Tiefe des Beckens von ca. 160 cm gibt dazu durchaus Gelegenheit. Allerdings haben wir die Auswirkung der Wassertemperatur unterschätzt. Nach wenigen Bahnen durch den schwimmtauglichen Bereich des Beckens sind wir erstaunlicherweise erschöpft und außer Atem.

Da hilft nur, dem Beispiel der übrigen Badegäste zu folgen und im Wasser sitzend oder liegend zu ruhen und den Blick über die belebte Umgebung der angrenzenden Altstadtgassen schweifen zu lassen. Diese liegen etwa 5 m über unserer derzeitigen Aufenthaltsebene, jedoch ist der Blick sowohl für uns Badegäste als auch der Blick von oben auf unser Badeparadies vollkommen offen. Keine hohe Einfriedungswand, lediglich niedrige, Fußgänger lenkende, brüstungshohe Mauern und Gitter versperren die freie Sicht. Die einzige funktionierende Trennung zwischen Badenden und Stadtöffentlichkeit ist der etwa 5 m hohe, in Terrassen abgestufte Hang. In der gewonnenen Ruhestellung verlässt uns langsam die Betriebsamkeit des eindrucksreichen Touristentages. Uns befällt eine merkwürdige Gelassenheit. Die Gedanken schweifen ab.

Das Wirken der Evolution in allen Vorgängen unserer dreidimensionalen Welt habe ich in meinen bisherigen Exkursen auf der Vía de la Plata wohl recht einleuchtend beschrieben. Selbst vernichtende Katastrophen, die sich einst auf unserer Erde ereignet haben mögen, wurden in der Vorstellung einer evolutiven Entwicklung hin zu einer fortschreitenden Harmonisierung einigermaßen plausibel untergebracht.

Ungleich schwerer einzuordnen sind jedoch Entwicklungen, die nicht dreidimensional mit Zerstörung und Neuanfang, mit Niedergang und Wiederaufstieg verbunden sind. Ich denke vor allen an das weite Feld der menschlichen und gesellschaftlichen Bezüge. Hier fehlt für Messungen anders als bei allen räumlich-materiellen Vorgängen in unserer Welt zunächst jede Möglichkeit der direkten wissenschaftlich korrekten Beurteilung.

Man benötigt für die Erforschung der Vorgänge im Bereich der menschlichen Bezüge zunächst abstrakte Werte, die man aus der Betrachtung der sichtbaren dreidimensionalen Welt zusammenträgt. Man braucht Auswertungen von wissenschaftlicher Beobachtung, man braucht Statistiken.

Ohne Frage, uns aufgeklärten Menschen fällt der Blick zurück auf unsere Geschichte und unsere Entwicklung relativ leicht, wenn wir bedenken, welche langen Entwicklungswege wir in der Zeit der Evolution der Menschheit zurückgelegt haben. Der geschichtliche Blick zurück schafft schnell eine einleuchtende Perspektive.

Von den 6 Millionen Jahren, in denen sich der Mensch aus vierfüßigen Hominiden zum Homo sapiens entwickelte, verstrichen mehr als 5,2 Mio Jahre, also 87 %, bis für unsere Forschung in den frühen Gesellschaften des Homo Antecessor auf der iberischen Halbinsel so etwas wie ein messbarer soziokultureller Status erkennbar wird. Es darf angenommen werden, dass in dieser frühen, in Spanien entdeckten, menschlichen Zivilisation, auch wenn das Jagen und Sammeln von Früchten für die tägliche Ernährung üblich war, trotz eines bereits entwickelten reflektierten Bewusstseins brutale Revierkämpfe und Kannibalismus nicht fremd waren.

Spuren höherer Zivilisationen finden wir dann in den Höhlen von Altamira in Spanien und in der Hinterlassenschaft von Menschen des sog. Magdalenien, die in Lascaux und Solutré, beides Orte in Frankreich, vor etwa 30 000 Jahren lebten. Hier finden sich Kulturen, die in ihrem Zusammenleben bereits soweit entwickelt waren, dass sie eine Kommunikation in Lauten und Worten, nonverbal sogar in Zeichnungen und Bildern pflegten. Zwar wissen wir nicht, wem die in den genannten Höhlen gemalten bzw. gezeichneten Bildern galten, ob Göttern, Geistern oder einfach den in der Höhle zusammenlebenden Stammes- oder Sippenmitgliedern. Ihr Vorhandensein in großer Zahl beweist jedoch, dass das individuelle und reflektierte Bewusstsein in dieser Zeit bereits soweit fortgeschritten war, dass man eine differenzierte Kommunikation betrieb.

Das Altertum hält dann in Informationen über die frühen Königreiche von Hammurabi oder die frühen Dynastien des sog. Alten Reichs der Ägypter für uns erkennbare Spuren von Herrschaft, Machthierarchien und damit auch geordneten sozialen Bezügen bereit.

Weitere Spuren einer sozialen Ordnung, die die Menschen sich gegeben haben, finden wir dann in biblischer Zeit beispielsweise in den Zehn Geboten der Gesetzestafeln des Moses wieder, die das Volk Israel etwa 1200 v. Chr. zu einem geordneten gesellschaftlichen Zusammenleben gegenüber Gott und den Mitmenschen veranlassen sollten.

Bemerkenswert ist jedoch, dass dieser frühe Gesetzescodex, folgt man den Schriften des Alten Testaments, von Gott persönlich über Moses dem auserwählten Volk der Israeliten übergeben wird. Das bedeutet: In unseren Überlieferungen ist die beschriebene zivilisierte Gesellschaft noch klein, sie beschränkt sich auf die Welt der zwölf Stämme Israels, denen sich der eine Gott in der Vision des Moses im Dornbusch als ihr Beschützer und Begleiter geoffenbart hat. Dass die Zusage der ständigen Präsenz und der Schutzbereitschaft Gottes gegenüber seinem Volk sich ausschließlich auf das kleine, von Gott auserwählte Volk Israel bezieht, wird dann im weiteren Verlauf der Geschichte der Israeliten klar und deutlich.

In den Büchern Levitikus und Deuteronomium des Alten Testamentes wird diese erste Gesetzesordnung des Moses weiter zu einem differenzierten Gesetzeswerk vertieft. Wir würden mit unserer heutigen Sprache sagen: Es wurden umfangreiche Kommentare zur Gesetzesauslegung geschrieben, die eine sehr differenzierte gesellschaftliche Ordnung in schriftlicher Form erkennen lassen.

Aus dem Buch Deuteronomium können wir dann auch erstaunt erfahren, dass der gesamte umfangreiche Gesetzescodex ausschließlich für das Volk der Israeliten gilt. In Deut. 7.1 wird nämlich deutlich darauf hingewiesen, dass die Völker, die bei der Einnahme des gelobten Landes weichen müssen, der Vernichtung geweiht sind. Das heißt, außerhalb des Volkes Israel gibt es keine anerkennenswerte menschliche Zivilisation. Das auserwählte Volk Gottes ragt aus der allgemeinen gesetzlosen Barbarei als Insel der Auserwählten heraus. Wen wundert es, wenn bei dieser strengen Eingrenzung der Erwählten Gottes außerhalb des in Gesetzen gut organisierten Lebensraums Israels Mord und Vernichtung im Gegensatz zu den strengen Lebensregeln der Israeliten jederzeit erlaubt waren. So tötet Jonathan, der Sohn von König Saul, zusammen mit seinem begleitenden Waffenträger 20 Männer der benachbart zu den Israeliten lagernden Philister in einer freiwilligen Expedition. Er leitet damit den Sieg der Israeliten über die verhassten Philister ein.

In den Zehn Geboten des Moses fällt mir übrigens auf, dass die Mehrzahl, nämlich sechs von zehn keine Gebote, sondern Verbote sind. Gebot 1 bis 3 regeln das Verhältnis Mensch-Gott und sind positiv formuliert überliefert. Gebot 4 schließlich regelt die Harmonie und den Zusammenhalt in der Familie. Die sechs folgenden Vorschriften der Mosesgesetze bemühen sich lediglich um das Verhindern des Schlimmsten, das sich Menschen in ihren Bezügen antun können: Kein Mord, kein Ehebruch, kein Diebstahl, kein Begehren der Frau oder des Besitzes des Nächsten.

Im täglichen Leben der Gesellschaften miteinander oder der Völker stellt jedoch sowohl menschlicher Besitz als auch menschliches Leben selbst im Alten Testament keineswegs ein absolut unantastbares Tabu dar. In etlichen Berichtendes Alten Testaments wie z. B. in der Geschichte Jonathans in 1 Sam 14 können wir nachlesen, wie Mord und Totschlag als politische Provokation inszeniert werden, um in daraus resultierenden kriegerischen Auseinandersetzungen Gebiets- und Machtansprüche neu zu ordnen und zum Vorteil einer Partei neu zu definieren.

Die Geringschätzung der Israeliten gegenüber Philistern wie in 1. Sam. 14 geschildert – und ebenso gegenüber anderen rivalisierenden Gruppen und Völkern – wird auch deutlich, wenn Jonathan und seine Gefährten sich gegenseitig warnen, diese seien nicht beschnitten und damit wohl zu jeder schlechten Tat fähig. Die Nichtbeschnittenen im Allgemeinen und im konkreten Fall hier die Philister werden einfach als nicht zum Volk Gottes gehörig betrachtet und sind damit minderwertig, als Feind bedingungslos zu bekämpfen bzw. zu vernichten. Gott als Beschützer des Volkes Israel ist immer hilfreich dabei.

Mit heutigen Augen gesehen wird hier religiöser Fanatismus und beliebiger Mord selbst im Alten Testament unserer Heiligen Schriften als normal und legitim beschrieben. Diese Haltung der Ausgrenzung aller nicht zum Erwählten Volk gehörigen Stämme und Völker setzt sich im Verhältnis der jüdischen Gesellschaft gegenüber den jungen Christen im Neuen Testament fort.

In der Apostelgeschichte 6/8–13 verfolgt »die sogenannte Synagoge der Libertiner, Zyrenäer und Alexandriner« die jungen Christen und ermordet den Stephanus.

Leben Andersgläubiger gilt als minderwertig. Die Zugehörigkeit zu einer gläubigen und vermeintlich privilegierten Minderheit ermächtigt zu jedweder Gewalttat an Vertretern anderer Überzeugungen.

Diese Gesellschafts- und Weltsicht hat die Menschen über Jahrhunderte, Jahrtausende begleitet. Im Mittelalter Europas fanden Kreuzzüge zur Befreiung der Heiligen Stätten des Christentums in Palästina statt. Karl der Große zog mit seinem Heer auf die iberische Halbinsel, um diese von der maurischen Besetzung zu befreien. Eine kultur- und gesellschaftsprägende Ideologie bekämpft gnadenlos alle Abweichler mit dem Ziel ihre Macht zu festigen bzw. auszubauen und zu vermehren.

Die Geringschätzung fremder Kulturen wird auch in den Entdeckungsfahrten der Spanier und der Portugiesen im 16./17. Jh.

sichtbar. Christliche Seefahrer eroberten neuentdeckte Erdteile, schlachteten die dort in ihren Augen Ungläubigen bedenkenlos ab, zwangen den Überlebenden mit ihrer Herrschaft ihre christliche Religion und ihre Sprache auf und transportierten die materiellen Reichtümer der unterworfenen Völker in ihr Mutterland.

Erst im 18. Jh. unserer Zeitrechnung entstand im Bill of Rights (1776 in Virginia) und in der Déclaration des droits de l'homme (1789 in Frankreich) die Einsicht, dass jeder Mensch ein Recht auf Unversehrtheit und freie Entfaltung hat.

Dennoch: Schreckliche Kriege um Macht und politische Dominanz kennzeichneten die auf diese Menschenrechtsklärungen folgenden Jahrhunderte. Erst die Entdeckung von Massenvernichtungsmitteln im 20 Jh. führte die Menschheit global dazu, sich 1950 in den Vereinten Nationen zusammenzufinden, um sich gemeinsam für eine friedlichere und humanere Welt zu engagieren. Wie wenig erfolgreich dieses weltweite Vorhaben bisher war, können wir aus den Kriegsberichten aus Afghanistan, Somalia, Sudan, Syrien und zahllosen anderen Krisengebieten auf unserer Erde täglich aus den Medien erfahren.

Die Entwicklung der menschlichen und sozialen Bezüge geht schleppend und immer wieder von Rückschlägen bedroht vor sich. Aber ist das nicht gerade das Besondere, das ich bei der Betrachtung der evolutiven Entwicklung unserer Welt herausgehoben habe? Niedergang führt immer wieder zu einem Neuanfang. Auf jedes vermeintliche Ende folgt ein Neubeginn. Die Evolution als Harmonisierungsprozess der widerstreitenden Kräfte. Ausgleich zur Optimierung der Welt.

In unserem Abendgespräch über die Veränderung des Menschenbildes im Laufe der Geschichte, das wir mit unserer Begleiterin Willemijn in Torreogaz hatten, wird deutlich, dass auch Menschenbild und soziale Ordnungen in ähnlicher Weise wie die Schöpfung schlechthin einer evolutiven Veränderung unterliegen.

Im geschilderten Fall ist der kritische Rückblick der Amerikanerin Kathrina Browne auf die Rolle ihrer Vorfahren im Sklavenhandel der Südstaaten der USA ein deutlicher Beweis, dass auch das Menschenbild, das jede Gesellschaft pflegt, einem ständigen Wandel unterworfen ist. Nichts ist von Bestand, alles ändert sich. Um das kollektive, schlechte Gewissen ihrer Familie endlich zu bewältigen, plant sie einen Film über die Verfehlungen der Generationen ihrer Vorfahren.

Die Evolution der gesamten Schöpfung schließt ganz offensichtlich mit ihren zahllosen Korrespondenzen, mit ihren unzähligen Haupt- und Nebenwegen, die alle ein erkennbares fernes, gemeinsames Ziel haben, auch Wandlungen im psychischen und sozialen Bereich ein. Die erkennbare Wirkung dieses Prinzips wird natürlich dort vielfach geschwächt, wo neben die reine Kraft des Stärkeren, die in der Evolution der Natur offenkundig ist, sich noch der gestaltende Wille des autonom handelnden Menschen bemerkbar einmischt. Dies resultiert aus dem ausgeprägten individuellen Bewusstsein des Menschen, der unter dem äußeren Druck einer sich stetig verdichtenden Weltbevölkerung zunehmend im täglichen Leben einem mitunter harten Existenzkampf ausgesetzt ist.

Ganz besonders unsere heute im Handel globalisierte Welt zwingt jeden Einzelnen von uns, sich im täglichen Leben zu behaupten, seinen selbstständigen Lebensweg zu suchen und gegen Mitbewerber abzusichern.

Es findet innerhalb der Evolution ein ständiger Wettbewerb der geistigen Kraft gegen die physische Kraft statt. War die Kraft bzw. das simple Recht des Stärkeren einst in der Evolution das alles entscheidende Prinzip, das Haupt und Nebenwege durch schlichte Auswahl voneinander trennte, ist heute individuelle Intelligenz ein entscheidender Faktor bei allen evolutiven Prozessen der erforschten Welt. Der Erfolg menschlichen Engagements gehört jedoch zunächst immer dem, der ihn erringt. Erst in zweiter Linie wird er für die Entwicklung der gesamten Gesellschaft nutzbar und Fortschritt bringend.

In der Evolution der menschlichen Gesellschaft hat jedoch das individuelle Bewusstsein, das uns alle derzeit in unserer Welt beherrscht und leitet, inzwischen die Grenzen seiner Wirksamkeit erreicht. Psychische Erkrankungen, die durch Überforderung durch die moderne

Leistungsgesellschaft entstehen, werden häufig als Verursacher menschlicher und gesellschaftlicher Tragödien erkannt. Amokläufer, Attentäter, hilflos Verzweifelte, in unserer Gesellschaft gestrandete und ausgeschiedene Menschen sind häufig, ich möchte fast sagen täglich, ein großes Thema in unseren Medien.

Wir brauchen ein erweitertes Bewusstsein, das uns die Stärke gibt, auf individuelle Sicherung von Bedürfnissen zu verzichten. Wir brauchen einen Verstand, der uns über das individuelle Bewusstsein hinaus den Blick auf das Wohl und die Bedürfnisse der gesamten Gesellschaft weitet.

Je größer die spezifische Not einer Gattung ist, umso zielstrebiger entwickelt sie sich im Rahmen der Evolution zu einer neuen resistenteren Spezies. Die Natur, deren Entwicklung bereits ausführlich Gegenstand meiner Betrachtungen war, beweist uns diese eigentlich tröstliche Eigenschaft der Evolution sehr deutlich.

Vor 50 Jahren habe ich als junger Student das Buch »Aufstieg zur Einheit« von Teilhard de Chardin gelesen. Teilhard sieht die Menschheit auf dem Weg einer sozialen Entwicklung vom individuellen Bewusstsein zu einem kollektiven, neuen gesellschaftlichen Bewusstsein. Ich habe mich damals verwirrt gefragt, wie dieser Aufstieg in einer von Egoismen und Vorteilshysterie beherrschten Welt sich vollziehen soll. Mit 70 stehe ich zunächst ratlos vor der gleichen Frage und weiß noch immer keine plausible Antwort.

Schlimmer noch, der äußere Druck auf jedes Mitglied in unserer Gesellschaft nimmt zu. Immer mehr, vor allem junge Menschen verlieren Optimismus und Engagement, weil Arbeitslosigkeit und Erfolglosigkeit in unserer leistungsorientierten und auf materiellen Zugewinn ausgerichteten Gesellschaft sie aus dem sozialen Zusammenhang herausgelöst hat.

Es ist kein Zufall, dass ausgerechnet in Städten und Regionen, in denen große Arbeitslosigkeit und Not herrschen, junge Menschen, die in ihrer sozialen Situation keinen Ausweg finden, sich radikalen Bewegungen anschließen.

Wir entnehmen der Presse, dass in sozialen Brennpunkten beispielsweise in der belgischen Hauptstadt Brüssel sich eine gefährliche Zelle des aggressiven Islamischen Staates gebildet hat, die Belgien und Frankreich mit schrecklichen Terrorakten heimsuchte. Ein anderes Nest des internationalen von Menschen nordafrikanischer Herkunft getragenen islamistischen Terrorismus befindet sich bekanntermaßen in Saint Denis, einer Stadt im Norden von Paris. Auch Saint Denis, Sarcelles und andere Kommunen im Norden der französischen Hauptstadt sind seit Jahren in Frankreich als soziale Brennpunkte bekannt.

Ähnliche Beobachtungen machen wir in Dinslaken, einer kleinen Stadt im nordwestlichen Ruhrgebiet. Der größte Arbeitgeber der Stadt, die dort seit Jahrzehnten für einen bescheidenen Wohlstand sorgende Schachtanlage, wurde geschlossen und junge, verzweifelte, arbeitslose Erwachsene suchen ihr Glück und ihren Erfolg in religiöser Radikalisierung. Sie konvertieren zum Islam und radikalisieren sich als Krieger im Dschihad, dem sog »Befreiungskrieg« radikaler Muslime.

Unsere westlichen Gesellschaften sind derzeit in ihrer global auf Zugewinn und materiellen Erfolg konzentrierten Lebensweise an einem gefährlichen Scheidepunkt angelangt. Die aktiven Mitglieder der Gesellschaft, d. h. diejenigen, die die besondere Qualität einer bezahlten Tätigkeit erfahren dürfen, sehen sich einem immer stärker werdenden Leistungsdruck ausgesetzt, weil der international harte Wettbewerb der Unternehmen sie über jedes erträgliche Maß zu Höchstleistungen, zu immer mehr Effizienz in der täglichen Arbeit und zur Generierung von immer mehr wirtschaftlichem Wachstum zwingt. Das löst vielfach Versagensängste, Depressionen aus. Diese enden nicht selten im psychischen und physischen Zusammenbruch, in sozialem Abstieg und in Verzweiflung. Auf der anderen Seite der Gesellschaft leben viele Menschen, die in ihrem Leben nie eine Chance bekommen haben, ein erfolgreiches, ausgeglichenes Leben zu führen, denen möglicherweise bereits in ihrer Schulzeit Anerkennung und Erfolg versagt blieben und die als schlecht ausgebildete und in ihrer sozialen Integration orientierungslos ein Leben in Hoffnungslosigkeit verbringen.

Wen wundert es, wenn die inzwischen auch in unserer Gesellschaft beachtliche Zahl sozial Gestrandeter sich radikalisiert und ihren Erfolg in blinder Opposition und Gewalt gegen das in ihren Augen übermächtige Bürgertum entlädt? Der IS wird so für verzweifelte Jugendliche über den Märtyrertod das Tor zum Paradies, zum ewigen Erfolg.

Nicht wenige, die aufgrund des permanenten Leistungsdrucks ihren Lebensoptimismus verloren oder sogar ernsthaft psychisch erkrankt sind, suchen ihr Heil und ihren kurzzeitigen Erfolg im Triumph über ihre Mitmenschen und nutzen einen Augenblick, in dem ihnen Macht und Verantwortung überlassen sind, zu einer vernichtenden Gewalttat.

Wir brauchen eine Umkehr. Wir brauchen eine Abkehr von globalisiertem Wachstum. Wir brauchen einen neuen Blick aufeinander. Wir brauchen Verzicht auf Macht und stattdessen einen neuen gemeinsamen Anfang unserer sozialen Bezüge.

Wir brauchen ein neues, gesellschaftliches Bewusstsein, das unser individuelles Bewusstsein mit all seinen unreflektierten Egoismen ersetzt.

Der Druck ist groß, ich bin sicher, dass die Evolution mit ihren Gesetzen helfen wird, dieses neue kollektive Bewusstsein zu entwickeln. Alle Beobachtungen der Evolution, die ich auf meinem diesjährigen Jakobsweg bemacht habe, bestärken mich in diesem festen Glauben.

Nun muss ich nochmals auf das Ereignis zurückkommen, das uns am Anfang unseres Weges auf der Vía de la Plata erschüttert hat. Ein junger Copilot eines Germanwingfluges lenkt in einem unbeobachteten Augenblick ein Flugzeug mit 149 Passagieren absichtlich gegen eine Felswand in den französischen Alpen. Zuvor hatte er mehrere Ärzte konsultiert, weil er unter Sehstörungen litt und weil er sich Sorgen um seine berufliche Zukunft machte, die er in seiner Verzweiflung für aussichtslos hielt. Die Ärzte konnten, das ließ sich später ermitteln, keine organischen Schäden feststellen. Sie schrieben ihn dienstunfähig und verordneten ihm zunächst einige Ruhetage.

Keine organischen Schäden und dennoch auftretende Sehstörungen bedeuten mit einiger Wahrscheinlichkeit, dass es sich bei der Erkrankung um eine psychosomatische Störung gehandelt haben muss. Der junge Mann war offenbar in einer tiefen Depression. Bereits in seiner Ausbildungszeit hatte er mit Depressionen zu kämpfen. Er unterbrach sogar auf ärztlichen Rat sein Studium, wohl um sich dem täglichen Leistungsdruck, dem er sich in der ohne Zweifel anspruchsvollen Ausbildung zum Piloten ausgesetzt sah, für die Zeit seiner gesundheitlichen Wiederherstellung zu entziehen. Sein Studium nahm der nach scheinbarer Genesung später wieder auf.

Was mag diesem jungen Mann mit seiner Erkrankung widerfahren sein? Sein Leben lang war er sportlich erfolgreich. Er lebte mit einer jungen Frau zusammen. Irgendwie scheint alles zumindest auf den ersten Blick geordnet und »normal« in seinem Leben abzulaufen.

Schon in frühester Jugend begann er mit dem Segelfliegen. Er hatte die Freiheit, allein ein Flugzeug über den Wolken steuern zu können, erfahren. Er hatte dort oben über den Wolken das Gefühl von Macht erlebt, das diese kleine Freiheit des alleinigen Herrschens über Wind und Thermik in diesem kleinen Fluggerät vermittelt. Vielleicht war er dort oben mit seinen Sehnsüchten und Emotionen einfach glücklich.

Unten auf dem harten Boden der Wirklichkeit dagegen war er ständig herausgefordert, ständig unter Druck. Ein ungeliebtes theoretisches Ausbildungsprogramm stand ihm auf seinem Weg zur Berufsfliegerei im Weg. Da musste er sich zunächst durchfinden. Auf der Suche nach einer Lösung geriet er in seine erste Depression. Die Felswand, gegen die er später das Flugzeug steuerte, war ihm bekannt. Hier hatte er die gute Thermik bereits als Segelflieger erlebt und genutzt. Hier war er glücklich gewesen.

Er war zwar Täter in einer großen menschlichen Tragödie, aber seine Täterschaft ging auf eine Niederlage oder eine Reihe von Niederlagen in unserer auf Leistung ausgerichteten Gesellschaft zurück. Letztlich war er als Täter das Opfer aller seiner Zeitgenossen, die ihn in seiner individuellen gesellschaftlichen Position immer weiter vorwärtstrieben. Seine psychosomatischen Sehstörungen sind ein klares Indiz einer starken psychischen Überforderung. In der Strafjustiz kennen wir seit langem die Vorstellung, dass viele Kriminaldelikte aufgrund von Fehlentwicklungen sozialer Bezüge entstehen. Auch dieser schreckliche Zwischenfall, bei dem ein kranker, fehlgeleiteter Mensch den Tod von 149 Mitmenschen vorsätzlich herbeiführt, ist in meinen Augen eines der Ereignisse, die auf Fehler und Versagen der gesamten Gesellschaft zurückzuführen sind.

Ob der junge Copilot in dieser Situation überhaupt schuldeinsichtig oder gar schuldfähig war, ist zu bezweifeln. Er ruhe in Frieden.

Dieses Beispiel musste ich im Zusammenhang mit der Betrachtung der Evolution menschlicher Bezüge einflechten. Es zeigt, dass wir bei unserem Aufstieg zur Einheit noch einen weiten Weg vor uns haben.

Unser Tag in Ourense ist heute lang. Es gibt in dieser Stadt unendlich viel zu sehen und zu erleben. Immer wieder streifen wir um die Plaza Mayor herum. Die Nord- und Westseite des Platzes mit ihren Arkaden und Gastronomiebetrieben laden uns dabei zu längeren Aufenthalten ein, die ich zum Anlass nehme, von den schönen bizarren Jugendstilarchitekturen auf der Südseite einige Zeichnungen zu machen. Wichtig ist uns auch, trotz der Erlebnisdichte des heutigen Tages schnell einen Blick in die barocke Kirche Santa Eufemia (17./18. Jh.) und in die kleine Iglesia de Santa María Nai (11. und 18. Jh.) zu werfen.

19. Oktober 2016

Der Weg aus Ourense heraus ist wie so mancher Anstieg zu diversen Pässen auf der Vía de la Plata auch für den geübten Pilger eine echte Herausforderung. Unser Rother-Reiseführer hat uns bereits gewarnt: Aus dem Tal des Flusses Miño geht es, wie man es auch immer anfängt, zunächst anstrengend bergauf. Dabei hat man die Wahl: entweder hinter dem Bahnhof steil und anstrengend über 19% Steigung etwa eine Stunde lang bergauf oder über einen alternativen Weg durch eine dörflich anmutende Folge von Vororten über etwa zwei Stunden auf 521 m Höhe zu klettern. Wir entscheiden uns für die weniger steile Variante.

Startpunkt für unseren heutigen Weg ist der Puente Romano, auf dem wir den Miño überschreiten wollen. Natürlich geben wir uns nicht bei diesem herausragenden Bauwerk mit einer gedankenlosen Überquerung zufrieden, sondern betrach ten diese Meisterleistung römischer Ingenieurskunst zunächst von dem tief unterhalb der Brückenoberfläche liegenden Flussufer aus. Die Spannweite des Mittelbogens der dreibogigen Brücke beträgt stolze 43 m, die Scheitelhöhe 38 m. Das sind gewaltige Dimensionen, wenn man sich vorstellt, dass hier vor 2000 Jahren römische Baumeister gewaltige Holzgerüste bauen mussten, bevor sie mit der steinernen Wölbung des Bogens begannen. Da mutet die leichtfüßige Brückenkonstruktion des benachbarten Puente del Milenio doch bei all ihrer intelligenten konstruktiven Inszenierung einfach und unkompliziert an.

Heute wandert Maurizio wieder mit uns. Über die Calle de Santiago verlassen wir relativ schnell die Stadt und geraten recht bald bei unserem Aufstieg über eine gepflasterte, schmale Straße in eine Folge kleiner Dörfer und dörflich anmutender Vororte. »Camino Real« (= königlicher Weg) nennt sich unser Weg. »Der König wird sich wohl hier in einer Sänfte tragen lassen, wenn er hierher kommt«, lästert Ineke.

Wir sind uns dennoch einig, dass wir mit dem Camino Real heute eine gute Entscheidung getroffen haben. Neben neueren Konstruktionen auf großen, mit Mauern eingefriedeten Grundstücken entdecken wir zahlreiche Naturwerksteinhäuser aus dem 16./17Jh. Manchmal zieren Wappen der früheren Besitzer die Fassaden. Natursteinmauern säumen den Weg. Über ihre Kronen hängen die schweren Zweige von Obstbäumen.

In einem kleinen Gehöft aus dem 17. Jh. steht das grüne Tor der Einfahrt weit offen. Wir sehen eine kleine Gruppe von Menschen im Innenhof um ein Feuer stehen. Sie haben ein Spanferkel auf einen Spieß gezogen und flämmen dem toten Tier, bevor es auf den Grill kommt die Borsten ab. Am Samstag ist Fiesta im Dorf, da gibt es einiges vorzubereiten. Uns neugierigen Städtern gestattet man dabei gerne einen beobachtenden Blick und sogar einige Fotos.

Bis zur Ermita San Marco da Costa haben wir auf unserem Weg nach mehr als einer Stunde etwa 260 Höhenmeter bewältigt. Bei etwa 10 % durchschnittlicher Steigung haben wir damit die ersten 2,6 km zurückgelegt. Das erscheint manchem wenig zu sein, aber man sollte den verlangsamenden Effekt der Steigung nicht geringschätzen. Die Schritte werden nicht nur langsamer, sondern auch kürzer. Wenn dann die Sonne in kurzer Zeit die Morgenkühle weggenommen hat, lässt man bei jedem Schritt recht viel Kraft unter der Last eines 10–12 Kilogramm schweren Rucksacks. Hinzu kommt natürlich die eine oder andere Fotopause und so manche Begegnung mit neugierigen Dorfbewohnern. Hier ist der Jakobuspilger eben doch noch eine Erscheinung aus einer fremden Welt. Das Laufen mit Maurizio kürzt die Zeit etwas ab, auch wenn die Unterhaltung mühsam ist und in drei Sprachen erfolgt. Maurizio hat erkannt, dass wir mit unseren Französischkenntnissen ebenfalls ein Grundverständnis in anderen romanischen Sprachen entwickeln und so macht er sich die Konversation inzwischen leicht, indem er einfach in seiner Muttersprache, nämlich Italienisch, spricht.

Als wir an der Ermita San Marco ankommen, haben wir einen wundervollen Blick zurück auf die Stadt Ourense mit dem Río Miño, der in einer weiten Schleife das Tal unter uns durchfließt. Dieser kleine Ort mit seiner in Naturstein und Holz ge-

Cea: Glockenturm

bauten Kapelle, dem grünen, mit Olivenbäumen bestandenen Hang über der kleinen Landstraße, die sich weiter den Berg hochschlängelt, ist für kleine Ausflüge aus der Stadt heraus ebenso wie als Zwischenrast auf unserer Tagesetappe ein stilles kleines Paradies.

Unsere Rast ist kurz, denn noch liegen etwa 20 km vor uns. Als wir auf der Höhe ankommen, setzt sich unser Weg durch Wälder und kleine Dörfer ohne weitere ernsthafte Steigungen fort. Unsere Mittagsrast machen wir in einer neuen privaten Herberge, die auf ihrer Gartenseite eine recht geräumige Terrasse anbietet. Das ist genau der Ort, an dem man an einem langen Pilgertag eine Stunde der Ruhe verbringen kann.

Cea ist unser heutiges Tagesziel, ein Städtchen, das nach unserem Reiseführer keine besonderen Sehenswürdigkeiten anbietet. Schweinezucht und Fleischproduktion bilden die Grundlage für einen gewissen Wohlstand des Städtchens. Der Ort ist übrigens zweigeteilt: Zunächst führt uns unser Weg durch das alte Cea, das an einem Hang liegt. Ein brauner eisenoxydhaltiger Bruchstein ist das dominierende Baumaterial der bescheidenen Häuser. Die Dächer sind in dicken Schieferplatten eingedeckt. Zwar sind manche Straßenbeläge in Beton hergestellt, jedoch finden sich auch noch einige alte Gassen, die in schiefrigem Steinmaterial gapflastert sind. Wir lassen Maurizio im alten Kern des Ortes zurück. Er wird in der öffentlichen Herberge übernachten.

Unmittelbar angrenzend an das alte Cea stehen wir plötzlich auf dem zentralen Platz eines aus jüngerer Zeit stammenden Stadtteils. Hier stoßen wir auf moderne Wohn- und Geschäftshäuser, die mit dem zweigeschossigen Ayuntamiento die Randbebauung dieses Platzes bilden. Mitten in der zentralen Platzfläche erhebt sich ein merkwürdiges Turmgebilde. Wie uns die Vermieterin unserer Casa Rural erklärt, ist dies nicht der übriggebliebene Turm einer zerstörten Kirche, sondern ein Uhrenturm aus neuerer Zeit, an dessen Fuß zur Zeit seiner Errichtung außerdem die zentrale Wasserstelle des Ortes eingerichtet wurde, die aus vier an die Eckpfeiler angefügten Brunnen sprudelt.

Wenn auch die Turmuhr als zentrale städtische Einrichtung in unserer Zeit nur noch geringe Bedeutung haben mag, die Wasserstelle wird noch heute rege genutzt. Während unseres kurzen Aufenthaltes kamen zahlreiche Fahrzeuge, deren Fahrer Kanister und Flaschen mit Wasser füllten. Offenbar hat das frische Wasser von Cea eine der allgemeinen Wasserversorgung überlegene Qualität.

20. Oktober 2016

Vielfach hört man, die Vía de la Plata habe in manchen Streckenabschnitten weniger an erlebnisreichen und aufregenden Sehenswürdigkeiten zu bieten als der klassische Camino Francés, auf dem sich Kirchen, Kathedralen und Klöster wie die Perlen einer Kette aneinanderreihen. Diese Sichtweise hat uns bisher auf dem Silberweg wenig überzeugt. Wie jede Landschaft in Spanien und auch anderswo hat auch die Vía de la Plata seit der Römerzeit eine äußerst wechselhafte Geschichte zu bieten. Häufig hat zwar manches Zeugnis dieser Geschichte unter Krieg und Zerstörung leiden müssen, selten sind jedoch alle Spuren der unterschiedlichen Kulturen auf der iberischen Halbinsel völlig ausgelöscht. Zwar hat die Eroberung des Landes durch die sog. Katholischen Könige viele Spuren der Römer und der Mauren vernichtet, jedoch bleiben noch immer großartige Zeugnisse aller Kulturen und aller Epochen erhalten. Denken wir an die großen Kathedralen in Sevilla und Salamanca, denken wir an den einzigartigen Bestand von 23 romanischen Kirchen in Zamora, denken wir an das überragende Zeugnis mittelalterlichen Bauens, das wir in der Kathedrale von Ourense entdeckt haben.

Zugegeben, vielfach habe auch ich auf meinem Weg auf der Vía de la Plata enttäuscht festgestellt, dass das eine oder andere berühmte Kloster der Vergangenheit heute nicht mehr existiert oder uns nur als Ruine erhalten ist. Aber Zerstörung kultureller Hinterlassenschaften früherer Zeiten gibt es überall! In Pamplona z. B. hat Karl der Große auf seinem Rückzug von Saragossa eine große Festung schleifen lassen, um seinen maurischen Verfolgern keine Möglichkeit eines gesicherten Unterschlupfs zu hinterlassen. Vielfach wuchs auf den Resten früher Bauten, die Vertreter einer rivalisierenden Kultur zerstörten, eine großartige neue Baukultur, die die Größe und Macht der neuen Herren eindrucksvoll demonstriert. Immer ist das Bild der Wandels durch Überlagerung wechselnder Kulturen, wie wir es auf der Vía de la Plata in Sevilla und anderswo vorgefunden haben, das Faszinosum, das zahllose Pilger und auch wissbegierige Touristen auf diesen Weg lockt. Das Land, durch das der Silberweg führt, ist jedoch recht dünn besiedelt. Über weite Strecken lebt es seit Jahrtausenden von der Landwirtschaft. Da kommt es nicht selten vor, dass die Wege zwischen touristischen und kulturellen Hochpunkten recht lang sind.

Dafür wird man eindrucksvoll entschädigt durch viele heute seltene Naturerlebnisse, wie die Adler und Geier im Naturpark Cornalvo oder einfach durch schöne fast unberührte Landschaft.

Heute ist das Kloster Oseira unser Ziel, ein Ort, der auf einem Nebenweg des offiziellen Camino liegt und der trotz seiner kunst- und kulturgeschichtlichen Bedeutung nur von wenigen Jakobuspilgern aufgesucht wird. Maurizio wird den direkten Weg nach Santiago wählen. Für den kleinen Umweg von vielleicht 6 km hat er aufgrund seiner Rückreisebuchung keine Zeit.

Wir frühstücken noch gemeinsam in einem Café des Ortes. Dann trennen wir uns. Ineke und ich machen uns auf den

Fußweg in das etwa 10 km entfernte Oseira, Maurizio läuft auf direktem Weg nach Santiago. Unserem Reiseführer haben wir entnommen, dass es in Oseira zu allen vollen Stunden Führungen durch das Kloster geben wird. Nachdem wir uns bequemlichkeitshalber die 12.00 Uhr-Führung ausgesucht haben, erlauben wir uns erstmal eine kleine Mußezeit im Café. Maurizio will heute noch nach Laxe, das sind 37 km Fußweg. Da hat er für Klöster und Kunstgeschichte keine Zeit

Wir sind beizeiten aufgebrochen und freuen uns über den entspannten Morgen, der uns teilweise durch hohen Laubwald führt. Plötzlich sehen wir nach etwa 6 km eine Gestalt, die offenbar mit Gehbeschwerden vor uns läuft und die wir hier nicht erwartet haben. Maurizio ist plötzlich wieder vor uns. Er freut sich zwar sehr, in der Einsamkeit des Waldes einige bekannte Menschen zu sehen, das ändert jedoch nichts an der Tatsache, dass wir uns verlaufen haben. Eine Wegekreuzung liegt etwa 1,5 km hinter uns, da müssen wir den Pfeilen nach Oseira folgen. Er selbst ist sich sicher, dass der von ihm gewählte Weg der richtige ist, da brauchen wir keine weitere Erklärung, wir müssen umkehren. Vor etwa 2 km haben wir ein Hinweisschild übersehen, wir müssen zurück

Wir hasten nach Oseira. Die Zeit wird knapp, denn durch unseren Irrtum haben wir nun statt 10 km 14 km zu laufen. Unser Mittagstermin für die Besichtigung gerät in Gefahr.

Endlich, nach 7 km eiligst zurückgelegter Landstraße, auf der wir kaum einen Blick für die Schönheit der sich um uns ausbreitenden Natur haben, erblicken wir kurz vor dem Mittagsangelus über den Baumkronen die zwei Türme der Klosterkirche. Noch ist es zu früh für ein Foto, denn bei weiterem Fortschreiten auf der abschüssigen Straße werden die Turmspitzen hinter den Bäumen immer kürzer. Noch müssen wir einige Straßenkurven hinter uns lassen, bis das Kloster in seiner ganzen imposanten Größe in einer Talsenke gelegen vor unserem Blick auftaucht.

Oseira: Zisterzienserkloster

Wie eine Festung liegt es mit seinen hohen Außenmauern vor uns. Ganz oben, im zweiten Obergeschoss möchte man, ohne genaue Kenntnis des Inneren hinter dieser imposanten Wand zu kennen, Mönchszellen und Aufenthaltsräume vermuten. Schließlich ist dort eine Reihe von Fenstern und sogar balkonähnlichen kleinen Austritten zu erkennen, die zweifellos auf Unterkunftsräume von Menschen, die diese Anlage bewohnen, schließen lassen. Noch haben wir einige 100 m entlang einer dieser mächtigen Wände zu laufen, bis wir durch eine Unterbrechung in einer hohen Bruchsteinmauer links eine gepflasterte Straße erreichen, die an einer Häuserzeile entlang durch einen Torbogen führt. Und da sind sie auch wieder, die Türme, die vorhin über den Baumkronen zu sehen waren. Jetzt tauchen sie nach Durchschreiten des Torbogen links unmittelbar vor uns auf. Natürlich bilden sie die markanten Eckpunkte der Westfassade der Klosterkirche, die im rechten Winkel zur Klosterfassade steht. Sie entstand zwischen 1638 und 1641 im Stil der Renaissance mit einigen formalen Vorboten des Barock.

Geradeaus vor uns liegt die Hauptfassade des Klosters, die etwa 60 Jahre später in den Jahren 1704 bis 1707 entstand. Sie zeigt in ihrem Mittelteil aufwändigen Architekturdekor. Mit etlichen Skulpturen aus dem Leben des hl. Bernhard und dem Wappen von Oseira ist diese Fassade ein prachtvolles Beispiel barocker Baukultur.

Seinen Namen erhielt Oseira von dem nahen Fluß Ursaria. Der Name verrät dem Sprachkundigen, dass es sich bei diesem Fluss um ein Gewässer handeln muss, an dessen Ufern einst Bären (lat. ursus, span. oso) ihre Heimat hatten. So ist auch das dominierende Motiv im Wappen des Ortes das Bild von zwei Bären, die sich an einem Baum auf den Hinterbeinen stehend aufrichten. Nachdem das Kloster von vier Schülern des hl. Benedikt etwa im Jahr 1137 gegründet war, erteilte Alfonso VII das Recht auf Nutzung des umliegenden Landes und zum Bau eines würdigen Klostergebäudes. Den Segen des Papstes holten sich die Mönche durch Eintritt in den im frühen Mittelalter gegründeten Zisterzienserorden. Das Kloster war zeitweise die Heimat von mehreren hundert Mönchen. Es legt sich um drei große Innenhöfe, die in unterschiedlichen Bauepochen entstanden. Die Klosterkirche selbst grenzt an diesen weitläufigen Komplex von Aufenthalts-, Schreib-, Arbeits- und Begegnungsräumen.

Eine sorgfältig gestaltete Innenarchitektur, beherrscht von kunstvollen Netzgewölben und schlanken Säulenreihen, ist im Kapitelsaal und dem Refektorium zu bewundern. Die Zellen

Oseira: Klosterkirche (12. / 13. Jh., Westfassade 1637–1708)

der Mönche liegen in der Regel über den Gemeinschaftsräumen. Großartige Treppen stellen die Verbindung zwischen den Geschossen her.

Die Klosterkirche stellt den wohl ältesten Teil der Gesamtanlage dar. Sie steht auf einem dreischiffigen Grundriss mit einem kurzen Querschiff. Ihre Choranlage wurde bereits in der 2. Hälfte des 12. Jh. begonnen. Die Weihe fand im Jahr 1239 statt. Zum Vergleich: Einige der Romanischen Kirchen in Köln, wie z. B St. Kunibert, wurden ungefähr im gleichen Zeitraum vollendet; der Kölner Dom wurde 1248 begonnen.

Entsprechend anspruchsvoll und ausgereift in ihrem Baustil ist die Kirche von Oseira. Während die Choranlage mit kräftigen Kreuzrippengewölben überdeckt ist, ist das Hauptschiff schlicht mit einer Gewölbetonne abgeschlossen.

Über einem recht niedrigen Bogengang erhebt sich die geschlossene Langhauswand. Sie ist nur oben im Ansatz der Gewölbetonne mit kleinen Fenstern geöffnet. Einziger Zierrat auf den glatten Längswänden sind halbrunde Säulenvorlagen, die in der Höhe über ein bildhauerisch gestaltetes Kapitell in die Gurtbögen der Einzelabschnitte der Abschlusstonne übergehen.

Zisterzienserkirchen sind in der Regel in der Ausstattung schlicht. Diese Kirche hat bei aller Bescheidenheit ihrer Architektur einen besonderen Reichtum zu bieten: In der Vierungskuppel und der Choranlage ist sie überaus reich ausgemalt. In der zweiten Hälfte des 16. Jh. errichtete man im rückwärtigen Teil der Kirche noch eine Empore, die einem umfangreichen Chorgestühl Platz bietet. Getragen wird diese obere Ebene der Kirche durch ein kunstvoll angelegtes Netzgewölbe, das im Stil des 16. Jh. mit seinen spätgotischen Details bereits den weltoffenen Stil der Renaissance atmet. Als Architekt, der einen Blick für Proportionen und Maße hat, bin ich zutiefst beeindruckt von dieser für mich in der damaligen Zeit in Zentraleuropa unüblichen Form eines Flachgewölbes, das sich von einer flachen Geschossdecke nur durch eine minimale Überhöhung der Gewölbescheitel über der Horizontalen auszeichnet. Ein kleines Wunderwerk der Ingenieurs- und Konstrukteurskunst des ausgehenden Mittelalters.

Während unseres Rundgangs erfahren wir, dass die Zisterzienser in der Phase der Säkularisierung im 19. Jh. ihr Kloster in Oseira aufgeben mussten. Im Jahr 1929 wurde es von Trappisten, also dem strengen Zweig der Zisterzienser, wieder besetzt. Diese haben das teilweise verfallene Kloster wieder aufgebaut. Heute leben und arbeiten dort ca. zehn Mönche.

Ursprünglich hatten wir die Absicht, den Weg zu unserem heutigen Quartier, einer Casa Rural, die sich in etwa 12 km Entfernung von Oseira befindet, zu Fuß zu gehen. Aber dieser auch außerhalb des Klosters mit seinen alten Häusern zauberhafte Ort lässt uns nicht los. In einer Bar fragen wir nach dem Weg zu unserem Tagesziel, das irgendwo in der Waldlandschaft der Umgebung liegt. Die ältere Dame hinter der Theke, die eigentlich aufgrund ihres Lebensalters die Gegend perfekt kennen müsste, sieht sich jedoch nicht in der Lage, uns den Weg ausreichend genau zu beschreiben. Vor allem die letzten zwei Kilometer durch den Wald sind ihr bis heute ein nicht entwirrbares Rätsel. Aber glücklicherweise kennt sie den Besitzer des Gehöfts, das in den letzten Jahren zur Casa Rural mit mehreren Fremdenzimmern ausgebaut wurde. Kurzerhand ruft sie ihn an und arrangiert für uns einen Transport dorthin. Das verschafft uns Muße und Zeit, das Umfeld des Klosters während der Nachmittagsstunden ausführlich zu besichtigen und natürlich in Zeichnungen festzuhalten.

Während ich auf einer Steinbank vor der örtlichen Herberge eine kleine Zeichnung mache, kommt Kurt aus Süddeutschland an. Er meint, ich sei der Hospitalero, und erzählt mir unvermittelt seine Lebensgeschichte.

Er ist von einer längeren Erkrankung genesen und möchte, obwohl er nicht besonders religiös ist, dem, den er für seine Genesung verantwortlich hält, durch seinen Jakobsweg danksagen. Es gibt viele Gründe, die Menschen auf die relative Einsamkeit des Jakobsweges locken. Einer dieser Gründe ist häufig ein Gefühl von Dankbarkeit, das man im gesprochenen Gebet nicht formulieren kann. Der Zufall will es, dass wir Kurt noch mehrmals begegnen, aber davon später.

Die Fahrt mit im Auto unseres Gastgebers dauert eine kleine Viertelstunde. Dann fahren wir auf den kiesbestreuten Vorplatz eines weitläufigen ländlichen Anwesens. Das Herrenhaus mit umlaufenden Balkonen in der ersten Etage, inmitten eines baumbestandenen Gartens gelegen, liegt etwas abseits, von einer Mauer mit einem portalartigen Eingangstor von den übrigen Gebäuden getrennt. Es beherbergt die Wohnräume der Besitzerfamilie und im Erdgeschoss großzügig angelegte Gemeinschaftsräume. Die Gästezimmer liegen außerhalb dieses zentralen Areals. Sie sind offenbar aus den ehemaligen Stallungen durch Umbau entstanden. Großflächige Terrassen laden vor den einzelnen großzügig ausgestatteten Gästeappartements zur Ruhe nach einem für uns heute nicht sehr strapaziösen Wandertag ein. Wir genießen die Ruhe des Ortes, denn zu dieser Zeit gibt es nur einen weiteren Gast. Am Abend erfahren wir dann noch eine besondere Bequemlichkeit des Ortes. Unser Gastgeber und seine Frau servieren uns ein schönes, ländlich deftiges Menu in dessen Zentrum ein schmackhaftes Kalbsteak und ein herrlicher Rioja stehen.

21. Oktober 2016

»Le vrai du vrai!«, ruft Ineke plötzlich hinter mir, als wir in gewohnter Marschformation durch einen Hohlweg an einer leichten Steigung hintereinander bergauf laufen. Ich bin irritiert, denn normalerweise pflegt sie mit diesem und ähnlichen Sprüchen, die in unserer Kommunikation ein Überbleibsel aus unserer in Frankreich verbrachten Zeit sind, etwas Besonderes, das sie in Begeisterung versetzt, anzukündigen. Augenblicklich bleibe ich stehen und sehe, wie sie etwa 30 m hinter mir sich über irgendeinen Gegenstand am Boden bückt. Ich laufe zurück, denn meine Neugier ist geweckt. Als sie sich wieder aufrichtet, sehe ich zwischen ihren Füßen einen großen Pilz stehen. Das kann doch nicht wahr sein! Ein Steinpilz von strammer, frischer Konsistenz, mit einem Hut von etwa 15 cm Durchmesser. Für uns zwei reicht das als Mahlzeit, serviert mit einem kleinen Kalbsteak, völlig aus.

»Mitnehmen oder nicht?«, fragt sie. »Natürlich, wir werden ein Restaurant oder eine Bar mit Küche finden, die uns daraus eine kleine Leckerei machen.« »Aber, womit willst du den Pilz transportieren, ohne dass er Schaden nimmt?« Das Sammeln von Pilzen ist in Spanien Leuten, die eine besondere Genehmigung haben, vorbehalten. »Lassen wir ihn lieber für die Menschen, die in der Gegend wohnen, stehen.«

Seit unserem kleinen Aufenthalt in Montamarta trage ich in meinem Rucksack sorgfältig gefaltet eine übergroße Serviette aus irgendeinem papierähnlichen Textilgewebe. Die nette Wirtin dort hatte uns vor unserem Aufbruch nach Granja de Moreruela das Picknickpaket, das wir für die besiedlungsarme Etappe bei ihr bestellt hatten, eingewickelt und ich konnte mich von dieser wichtigen Unterstützung bei der Vorbereitung kommender Tafelfreuden in der freien Natur nicht trennen. Man weiß nie, was einem unterwegs begegnet. Nun ist sie da, die große Gelegenheit! Ich krame in meinem Rucksack. Natürlich ist das gesuchte Textilstück durch zahlreiche Ein- und Auspackvorgänge inzwischen bis auf den Boden des Rucksacks gesunken. Nachdem meine mitgebrachte Habe zum größten Teil auf dem dürren Gras in der Mitte des Weges liegt, ziehe ich die sorgsam gefaltete und verstaute Serviette vom Boden des Rucksacks hervor, fasse ihre vier Enden und bilde so einem Transportsack für das kostbare Fundstück. Der große Pilz verschwindet augenblicklich darin. »Da passen noch mehr rein!« sage ich. »Wo einer steht, da sind Tausende«, zitiert Ineke einen Spruch, mit dem wir uns von Zeit zu Zeit bei mühsamer Pilzsuche in der Eifel Mut zusprechen. Tatsächlich ist unser zufälliger Fund kein Einzelgänger. Nur wenige Meter weiter werden wir erneut fündig. Der zweite Pilz ist noch schöner und noch größer als der erste. So haben wir als Belohnung für manche Strapaze auf unserem Pilgerweg von der Natur eine kleine Belohnung erhalten. Neben dem kleinen Tagesrucksack, den ich normalerweise mit Essensvorräten für das tägliche Picknick neben meinem großen

Gepäck mit mir trage, transportiere ich nun noch einen luftigen, improvisierten Beutel mit unserem kostbaren Fund, der hoffentlich bald zu einer guten Mittagsmalzeit wird.

In der Euphorie über unseren zufälligen Fund stelle ich fest, dass die Natur in dieser Jahreszeit ein Fest von Früchten und Geschenken anbietet. Wir waten durch ein Meer von Esskastanien, die reif von den Bäumen gefallen sind und die ihre stacheligen Panzer nun am Boden öffnen, entweder, um den Reichtum der Natur in den ewigen Kreislauf der Wiedergeburt und Fortpflanzung zurückzugeben, oder um von Menschenhand aufgelesen und höherentwickelten Teilen der Schöpfung zur Ernährung und Erhaltung zu dienen.

Das ewige Gebot der Schöpfung, das Gesetz der Evolution wird wieder sichtbar. Die Natur ist voller Angebote, die den Fortbestand aller Teile der Schöpfung in unübersehbarer Fülle sichern. Alle Dinge haben ihren Zweck, ihre spezifische Aufgabe. In den Nahrungsketten, die die Natur entwickelt hat, opfert sich die eine Gattung zum Erhalt und Fortbestand der nächsthöheren. Jede Existenz findet so ein bestimmungsgemäßes Ende. Nur der Mensch macht sich, ermutigt durch sein erkenntnisfähiges, reflektiertes Bewusstsein, zum selbstgefälligen Herrn über diese unfassbar differenzierte Natur. Er meint aufgrund seiner Befähigung autonom und geplant zu handeln, den Gesetzen der Natur und all ihren Geschöpfen überlegen zu sein. Er meint, überall dort, wo er für sich Vorteile sichern kann, die Gesetze der Natur missachten, ja in Bedienung seiner Egoismen ausbeuten und zerstören zu können. Er übersieht dabei, dass er als Teil der Schöpfung sich mit seinem Egoismus selbst Schaden zufügt.

Dieser Schaden kann bei der Unbelehrbarkeit, mit der der Mensch, im Rausch des Konsums orientierungslos geworden ist, dazu führen, dass die Basis seiner Existenz verloren geht und er sich selbst abschafft.

Das unumstößliche Prinzip, das wir in der Evolution der Natur und ihrem ständigen relativen Gleichgewicht beobachten können, gilt auch für das weite Spannungsfeld menschlicher Bezüge. Hier ist neben materieller Gier das Streben nach Macht und Dominanz gegenüber dem Mitmenschen, dem Mitbewerber, dem Vertreter entgegen gerichteter Interessen die Triebfeder, die ein System in Gefahr bringt. Sprechen wir noch bei der Betrachtung der Natur von einem sich ständig erneuernden Gleichgewicht der Kräfte, so muss man feststellen, dass im Bereich der zwischenmenschlichen Beziehungen durch das Spiel der gleichen natürlichen Kräfte immer wieder ein Ungleichgewicht entsteht. Die Ursache für dieses Ungleichgewicht ist letztlich unsere Intelligenz, die leider noch so unvollkommen ausgebildet ist, dass wir nur die uns wichtigen Details, aber nie das Ganze sehen. Immer wieder stelle ich bei Betrachtungen dieser Art fest, dass der Mensch mit umfassendem Verantwortungsgefühl für Schöpfung und Evolution noch geboren werden muss. Noch haben wir die Rolle, die wir im »universellen« Gleichgewicht auf unserer kleinen Erde zum Erhalt unserer eigenen gemeinschaftlichen Existenz zu übernehmen haben, nicht begriffen. Die Evolution hat auf ihrem Weg zur Vervollkommnung der Schöpfung in der weiteren Entwicklung eines Homo sapiens universalis noch einen weiten Weg vor sich.

Apfelbäume und Quitten biegen sich unter der Last ihrer Früchte. Trauben hängen in dichten Massen an ihre Rebstöcken, die hier als weitgespannte Lauben gleichzeitig mit ihrem Laub in den Sommermonaten Schatten für Gartenkulturen bieten, die auf dem Erdboden mit Anspruch auf Bodenfeuchte und Schutz vor Sonnenstrahlen gezüchtet werden. Ein Einblick in die die Natur, der hier als Momentaufnahme eines kleinen Ausschnitts sichtbar wird, zeigt uns, dass das Gewähren von Schutz und Hilfe in dieser Welt für die Erhaltung der Vielfalt wichtiger ist, als das beliebige Anhäufen von egoistischen Vorteilen.

»Betrachtet die Vögel des Himmels, sie säen nicht, sie ernten nicht und trotzdem ernährt sie ihr himmlischer Vater«, geht mir durch den Sinn. Es ist für alles gesorgt, das nach Überleben strebt. Manche Bilder der Bibel sind einfach berauschend schön und in ihrer Einfachheit überzeugend.

Für heute muss ich jedoch zunächst noch auf das Thema des Sammelns wilder Früchte, wie wir es auf unserem Camino mit gefundenen Steinpilzen in Realität umsetzen, zurückkehren. Auf unserem heutigen Weg nach Silleda kommen wir durch Laxe, einen kleinen Ort auf dem Silberweg. Immerhin findet man hier eine Herberge und ein wenig Gastronomie. Ganz am Ende des Ortes liegt auf der Landstraße N525 das Restaurant von Maria José. Vor dem Gebäude stehen einige Fahrzeuge, sogar zwei große LKW sind darunter.

»Hier kehren wir ein und lassen uns die Pilze braten«, meint Ineke, die wohl in Erinnerung an Frankreich, wo mittags vor den gängigen Restaurants immer eine Anzahl von Fahrzeugen parkt, ein plötzliches, aber verständliches Hungergefühl zu verspüren scheint.

Wir setzen unsere Rucksäcke vor der Theke ab und legen die geöffnete Serviette mit unseren Fundstücken auf den Tresen. Maria José ist zunächst gar nicht begeistert. Ihr Beruf ist nun einmal, einkehrenden Gästen gut zubereitete Gerichte aus eigener Fertigung nach einer Speisekarte, die durchaus respektable Angebote beinhaltet, zu servieren. Im Augenblick ist noch viel zu tun, das Restaurant füllt sich langsam, die Küche arbeitet auf Hochtouren. Erst als wir nach einem Menu fragen, bei dem als Beigabe unsere Steinpilze in einem gesonderten Gang serviert werden, ist sie einverstanden. Wir einigen uns auf die folgende Speisenfolge:

Makkaroni mit Sauce bolognaise, Gebratene Steinpilze mit Streifen von Patanegra-Schinken, Salat und Dessert. Dazu bestellen wir eine Flasche weißen, guten Rioja.

Unser Festessen dauert gute zwei Stunden. Damit hatten wir beim Eintreten in Maria-Josés Restaurant nicht gerechnet. Mit sehr gut gefüllten Mägen und der Beschwingtheit eines guten Weins starten wir schließlich euphorisch in den späteren Nachmittag. Unser Fortkommen ist nach der ausgedehnten Mahlzeit beschwerlich. Die mittelalterliche Brücke über den Río Deza nehmen wir zum Anlass, in dem engen und romantischen Flusstal eine weitere Rast mit schönen Fotos zu machen.

Auch die Kapelle von Taboada, die dem stillen Begleiter unseres Weges, St. Jakobus, geweiht ist, nutzen wir für eine kleine Unterbrechung. Dann beginnt für uns ein sehr schöner Weg um unser Tagesziel Silleda herum. Wir bemerken erst, nachdem wir die Stadt auf zahllosen Kilometern bereits zur Hälfte umrundet haben, dass der malerisch unter Baumreihen und durch kleine Weiler führende Weg zwar in unmittelbarer Nähe der öffentlichen Herberge vorbeiführt, dass diese jedoch bereits im Westen, also in unserer Laufrichtung fast am Ende der Stadt liegt. Die Wegweiser zu unserem Hotel vermissen wir seit geraumer Zeit. Da scheinen wir einen verhängnisvollen Fehler gemacht zu haben. Hier hilft nur noch die präzise Auskunft eines Ortskundigen.

An einer Tankstelle mit Autowerkstatt wird noch gearbeitet. Wir erfahren, dass wir am besten auf der in einem engen Bogen um die Stadt herumführenden N 525 zurücklaufen müssen. An einem Verteilerkreis am östlichen Anfang der Stadt sollen wir links abbiegen. Nach einer Weile treffen wir dann wieder auf Schilder, die uns den Weg zu unserem Hotel zeigen. Unsere innere Freude über unser üppiges Mittagsmahl ist schon lange zerronnen. Mit der aufkommenden Müdigkeit wird unser Kopf zunehmend von einem merkwürdigen Gefühl von Reue und später Bußfertigkeit besetzt. Wir wollen nur noch ankommen.

Nie wieder werden wir uns auf unseren Wandertouren so gedankenlos bereits mittags auf gutes Essen und Trinken stürzen. Man sollte zwar Feste feiern, wie sie fallen, aber man kann vielleicht den Fall etwas hinauszögern und steuern! Heiliger Jakobus, Du hast es unterlassen, uns rechtzeitig zu warnen! Den Abend verbringen wir lustlos über einer Hühnersuppe mit »Fideos« (= Nudeln).

22. Oktober 2016

Die großen Höhenunterschiede unseres diesjährigen Camino haben wir mit diversen Pässen von bis zu 1350 m Höhe hinter uns. Der lange und steile Aufstieg aus Ourense heraus ist vergessen. Heute führt unser Weg mit einigen Unterbrechungen ständig bergab. Ponte Ulla, ein kleines Örtchen, dem eine Brücke über den Río Ulla den Namen gibt, ist das Ziel. Unser Weg ist breit ausgebaut und bequem zu laufen. Die galicische Landschaft präsentiert sich uns in reichem, differenziertem Grün. Mimosenbäume mit gelblichen Blüten und Knospen, junger Eukalyptus mit seiner bläulich grünen Blattfarbe, hohe Kiefern- und Eukalyptusstämme, die scheinbar in den Himmel wachsen wollen, beherrschen das Bild der Landschaft. Durch weites Wiesen- und Ackerland ziehen sich die Kulturen gelbgolden in der Sonne glänzender Weinstöcke, die hier, wie übrigens auch im nahen Portugal auf den Parzellengrenzen zwischen den Feldern auf hochliegenden Spannseilen und -drähten in langen Weinlauben gezogen werden.

Erneut ruft Ineke mich in einem kleinen Waldstück, durch das unser Weg leicht bergauf führt, wie am gestrigen Tag zurück. Sie hat – es ist schon fast eine Sensation – direkt neben dem Weg am Fuß eines kleinen Eukalyptusbäumchens nach den Steinpilzfunden des gestrigen Tages erneut einen Edelpilz gefunden.

Zwischen ihren Füßen erblicke ich eine stramm gewachsene Krause Glucke (Sparassis crispa), die etwa die Größe eines Kohlkopfes hat. Hier gibt es kein Zögern! Die unerwartete Bereicherung unseres heutigen Speiseplans wandert wie gestern die Steinpilze in die mitgebrachte Serviette und begleitet uns zu unserem heutigen Zielort.

An einer Autoraststätte auf der N525 erlauben wir uns eine kurze Einkehr. Die Einfachheit der hier angebotenen Speisen und unsere Erfahrung des gestrigen Tages mit vorzeitig gefeierten Festen veranlasst uns jedoch, unseren kostbaren Fund nicht preiszugeben, sondern weiter bis zum Abend mit uns zu führen.

Die Gefällestrecke in das Tal des Río Ulla ist an diesem Tag scheinbar endlos. Wir stellen fest, dass das dauernde Abwärtsgehen bei einer Neigung von 10% anstrengender sein kann als das zurückliegende Ansteigen zu den Gebirgspässen der letzten Tage. Die Entdeckung einer alten Bekannten unseres Camino, der AVE, nehmen wir zum Anlass, eine ausgedehnte Fotopause zu machen. Hoch über uns schwingt sie sich mit einem kühnen Viadukt über das Flusstal, dessen Grund wir uns bereits etwa zur Hälfte genähert haben. Erheblich darunter der alte steinerne Viadukt der Bahnlinie Sierra de la Culebra die in der 1. Hälfte des 20 Jh. mit 180 Tunneln durch das Gebirge getrieben wurde.

Hilda, unsere heutige Wirtin begrüßt uns bei unserer Ankunft in fließendem Deutsch so, als seien wir alte Freunde, die nach langer Zeit wieder einmal ihr Gasthaus aufsuchen. Sie sorgt sich um unser Wohl, als sei es für sie die wichtigste Sache der Welt, dass es uns in ihrem Haus gutgeht und wir uns nach den Strapazen des Tages schnell erholen. Die Stimmung ist sofort vertraut und fast familiär. Wir zeigen ihr unseren Pilzfund. Sie ist aber skeptisch. Noch nie hat sie diesen eigenartigen Pilz mit dem Blumenkohläußeren zuvor gesehen. Erst eine kleine Exkursion in die Pilzwelt des Internet klärt sie dann auf, dass es sich bei dem Fremdling um einen essbaren Pilz der Art Seta califlor handelt. Sie schmort den Pilz bereitwillig unter Hinzugabe von Schinkenstreifen in Olivenöl. Die Menge des entstandenen köstlich duftenden Gerichts verteilt sie dann zunächst an uns und schließlich noch an eine kleine Gruppe von vier niederländischen Radpilgern, die im Verlauf des späteren Abend eintreffen.

23. Oktober 2016

Es ist eine alte Weisheit: »Wer hoch hinaus klettern will, muss mit dem Risiko leben, tief abzustürzen.« Diesen Spruch kann man auch umgekehrt anwenden: Wer am Vortag etliche Kilometer steil in ein Tal hinabgelaufen ist, muss sich damit abfinden, die nächste Etappe mit einem steilen Anstieg zu beginnen.

Vier Kilometer lang ist die Steigung, von Ponte Ulla nach Outero de Capilla. Der Ort zeichnet sich aus als der letzte Jakobus-Wallfahrtsort vor Santiago de Compostela. Hier sprudelt eine kleine Quelle aus dem Boden, die in ein steinernes Becken gefasst ist. Ein Denkmal am Kopf des kleinen Brunnens zeigt Jakobus und seine treuen Jünger Theodorus und Athanasius. Nach der Legende brachten die beiden Jünger den Leichnam des hl. Jakobus auf einem Boot vom Heiligen Land nach Spanien, um ihn in dem Land, wo der Apostel zuvor das Evangelium verkündet hatte, zu bestatten. Sie landeten in Padrón, wo der Fluss Ulla in den Atlantik mündet. Hier herrschte die heidnische Königin Lupa, die mit List die Beerdigung zu verhindern suchte. Als sich wilde Stiere vor dem Karren mit Leichnam des hl. Jakobus in zahme Ochsen verwandelten, bekehrte sich Lupa und ließ sich taufen.

Gegenüber der Quelle steht eine kleine Jakobuskapelle. Das Ensemble nennt sich Santuario de Santiaguiño, Andachtsstätte des kleinen Jakobus.

Auf unserer heutigen Etappe begegnen wir einem weiteren Zeugnis der Überführungslegende. So berichtet eine Inschrift auf der Portalwand eines mittelalterlichen, befestigten Gehöfts, dass die Jünger mit dem Leichnam im Jahre 44 n. Chr. an diesem Ort eine Rast gemacht haben sollen. Vor dem Tor noch ein großes Wegekreuz, das mit dem in Granit gemeißelten gekreuzigten Christus auf die Besonderheit dieses Ortes hinweist. Ein Steinbank lädt hier zu einer Rast ein.

Unser Weg vermeidet heute hartnäckig den Kontakt mit der stark befahrenen N 525. Das führt zu einem ständigen Zickzackkurs durch die Landschaft, denn natürlich folgt die Straße nicht unbedingt der Struktur der landwirtschaftlichen Parzellierung, sondern verläuft häufig einfach auf dem rationalen Weg diagonal durch Feld und Waldparzellen. Die Folge dieser Straßen- bzw. Wegeführung ist ein permanenter Zickzack auf den verbliebenen Feldwegen, natürlich verbunden mit einem ständigen Bergauf und Bergab. Gaststätten gibt es in den Dörfern merkwürdigerweise selten. Um die Mittagszeit kehren wir schließlich in eine Bar ein, die an der Nationalstraße liegt. Die niederländischen Radfahrer, die am gestrigen Abend die Seta califlor mit uns geteilt haben, sind schon da. Die Wirtin kocht selbst. Als wir ihr klarmachen, dass Kutteln mit Kichererbsen nicht unbedingt zu unseren Lieblingsgerichten zählen, macht sie uns ohne zu zögern eine gute Nudelsuppe.

Um uns die Zeit des Wartens abzukürzen, serviert sie uns unaufgefordert einen großen Teller mit Serrano-Schinken und Manchego-Käse. Die aufmerksame, gastliche Aufnahme tröstet uns schnell über die aufkommende Müdigkeit hinweg. Zwei Stunden verbringen wir bei unserer ausgedehnten Mahlzeit. Dann haben wir es eilig, unser Ziel Santiago zu erreichen. Immer wieder werden wir von heftigen Regenschauern verfolgt, die uns einen Unterstand irgendwo in der Landschaft oder in den Dörfern, die wir durchstreifen, aufzusuchen zwingen.

In einem Tälchen liegt schließlich die Ermita de Santa Luzia, ein kleines barockes Kirchlein, dessen Entstehung bis in das Mittelalter zurückreicht. Dann kommen wir allmählich in die Vororte von Santiago de Compostela.

AVE und Autobahn waren vor uns da und so bleibt es uns nicht erspart, eine größere Teilbaustelle der Autobahn über eine steile Kletterpartie auf Geröll und Kies zu überwinden, bis uns der Weg über eine Brücke der AVE an der Stelle vorbeiführt, an der vor einigen Jahren ein Schnellzug verunglückte und über 60 Menschen aus ihrem Leben riss.

Nach einer langen Geraden entdecken wir zu unserer Rechten auf einem Nachbarberg die Ciudad de la Cultura de Galicia (galicisch: Cidade da Cultura de Galicia), ein phantastisches Architekturwerk des amerikanischen Architekten Peter Eisenman. Es ist in unglaublich skulpturaler Weise aus dem Fels eines Bergrückens modelliert. Die Fassaden und selbst die geneigten und deshalb sichtbaren Dächer sind mit Platten aus dem Naturstein der unmittelbaren Umgebung bekleidet, sodass der Eindruck einer gewaltigen Skulptur, gebildet aus Berg und Architektur, entsteht.

Nach abermals etlichen Kilometern, die uns durch die Vorstädte führen, sehen wir sie dann endlich vor uns auftauchen: die Turmspitzen der Kathedrale von Santiago de Compostela. Unser Schritt beschleunigt sich. Noch müssen wir an der Kirche Santa María do Sar vorbei, dann die Eisenbahn unterqueren, dann endlich stolpern wir den gepflasterten Weg zum Zentrum der Stadt hinauf.

Unser Quartier in Santiago haben wir in einem Hostal in der Altstadt nahe der Kathedrale gebucht. So kommen wir an den bekannten Plätzen und an sämtlichen Kirchen und Gärten unserer früheren Aufenthalte in dieser Stadt vorbei, bis wir schließlich die kleine Gasse finden, wo unsere heutige Bleibe uns in einem schönen, alten Bürgerhaus erwartet.

Auf der Suche nach einem Restaurant treffen wir abends Kurt wieder, der ebenfalls seinen Pilgerweg heute Nachmittag abgeschlossen hat. Wir genießen den Abend zu dritt bei einer Fischplatte und gutem Weißwein.

Kurt erzählt ununterbrochen von seinen Eindrücken auf dem zurückgelegten Weg. Er sprudelt alles heraus, was ihm in den Wochen seiner Wanderung begegnet und widerfahren ist. Eines will ich, da es für Einzelwanderer von einem gewissen Interesse ist, hier festhalten.

Irgendwo im Bereich der großen Pässe Galiciens hatte er wohl seinem Körper etwas zu viel an Strapazen zugemutet. In einer Bar wurde er bei seinem täglichen Menu del Peregrino plötzlich, ohne Vorankündigung ohnmächtig. Er wachte erst im Krankenhaus von A Gudiña wieder auf. Natürlich fehlte ihm somit ein großes Stück Erinnerung und Erlebnis von seinem Weg. Da er sich jedoch durchaus bei Kräften fühlte, verlangte er, schnellstmöglich wieder entlassen zu werden. Organisch fehlte ihm nichts, er konnte seinen Weg fortsetzen. Allerdings blieb der Zwischenfall, der sich zufällig in menschlicher Gesellschaft und nicht in den Weiten der spanischen Landschaft ereignet hatte, als traumatische Erinnerung in seinem Gedächtnis haften. Er fühlte sich offenbar innerlich gezwungen, immer wieder davon zu berichten. Ich schreibe diesen Bericht von Kurt auf, damit mögliche Leser, die eine große Wanderung als Einzelwanderer auf einem der Jakobswege oder auch anderswo in der Welt planen, die Möglichkeit derartiger Ereignisse in ihren Planungen berücksichtigen.

24. Oktober 2016

»Drei Tartas de Santiago müssen es sein«, meint Ineke, als wir morgens früh durch die Altstadt von Santiago laufen und letzte Besorgungen vor unserer Rückkehr nach Köln machen.

»Na klar, zwei für unsere Kinder und eine für uns!« Wir nehmen die besten, ausschließlich mit Mandelmasse als Zutat gebacken.

In der Altstadt gelingt es uns dann noch, ein Fachbuch über die Kathedralen Galiciens zu kaufen. Unser Versuch, dieses Buch in Ourense in einer Buchhandlung nahe der dortigen Kathedrale zu kaufen, schlug fehl, denn man war dort in kunstgeschichtlicher Literatur nicht sonderlich gut sortiert.

Santiago: Westfassade der Kathedrale

Zu unserer großen Beruhigung ist der Portico del Paraiso der Kathedrale von Ourense in dem Werk ausführlich abgebildet. Dieses Andenken an einen eindrucksvollen Besuch tragen wir gern trotz seines Gewichts in unseren Rucksäcken nach Hause. Die Tartas transportieren wir zusätzlich zu unserem kleinen Handgepäck auf den Knien.

Nun sitzen wir in der Kathedrale und warten auf den Beginn der Pilgermesse. St Jakobus haben wir schon auf dem Umgang durch den barocken Hochaltar begrüßt. Kurt hat sich auch wieder eingefunden. Er hatte noch etwas in der Kathedrale zu erledigen, sagte er uns als wir uns begegneten. »Vielleicht hat er das volle Programm mit dem Botafumeiro bestellt«, raunt Ineke mir zu. Es ist noch früh und so warten wir geduldig.

Bereits im 18. Jh. weist uns der schottische Philosoph und Historiker David Hume in seinen Schriften darauf hin, dass es in der kleinen Welt unserer menschlichen Wahrnehmung nur subjektive Erkenntnisse gibt. Auch alle Philosophie und alle theologischen Visionen sind nicht objektiv, sondern in der gleichen Weise subjektiv, wie menschliches Denken und Schaffen schlechthin. Diese Erkenntnis gilt auch für jegliche Form von Gottesbeweis, wie er in der Geschichte der Menschheit immer wieder angestrebt wurde. Menschliches Denken und Handeln endet immer an der sehr engen Grenze, die uns unsere dreidimensionale, also beschränkte Wahrnehmungsfähigkeit und der Bereich unserer dreidimensionalen Erfahrung setzen. Unsere heiligen Schriften machen da keine Ausnahme. Auch sie sind zunächst als mündliche Überlieferung von Generation zu Generation mit Wunderberichten und der Beschreibung von Visionen einzelner begabter Menschen ausgeschmückt, mündlich weitergegeben worden, bis Menschen, die des Schreibens mächtig waren, diese sehr bunten und spannenden Bilder von geistigen und emotionalen Erlebnissen aus einem Bereich jenseits unserer konkreten Wahrnehmungsgrenzen niederschrieben und sie damit für kommende Generationen und Jahrhunderte in relativ nachvollziehbarer Form konservierten.

Von Moses wird zum Beispiel berichtet, dass er, als das Volk Israel auf dem langen und entbehrungsreichen Weg durch die Wüste an der Zuverlässigkeit seines Gottes zweifelte, auf einen Berg, auf dem er sich eine Begegnung mit Gott erhoffte, aufstieg. Er soll von dort steinerne Tafeln mit zehn Geboten für das künftige Leben mit Gott und das künftige Zusammenleben als jüdisches Volkes mitgebracht haben. Ich bin der festen Überzeugung, dass in der bildhaften Darstellung des Buches Exodus im sog. Alten Testament unserer Bibel nicht ein historisch belegbares Ereignis dargestellt werden soll, sondern dass mit dem Bild der steinernen Gesetzestafeln klargemacht werden soll, dass Gesetze Gottes unumstößlich und für alle Zeit verbindlich Gültigkeit haben. Gleichgültig, auf welche Weise sie mitgeteilt werden, Stein ist dauerhaft, das einzige Material, das im Weltverständnis des Altertums vor aller Zeit entstanden ist und das ein unabsehbar langes Leben hat, eben wie Gott selbst und seine Gesetze.

So ist das Alte wie das Neue Testament unserer Bibel eine umfangreiche Schilderung der Beziehung der Menschen zu Gott. Immer wieder wird zur Veranschaulichung mancher schwer nachvollziehbarer und damit nicht einfach und direkt verständlicher Botschaften in unseren Heiligen Schriften zu fantasievollen Bildern und zu Gleichnissen gegriffen, um eine abstrakte Botschaft in das allgemeine Bewusstsein zu bringen und einprägsam darzustellen. Diese Einprägsamkeit ist dann immer eine dreidimensional dargestellte Beschreibung von etwas menschlich Unvorstellbarem.

Diese Übersetzungsnotwendigkeit von Glaubensinhalten wird bereits bei etwas so unendlich schwierig erklärbarem wie dem Begriff »GOTT« erkennbar. Grundsätzlich wird Gott als über allem erhabenes, allmächtiges, zeitloses und dennoch allgegenwärtiges, höchstes Wesen geschildert. Wie kann man dieses höchste Wesen, damit Menschen sich an ihm dauerhaft orientieren können, seinen mit begrenzter Wahrnehmungsfähigkeit ausgestatteten Geschöpfen näherbringen, wenn nicht mit Bildern, die mit menschlichen Sinnen wahrnehmbar sind? Mit Augen, Ohren, Händen!

Und so werden uns Bilder nähergebracht, obwohl Gott in seinen Selbstoffenbarungen gegenüber Sehern, Propheten und anderen ausnahmebegabten Menschen ausdrücklich darauf hinweist, dass dem Menschen nicht erlaubt ist, sich von etwas so Großem, so Unvorstellbarem wie Gott ein Bild zu machen. Der Dornbusch spricht zu Moses: »Ich bin der ›Ich bin da‹. Dies ist mein Name für alle Zeit.«

Dennoch, die Menschen haben sich, um dieses Geheimnis Gottes weitergeben zu können, unzählige Bilder von ihm gemacht, in Malerei, Bildhauerkunst, Musik, Literatur. Diese Bilder entstanden natürlich in und vor einem Weltbild, das sich in den Jahrtausenden, in denen die biblischen Berichte inzwischen weitergereicht werden, ebenfalls entscheidend geändert hat. Ich erinnere hier nochmals an den Bruch im weltweiten Denken und Erleben, den das kopernikanische heliozentrische Weltbild gegenüber den alten zweidimensionalen Vorstellungen von dieser Welt und dem was dahinter, oder besser, was darüber gesehen und erwartet wurde, zeichnet.

Die Bilder alter historisch nicht belegbarer Berichte werden damit in ihrer Gänze ungültig und müssen in abstraktere Wahrheiten rückübersetzt werden.

Vor einiger Zeit hörte ich einen Vortrag über den Charakter der zum Zentrum des christlichen Glaubens zählenden Dreieinigkeit Gottes, Vater, Sohn und Heiliger Geist. Der Referent erläuterte, natürlich sei Gott für uns eine abstrakte, grundsätzlich mit menschlichen Darstellungsmitteln nicht real darstellbare Größe. Bilder von ihm, unvollkommen, wie Menschen angesichts der sinnlichen Unvorstellbarkeit seiner Größe sie auch zeichnen mögen, seien deshalb unvollkommen und nur ein Hilfsmittel bei der Suche nach seiner Gegenwart. So sei auch das Bild der Dreieinigkeit sinnvoll, weil es modellhaft eines der Wesensmerkmale Gottes darstelle. Wir Menschen hätten zur Zeit kein besseres Modell. Immerhin habe dieses Modell seit dem Konzil von Nicäa im Jahre 325 als Glaubensinhalt Bestand.

Ich war zunächst von der Freimütigkeit, mit der ein als verbindlich verkündeter christlicher Glaubendgrundsatz hier relativiert wurde, begeistert. Allerdings haben dann andere Erlebnisse und Beobachtungen, die ich daheim in Köln aber auch anderswo, vor allem in der Abgeschiedenheit meiner diversen Jakobswege hatte, eine gewisse zweifelnde Beklommenheit in mir erzeugt.

Ich bin davon überzeugt, dass unsere Wissenschaft uns zur Festigung unseres Glaubens in den letzten Jahrzehnten des 20. Jh. und vor allem im zweiten Jahrzehnt des 21. Jh. wesentliche Erkenntnisse erarbeitet hat, die uns gestatten, das, was wir von Gott glauben und wissen, in einer neuen Form, die abstrakter ist als die bildreiche Darstellung voraufgeklärter Zeiten, glaubwürdig und nachhaltig darzustellen. Unsere Zeit ist im Zeitalter der elektronischen Vernetzung inzwischen so daran gewöhnt, Abstraktes, nicht Vorstellbares als real gegeben hinzunehmen, dass sie mit einer Abstrahierung religiöser Vorstellungen keine nennenswerten Schwierigkeiten hat. Ich denke hier an die Vorgänge im subatomaren Bereich, also für Normalsehende nicht konkret nachvollziehbare Prozesse, die sich alltäglich in der Nutzung unserer elektronischen Rechner und der damit verbundenen Vorgänge und Prozesse im Internet vollziehen. Alles wird als real und gegeben angenommen, weil es im Endergebnis funktioniert. Da interessieren keine Details mehr. Da wird am Ende ein von einer Maschine erarbeitetes Ergebnis als real gegeben akzeptiert.

In der Theologie sollte es nicht anders sein! Alles fing mit einer für uns nicht erklärbaren Kraft, die vor aller Zeit den Anfang unserer Welt bewirkte, an. Sie war außerhalb unseres Erkenntnisbereichs vorhanden. Wir haben für diese Kraft folglich keine Erklärung. Wir müssen sie mangels weiterer Erkenntnisse als selbsterklärend akzeptieren. Wir bezeichnen diese Kraft, die wir nicht näher beschreiben können, mit dem Kurzbegriff »GOTT«.

Diese rätselhafte Kraft entlud sich in einem explosionsartigen, für unser Raum-Zeit-System einmaligen Ereignis vor 13 Milliarden Jahren und transformierte sich in Materie und Raum. Die Entwicklung von

Materie und Raum dauert bis in unsere Tage an und setzt sich mit unbekanntem Ziel permanent fort. Die Summe aller Energie in unserer Welt ist beständig. Damit ist erkennbar, dass die Ursprungsenergie dieser Welt dauerhaft und nicht teilbar ist. GOTT ist ewige, unteilbare Energie, die sich in unserer Welt dreidimensional realisiert.

Das, was wir an permanenter Wandlung in unserer dreidimensionalen Welt beobachten, geschieht nach den Gesetzen der Evolution. Da GOTT, die Energie unseres Ursprungs sich in eben dieser dreidimensionalen Welt realisiert, ist das Gesetz der Evolution sein göttliches Gesetz. Mit diesem Gesetz und der ihn kennzeichnenden unerschöpflichen Energie wirkt Gott in dieser Welt.

So erkennen wir GOTT in allem, was in dieser Welt erkennbar ist, denn

GOTT IST ALLES.

Wir Menschen sind in unserer Intelligenz die derzeit am weitesten entwickelte Spezies in diesem unvorstellbar komplizierten Schöpfungswerk. Wie alles in der Welt haben wir aufgrund dieser besonderen Eigenschaft eine besondere Aufgabe: Wir sind aufgefordert unter Einsatz unserer Intelligenz diese Welt in allen Erscheinungsformen, die wir wahrnehmen können, zu fördern und mitzugestalten.

Die Suche nach Gott, die nach den Erklärungen unserer Theologen das erste Gebot ist, das dem Menschen in sein irdisches Dasein mitgegeben wird, ist deshalb nicht beschränkt auf die sinnlich, räumliche Suche nach einem höchsten Wesen oberhalb und außerhalb unserer dreidimensionalen Erlebniswelt, sondern ist die Suche im Raum selbst.

Gott ist nach den Gesetzen der Physik und der Evolution innerhalb des dreidimensionalen Raums konkret vorhanden! Er ist keine virtuelle Größe. Er ist und lebt in allem, was wir täglich um uns herum wahrnehmen; in jedem Sandkorn in der Wüste, in jedem Staubkorn am Boden. Ich gehe noch weiter: Er ist sogar im Schlamm und Lehm unserer Stiefel nach einem regnerischen Tag zu finden.

Jeder Tropfen Wasser im weiten Ozean, der seinerseits wiederum unzählige Arten von Steinen, Pflanzen und Lebewesen beherbergt, ist eine Inkarnation Gottes. Jeder Grashalm in der Wiese, jedes Blatt an unseren Bäumen, jede Blüte in der Natur signalisiert uns seine unendliche und alles durchdringende Gegenwart.

Alles ist Gott und Gott ist alles. Unsere wahrnehmbare Welt ist in all ihren Bestandteilen ein pantheistisches System, das in einem Konzept, dessen Komplexität und dessen Intelligenz von uns Menschen noch lange nicht erforscht ist, organisiert ist.

Gottesdienst, d.h. Dienst an Gott haben wir deshalb zu allererst als Dienst an der Schöpfung zu leisten. Ich denke hier natürlich zunächst an das Bewahren und Erhalten bestehender und von uns Menschen in unserer Forschung erkannter Zusammenhänge. Aber das ist bei weitem nicht genug! Die Schöpfung ist kein Zustand, sondern ein höchst komplexer und dynamischer Prozess. Diesen Prozess haben wir in seinen Gesetzmäßigkeiten zu erforschen und dann entsprechend seinen Gesetzen zu fördern und zu gestalten.

Leider haben wir Menschen in unserer Überheblichkeit die Schöpfung und ihre Evolution nicht als schutz- und förderungsbedürftig, sondern rein materielles Gut verstanden. In Bedienung unserer egoistischen Bedürfnisse haben wir die Schöpfung im langen Zeitraum unserer Existenz, statt sie zu fördern, systematisch ausgebeutet.

In unserer industrialisierten Welt hat sich zudem dieser Ausbeutungsprozess beängstigend beschleunigt. Dies betrifft nicht nur den rücksichtslosen Verbrauch endlicher materieller Ressourcen, sondern auch die Belastung unseres Lebensraums beispielsweise in der Atmosphäre mit lebensfeindlichen Stoffen wie Stickoxiden, Giften, Säuren und Stäuben.

Der Untergang der menschlichen Existenz auf unserem Planeten ist mit diesem Fehlverhalten nicht nur vorprogrammiert, er ist bereits konkret sichtbar.

Dennoch beherrscht das individuelle Streben nach materiellen Vorteilen und nach Zuwachs an Macht jedes, auch noch so kleine, menschliche Handeln in unserer gegenwärtigen Gesellschaft. Wir brauchen für den Erhalt unseres Lebensraums ein neues Bewusstsein, das Leben und Schöpfung als Ganzes im Auge hat, nicht nur das individuelle Wohlergehen.

Bei der Betrachtung der Evolution habe ich versucht aufzuzeigen, dass auch menschliche Beziehungen sich evolutiv entwickeln. Die Vorgänge, die diese evolutive Entwicklung beeinflussen, sind im Gegensatz zu den materiell nachweisbaren Einflüssen in Natur und Umwelt ungleich schwieriger aufzuspüren und zu beweisen. Eines ist jedoch auch ohne wissenschaftlich belegte Einzeldaten festzustellen:

Die gesamte Entwicklung unseres Planeten wird derzeit primär bestimmt vom Egoismus des Einzelnen. Mit der Fähigkeit, sich selbst mit Hilfe seines individuellen Bewusstseins zu erkennen, hat der Mensch den Drang entwickelt, alle seine Taten in den Dienst seines individuellen Wohlergehens zu stellen. Diese Grundhaltung beherrscht jeden einzelnen von uns. Sie beherrscht auch Gruppierungen in der menschlichen Gesellschaft, die ihre Bedürfnisse und Anliegen in Vereinen, Verbänden oder politischen Parteien artikulieren. Sie beherrscht Regierungen, Staaten und Staatenbündnisse.

Aller Wandel beginnt damit bei uns Menschen und in unseren Bezügen zueinander.

Der Jesuit Teilhard de Chardin, von dessen Buch »Aufstieg zur Einheit« ich schon berichtete, kommt mir immer wieder in den Sinn. Ich habe mich oft gefragt, wie seine Vision einer neuen menschlichen Gesellschaft angesichts unserer zerrissenen Welt Realität werden kann. Häufig habe ich den Eindruck, als seien wir dem Untergang der Menschheit näher als ihrem Aufstieg zu einer neuen Ordnung in unseren Bezügen.

Allerdings glaube ich, die Antwort auf diese Frage auf meinem Jakobsweg gefunden zu haben: Auf jeden Niedergang folgt ein neuer Aufstieg! Ob wir den derzeit erkennbaren Niedergang vor unserem totalen Untergang stoppen und in einen neuen Aufstieg umwandeln können, entscheiden wir mit unserem neuen Bewusstsein für das Ganze.

Die Evolution bietet uns als göttliches Gesetz die Grundlage an, die zu einer Lösung führen wird, mit uns, wenn wir uns zu unserer wahren

Aufgabe in dieser Welt bekennen, ohne uns, wenn wir unseren egoistischen Kurs fortsetzen.

Ich vertraue auf die Evolution und auf die Allpräsenz ihres Schöpfers in unserer dreidimensional begrenzten Welt. Hier wirkt er unablässig, nicht zu unserem subjektiv wünschenswerten Wohl, sondern zum Wohl des Ganzen. Seine Liebe gilt nicht uns als Individuen, sondern ganzheitlich der Schöpfung. Erst wenn wir in ihr bewusst aufgehen, dürfen wir uns auch in seiner Liebe geborgen fühlen.

Nachwort

»Warum widerfährt mir dieses oder jenes Unglück?« Liebt Gott mich nicht mehr? So fragen sich Menschen häufig in ihrer Verzweiflung, wenn sie ein unerwarteter, »unverdienter« Schicksalsschlag trifft.

Auch Theologen haben auf diese Fragen keine Antwort, dies kann man zumindest aus der Schlussäußerung des Vortragenden in der Karl Rahner Akademie im Jahr 2016 folgern, der abschließend an seinen Vortrag zum Thema »Wie wirkt Gott in dieser Welt« bemerkte, die Theologie widme sich lieber der Frage nach dem »Warum«, statt der Frage nach dem »Wie«.

Ich bin kein Theologe, sondern von meiner Ausbildung und vielleicht auch aufgrund einer individuellen Begabung ein nüchtern analysierender Architekt.

Ich habe gelernt – wie und warum auch immer – bei komplexen Aufgaben Zusammenhänge zu erkennen und sie schlussfolgernd in einer funktionalen Kette miteinander plausibel und logisch zu verbinden.

Ich bin jedoch nur dreidimensional begabt. Meine Sichtweite endet wie die der allgemeinen Wissenschaft an den Grenzen, die diese Dreidimensionalität uns Menschen setzt. Aus meiner somit begrenzten, dreidimensionalen Sicht ergeben sich dennoch einige Details, die dazu führen, dass ich mein persönliches, subjektives Welt- und Gottesbild neu ordne.

Mit dem dreidimensional-wissenschaftlich-physikalisch nachgewiesenen singulären Entstehungsereignis, das wir den Urknall nennen, hat sich eine unendliche und für unsere begrenzte Wahrnehmung selbsterklärende Kraft in diese, unsere Welt eingegeben. Wenn wir diese selbsterklärende Urkraft GOTT nennen, ist Gott als Schöpfer in dieser wahrnehmbaren Welt real präsent. Wenn wir Gott suchen, müssen wir ihn nicht im Transzendenten suchen, sondern dort, wo er erwiesenermaßen ist: in unserer dreidimensionalen Welt.

Wie wirkt der im Dreidimensionalen verortete Gott?

Er wirkt in dieser Welt ausschließlich mit den wahrnehmbaren Mitteln dieser seiner Welt, in der er allpräsent ist. Das Gesetz, das er nach Darwin für diese Welt geschaffen hat, ist das Gesetz der Evolution. Gott wirkt in seiner Welt mit seinem göttlichen, alles beherrschenden Gesetz: der Evolution. In diesem Gesetz können wir seine schöpferische Allmacht erkennen.

Warum wirkt Gott im Dreidimensionalen?

Gott wirkt im Dreidimensionalen, weil er dort real ist! Die Ergebnisse seines Wirkens können wir sinnlich wahrnehmen! Mit seinem Wirken realisiert sich Gott täglich neu in dieser Welt. Man könnte die Frage nach dem Warum natürlich vertiefend fortsetzen:

Warum hat Gott sich überhaupt in diese Welt eingegeben?

Auch auf diese Frage gibt es eine Antwort: Gott hat sich in diese Welt eingegeben, weil er ebenso ist! Er ist Schöpfer und allmächtiger Lenker! Zumindest haben wir ihn so definiert, aus der selbsterklärenden Kraft, die wir im Urknall sehen.

Von dieser Basis ausgehend können Wissenschaft und Theologie künftig ihre Forschungsarbeit gemeinsam, ohne Widerspruch betreiben. Unser Zweisäulenhaus, von dem ich zu Beginn meines Weges auf der Vía de la Plata erzählte, wird zu einem Einsäulenhaus! Eine gemeinsame Säule von Wissenschaft und Theologie trägt das gesamte Gebäude unseres Weltbildes.

In diesem Weltbild haben nicht nur weitere Erkenntnisse von Wissenschaft und christlicher Theologie, sondern die Bilder aller Religionen, ob Judentum, Islam, Buddhismus, Hinduismus, selbst die von Naturreligionen ihren würdigen Platz.

Anlässlich des zweiten Vatikanischen Konzils verkündete der große Visionär des Christentums des 20. Jh., Papst Johannes XXIII, die Freiheit des Gewissens und der Religion. Der Grund aller Wahrheit liegt in Gott. Alles, was Menschen erkennen können, erkennen sie in Gott. Gott selbst wird erkennbar in der für uns real vorhandenen Welt. Suchen wir ihn dort, wo er nachweislich ist!

In einigen Orten im italienischen Piemont gibt es einen alten Osterbrauch. In der Osternacht, wenn nach der Karwoche und dem Karfreitag zum ersten Mal die Glocken der Pfarrkirche läuten, eilt die Jugend des Ortes traditionell zum zentralen Dorfbrunnen und wäscht sich dort in einem ungeschriebenen und ungeordneten Ritual mit dem frischen Wasser Gesicht und Augen. Diese rituelle, symbolische Waschung wird alljährlich mit dem überlieferten Wunsch vollzogen, dass Einsicht und Verständnis in das überlieferte Geheimnis der Auferstehungs- und Aufbruchsgeschichte, die sich mit dem christlichen Osterfest verbindet, eintreten. Der menschliche Aufstieg zur Einheit sollte mit ähnlich geschärftem Blick auf unsere langfristigen wahren Bedürfnisse erfolgen.

Machen wir uns auf den Weg!

Inhalt

Erstes Buch

Zweites Buch

Drittes Buch

Pilgeralltag, Gott und die Welt auf dem Jakobsweg

In den Jahren 2010 bis 2012 legte der Kölner Johannes Werner den spanischen Jakobsweg von den Pyrenäen bis Santiago de Compostela in 36 Einzeletappen zurück. Auf seinem Weg beschäftigen den pilgernden Architekten natürlich die großartigen Kirchen und Klöster, aber auch die reizvollen Landschaften Nordspaniens, durch die der Weg führt: Navarra, Rioja, Kastilien und León, Galicien. Oft jedoch schweifen bei der Betrachtung von Architektur und Landschaft die Gedanken ab in religiös-philosophische Nachdenklichkeit. Ist Gott unser liebender Vater, der uns in unserem Leben begleitet, oder ist das Gottesbild der Entstehungszeit unserer Evangelien heute angesichts einer rasanten Entwicklung von Wissenschaft und Technik reform- und korrekturbedürftig? Wie kann der christliche Glaube in heutiger Zeit Schritt halten mit den dynamischen Fortschritten der Wissenschaft? Ist zwischen dem Glauben und dem heutigen aufgeklärten Weltbild Deckungsgleichheit möglich?

Der Autor Johannes Werner, Jahrg. 1941, lebt und arbeitet als freier Architekt in Köln. Schon im Jugendalter interessierten ihn philosophisch-theologische Fragen wie die nach dem Wesen Gottes und dem Verhältnis von Wissenschaft und Glaube. Auf dem Jakobsweg fand er endlich Gelegenheit, sich diesen Fragen zu stellen.

Johannes Werner: »Ich bin da«. Beobachtungen & Gedanken auf dem Jakobsweg. Solingen, Verlag U. Nink, 2014, 237 S., mit 36 Handzeichnungen des Verfassers, ISBN 978-3-934159-32-7, € 19,80